일감각을 키우는
주니어 성장 노트

DIGITAL BOOKS
디지털북스

일감각을 키우는
주니어 성장 노트

| 만든 사람들 |
기획 IT · CG 기획부 | **진행** 정은진, 김창경 | **집필** 고현숙
표지 디자인 원은영 | 편집 디자인 이기숙

| 책 내용 문의 |
도서 내용에 대해 궁금한 사항이 있으시면,
디지털북스 홈페이지의 게시판을 통해서 해결하실 수 있습니다.

디지털북스 홈페이지 digitalbooks.co.kr
디지털북스 페이스북 facebook.com/ithinkbook
디지털북스 인스타그램 instagram.com/digitalbooks1999
디지털북스 유튜브 유튜브에서 [디지털북스] 검색
저자 이메일 hyeonsugkoh@gmail.com

| 각종 문의 |
영업관련 digital1999@naver.com
기획관련 djibooks@naver.com
전화번호 (02) 447-3157~8

※ 잘못된 책은 구입하신 서점에서 교환해 드립니다.
※ 이 책의 일부 혹은 전체 내용에 대한 무단 복사, 복제, 전재는 저작권법에 저촉됩니다.
※ 유튜브 [디지털북스] 채널에 오시면 저자 인터뷰 및 도서 소개 영상을 감상하실 수 있습니다.

일감각을 키우는
주니어 성장 노트

| 들어가며

일은 왜 잘해야 할까?

회사 바깥의 삶이 더 주목받는 시대에, 왜 회사 일에 대해 이야기할까?

회사에서 일을 잘해야 하는 이유는 단 하나, **나를 위해서다.** 일이 버겁고 관계가 어려우면 매일의 출근이 고통이 된다. 일을 잘해야 대부분의 시간을 쓰는 회사에서 적어도 일을 못해서 불행하지 않을 수 있다. 그리고 회사라는 곳은 내 시간과 노력을 온전히 투자하길 바라는 곳이다. 회사는 지금 누가 일을 안 하는지 못하는지 알고 있다. 내가 나서서 잘하려 노력하지 않으면 회사는 그 사람을 그대로 두지 않고 자르든 밀어내든 어떻게든 처리하는 곳이다.

그리고 잘한다는 평가를 받으면, 회사 생활은 오히려 편해진다. 이 친구에게 맡기면 제대로 한다는 믿음을 얻고 나면, 매니저가 내게 믿고 맡기는 영역이 넓어지고 자율적으로 처리할 수 있는 일의 범위가 늘어난다. 하지만 못한다는 평가를 받고 나면, 매니저가 세세한 부분까지 확인하게 되고, 그러면 실수하거나 매니저의 마음에 들지 않는 부분이 더 많이 보일 수밖에 없다. 또한 지속적인 부정적 피드백에 주눅드는 상황이 생길 수밖에 없게 된다. 그래서 어차피 해야 하는 일이라면, 누군가 시켜서 못한다고 평가받으며 괴로워하기보다 잘한다고 인정받는 게 낫다. 회사에 다녀야 한다면, 적어도 일 때문에 불행하지는 않았으면 좋겠다는 생각으로, 회사 바깥의 삶이 주목받는 시대에 회사 안에서 일하는 법에 대한 글을 쓰게 되었다.

그런데 일을 잘한다는 것은 뭘까?

회사에서 누군가 친절하게 일하는 법을 알려 주지도 않고, 일하는 법을 알려 주는 커리큘럼이 있는 것도 아니다. 그러다 보니 일하는 법은 자전거 타는 법처럼 말로 형용하기 어렵고, 혼자 넘어지면서 터득해야 하는 일처럼 느껴진다.

그리고 내 경우를 생각해 보면, 일을 시작한 지 얼마 되지 않은 주니어 때는 주어진 일을 해내는 것에 급급해서 내가 일을 잘하고 있는지 고민조차 못했다. 그러나 연차가 조금은 차면서 일 고민이 시작되었다. '내가 정말 잘하는 게 맞나? 혹시 내가 작은 회사에 있어서 잘한다고 평가받는 것은 아닐까? 그 이상은 어떻게 해야 하나?' 하지만 어떤 회사에 다니는지, 어떤 직무인지에 따라 하는 일도 다 다르다 보니, 누구에게 어떻게 일하는 법에 대해 물어봐야 할지 감도 오지 않았다. 그래서 고민 끝에 누군가에게 털어놓아도 '너도? 아, 나도!'처럼 공감만 얻었을 뿐 속시원한 답을 얻었던 적은 없다.

내가 이 이야기를 할 수 있을까?

여기까지 읽고 나면 일을 왜 잘해야 하는지도 알겠고, 이제 일하는 법을 알고 싶다는 생각이 들 수 있는데, 그 전에 여기서 드는 질문, '왜 당신에게서 일하는 법을 배워야 하나?'라는 질문에 답을 해보려 한다.

제일 좋은 선생님은 공부를 못해 본 경험이 있는 선생님

첫 파트에서 이야기하겠지만, 주니어 때 이런 일이 있었다. P&G 입사 2주 차쯤, 내가 맡은 일을 한눈에 볼 수 있도록 정리하고 매니저에게 자랑스럽게 보여드린 적이 있다. 내가 이렇게 많은 업무를 잘 이해하고 시각화까지 했다는 걸 보여주면 나를 칭찬해 줄 거라 기대했다. 그런데 매니저는 다정한 말투로 이렇게 반응했다.

"내가 뭘 해주면 돼요?"

다정한 말투였지만, 내용 자체는 'So what? 그래서 어쩌라고?'이었고 예상치 못한 질문에 당황했다. 그 이후 매니저와 몇 번의 1:1 미팅을 진행하며 나는 매니저의 "내가 뭘 해주면 돼요?"라는 질문을 무서워하게 되었다. 매니저에게 무언가를 보고할 때 그런 질문을 되받을까 봐 동기 언니의 도움을 받아 미팅 시뮬레이션도 돌려 보았지만 결국에는 그런 상황이 반복되었고 결국 매니저를 피하게 되었다. 그 때 일하는 법을 바로 깨달았다라는 해피 엔딩이면 좋았겠지만, 매일 쳐내야 하는 일들에 버거워하던터라, 일하는 법에 대한 고민을 더 깊게 하지는 못했었다.

주니어로 많은 삽질을 해보고, 각기 다른 일의 기준을 가지고 평가하는 회사들을 경험하며, 일하는 법에 대해 고민해 볼 기회를 얻었다. 그 후 몇 년의 시간이 흘러 팀장이 되었다. 그리고 팀원이 자신이 맡은 일에 대해 계속 보고하는데, 팀원 스스로 충분히 판단 내려도 되는 일에 대해 계속 내 대답을 구하는 것을 깨달았다. 문득 내 머릿속에 "내가 뭘 해주면 돼요?"라는 질문이 스치면서 예전 매니저가 왜 그 질문을 했는지 알게 되었다. 그제야 글로 풀어낼 수 있을 만큼 팀장과 팀원 사이의 간극, 그리고 일하는 방법이 있다는 걸 비로소 깨달았다.

최고의 선생님이 누구일까? 나는 공부를 못해 본 경험이 있는 선생님이라고 생각한다. 공부를 잘하기만 했다면 학생이 왜 틀리는지 이해할 수 없다. 다행히 나는 매니저가 어려워 매니저를 피해 봤던 경험도 있고, 깨달음을 얻었던 경험도 있다. 게다가 이걸 글로 써내는 재주도 있다. 물론 나보다 일을 훨씬 잘하는 사람도 많겠지만, '좋은 선수와 좋은 코치는 다르다'는 말을 믿고 글을 쓰게 되었다. 이 책 전에는 일하는 사람들을 위한 플랫폼인 퍼블리Publy에서, '직장인의 생각법', '마케팅 팀장의 업무 구조화' 등의 시리즈를 쓰며, 주니어뿐만 아니라 시니어까지 많은 분들의 공감을 얻었다.

일하는 법에 대해 글을 써본 경험을 바탕으로, 이 책은 이제 막 일을 시작한 주니어와 3년 차를 넘어 주니어와 시니어의 경계에 있는 분들을 대상으로 집필하였다. 내가 잘하고 있는지 고민하고 그다음 성장을 고민하는 분들을 생각하며, 내 업무에만 갇힌 시선을 회사 전체의 일로 넓혀 볼 수 있도록 썼다.

이 책에 나오는 용어를 미리 정리하면, '주니어'는 1~3년 차로 이제 막 일을 시작했고, 실무 경험을 쌓으며 다음 단계에서 무엇을 준비해야 할지 고민하는 직장인을 의미한다. 그리고 '매니저'는 특정 직급이 아닌, 나보다 높은 위치에서 보고를 받는 사람, 대부분은 팀장을 설명할 때 해당 용어를 사용했다.

당신의 닻을 옮길 수 있도록

앵커링 효과라는 말이 있다. 닻을 내린 지점 주변에서 생각이 머무는 것을 말한다. 예를 들어, 한 번도 들어 본 적 없는 'A라는 나라의 인구가 몇 명일까?'라는 질문을 듣는다고 하자. 이때 누군가 '1만 명?'이라고 답하는 순간, 내 생각의 닻이 1만 명에 꽂혀 버린다. 그러면 1억 명처럼 1만 명과 거리가 먼 숫자는 생각하지 못하게 된다.

일에 대한 기준이 높은 회사로 이직했을 때 놀랐던 경험이 있다. 그 시기의 나는 사회생활을 시작했던 첫 회사를 기준으로 '회사 생활'에 대한 모든 기준이 정립되어 있었다. 예를 들면, 주니어가 보통 받는 연봉, 일하는 강도, 일하는 방법 등등에 대한 것들 말이다. 이직 후 내가 생각했던 연봉도 일하는 모습도 강도도 모두 뛰어넘는 것을 보고 내 닻 자체가 이동했던 경험이 있다. 그때 이직을 하지 않았다면, 나는 여전히 첫 회사와 비슷한 환경에서 비슷한 강도로 일하고 있을지도 모른다는 생각을 하곤 한다.

모두가 이직할 수 있는 상황은 아니기에, 그리고 이직을 한다고 모두가 좋은 쪽으로만 닻을 옮길 수 있는 것도 아니다. 그래서 내가 이직으로 경험했던 닻 옮기기를 여러분들도 경험했으면 하는 마음에 이 책을 썼다. '나를 위해' 내 일을 한 번 더 발전시키는 '내 손 안의 사수'처럼 이 책을 활용하면 좋겠다.

이 책은 크게 3개 파트로 나뉜다. 첫 번째 파트는 개인의 성과를 만드는 법에 대해, 두 번째 파트는 회사의 성과를 만드는 법에 대해, 세 번째 파트는 회사를 넘어 내 성과를 만드는 커리어 관리법을 설명한다.

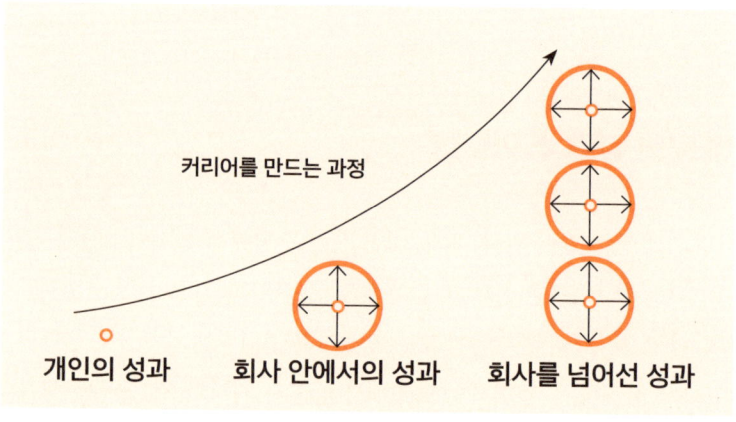

점점 커지는 일의 범위

그러면 이제 함께 '일하는 법'에 대해 정의해 나가 보자!

체크리스트

본격적으로 일하는 법을 다루기 전에, 내 연차에 맞게 성장하고 있는지 점검할 수 있는 체크리스트를 준비했다. 연차가 높아질수록 일하는 범위가 넓어지고 깊어지는데, 내가 과연 연차에 맞는 역량을 갖추고 있는지 확인해 보자. 그리고 역량을 점검할 때는 객관적인 판단을 위해, 실제 내가 해당 관점에 맞춰 일했던 케이스가 있는지를 적어 보며 점검해야 한다. 그리고 어느 부분을 더 채우면 좋을지 찾아보고, 이 내용을 바탕으로 '일하는 법'을 하나씩 알아 나가자!

연차별 업무 스콥 체크리스트

예시 연차	업무 관점	예시
1년 차	• 주어진 목적-목표-업무 중 업무에만 집중한다. • 결과로 보이는 행동은 '시킨 일을 그대로 한다'이다.	• '신규 고객 모객새로운 고객을 유입시키는 마케팅 활동'이라는 목표하에, 앱 푸시[■]라는 업무가 주어졌다고 가정해 보자. 앱 푸시 효율이 떨어지고 있음에도 불구하고 그냥 푸시 메시지를 보내는 일에만 집중한다.
2년 차	• 주어진 목적-목표를 이해하고, 업무 수행 과정에서 문제점을 발견하여 매니저에게 공유한다. • 시킨 일을 더 잘하려 노력한다.	• '신규 고객 모객'이라는 목적하에 앱 푸시를 보내고 있는데, 앱 푸시 클릭률[■■]이 떨어지는 것을 발견하고 매니저와 팀에 공유한다. • 기존 앱 푸시 메시지와 다른 메시지를 테스트해 보고, 더 나은 메시지를 제안한다.
3년 차	• 목적-목표에 맞게, 업무를 더 나은 방안으로 제안하거나 새로운 업무를 제안한다.	• '신규 고객 모객'이라는 목적하에, 앱 푸시는 효과가 나지 않으니 최소한의 시간만 쓰겠다고 매니저에게 제안한다. • 대신 그 시간에, 더 효과가 좋을 것으로 예상되는, 샘플링[■■■]을 진행하여, 전체 신규 고객 모객 목표를 달성하겠다고 제안한다.

[■] 앱 푸시: 앱을 설치한 고객에게 보내는 알림 메시지. 이벤트, 할인, 신상품 정보 등을 전달하기 위해 사용한다.
[■■] 클릭률: 고객에게 발송한 앱 푸시 알림을 클릭한 비율
[■■■] 샘플링: 인지도 향상 및 구매 전환 유도를 위해 고객에게 제품의 일부나 전체를 무료로 제공하는 프로그램

예시 연차	업무 관점	예시
5년 차	• 내게 주어진 목적과 목표가 과연 가장 중요한 문제인지, 제대로 설정된 것인지 묻는다. • 스스로 문제 정의와 해결책을 제안할 수 있다.	• 회사가 대규모 브랜드 캠페인■을 통해 브랜드를 키우는 일을 내게 기대한다고 할 때, 지금 회사가 대규모 브랜드 캠페인이 필요한 상황인지 아닌지 판단할 수 있다. • 캠페인을 통해 인지도가 오르고, 신규 고객이 유입되더라도 리텐션■■을 높일 방안이 부재한 상황이므로, 기초작업을 먼저 해야 하는 상황이라고 제안한다.
7년 차	• 목적과 목표, 해결책을 점차 고도화해 나간다.	• 현재 문제상황과 이를 해결하기 위해 집중해서 풀어야 하는 문제가 무엇인지 알고, 이를 풀기 위해 어떤 부서와 팀이 어떤 역할을 해야 하는지 안다. 그리고 전략을 점차 고도화한다. • 지난 분기에 브랜드의 볼륨 확대를 위해 '매출액 ○○○○억 원' 달성이라는 목표에 집중했다면, 이번 분기 매출액 목표는 당연히 높아지되, 더 건강한 성장을 위해 '신규 고객'이 충분히 늘고 있는지를 목표에 추가한다. 기존 고객으로부터만 매출액이 발생하고 있는 것은 아닌지 점검한다.
10년 차 이상	• 회사와 시장의 장기적 방향성을 고려해 전략을 수립하고, 조직 전체의 성장 방향을 제시한다.	• 현재의 비즈니스뿐 아니라 3~5년 후를 고려한 전략을 수립한다. 예를 들어, 현재는 신규 고객 위주로 성장하고 있으나 시장이 성숙기에 접어들면 기존 고객 관리가 더 중요해질 것을 예상하여 CRM■■■ 조직을 구축하고 데이터 인프라를 준비하는 등 중장기 관점의 의사결정을 한다. • 조직 구성원들이 큰 그림을 이해하고 각자의 역할을 명확히 할 수 있도록 비전과 방향을 제시한다.

이렇게 체크리스트를 준비해 보았다. 혹시라도 자신의 연차에 맞는 경험이 없더라도 걱정하지 않았으면 한다. 책에서 설명하는 방법을 하나씩 따라가다 보면 내가 어느 부분을 보완해야 할지 알 수 있고, 그 부분을 회사 생활에 하나씩 적용해 나가면서 채워 나가면 된다. 이제 먼저 개인의 성과를 만드는 법부터 알아보자!

■ 　　브랜드 캠페인: 인지, 구매 전환 등 브랜드의 특정 목표를 달성하기 위해, 일정 기간 동안 일관된 메시지와 경험을 전달하는 전략적 활동
■ ■ 　리텐션: 기존 고객을 유지시키는 능력
■ ■ ■ CRM(Customer Relationship Management): 고객과의 관계를 유지하고 활성화하는 활동

차례

들어가며 ⋯ 04

PART 01 개인의 성과를 만드는 법

파트 1 들어가며 ⋯ 17
일에 대한 마인드셋, 일을 잘한다는 것은 무엇일까 ⋯ 19
일을 처음 시작할 때 해야 하는 것 ⋯ 30
결국 회사는 숫자를 만드는 곳 ⋯ 38
업무의 우선순위 정하기 ⋯ 48
회사에서 커뮤니케이션하는 법 ⋯ 55
평가자에서 파트너로: 매니저와 건강하게 일하는 법 ⋯ 68
내 일을 키우면서, 업무 역량을 강화하는 법 ⋯ 77
일하는 법을 실제 성과로 연결하는 방법 ⋯ 85

PART 02 회사의 성과를 만드는 법

파트 2 들어가며 ⋯ 91
프레임워크가 중요한 게 아니야 ⋯ 95
계획-실행-리뷰, 성과를 만들기 위한 사고 구조 ⋯ 101
모든 것의 기본, 프로젝트 잘 기획하기 ⋯ 108
프로젝트 성공 확률을 높이는 게스티메이션 ⋯ 122
조직에서 내 기획을 실행하는 법 ⋯ 135
한 해의 중심이 되는 연간 계획 ⋯ 140
목표를 실행 계획으로 구체화하는 분기 계획 ⋯ 156
실행력을 높이는 주간 팀 미팅 ⋯ 163
다음 성장을 위한 준비, 프로젝트별 리뷰 ⋯ 172
월간 리뷰를 통해 보는, 팀을 리드하는 보고서 ⋯ 179
모든 계획의 근간, 프로젝트 기획서 실습하기 ⋯ 194

PART 03　회사를 넘어, 나의 성과를 만드는 법

파트 3 들어가며 ⋯ 203
내 커리어의 방향을 설계하는 법 ⋯ 205
분기마다 쓰는 이력서, 커리어 점검의 나침반 ⋯ 213
일하면 꼭 만나게 되는 성장 관련 질문들 ⋯ 219
팀장 꼭 해야만 할까 ⋯ 227
성장이고 뭐고, 사람 때문에 그만두고 싶을 때 ⋯ 231
무엇을 더 배워야 할지 스스로 점검하는 공부법 ⋯ 235

나가며 ⋯ 242
부록 ⋯ 247
  부록1. 업무 적용 체크리스트 ⋯ 248
  부록2. 업무를 대하는 시각이 달라지는 마케팅 용어 ⋯ 252

PART 01

개인의 성과를 만드는 법

일의 구조를 이해하고, 스스로 기준을 세워 일하는 법을 다룹니다. 일에 대한 관점 전환과 마인드셋을 함께 정리합니다.

- 파트 1 들어가며
- 일에 대한 마인드셋, 일을 잘한다는 것은 무엇일까
- 일을 처음 시작할 때 해야 하는 것
- 결국 회사는 숫자를 만드는 곳
- 업무의 우선순위 정하기
- 회사에서 커뮤니케이션하는 법
- 평가자에서 파트너로: 매니저와 건강하게 일하는 법
- 내 일을 키우면서, 업무 역량을 강화하는 법
- 일하는 법을 실제 성과로 연결하는 방법

파트 1
들어가며

나는 회사에서 일을 하고 있을까? 업무를 처리하고 있을까?

매일의 회사 생활은 자잘한 업무들의 연속처럼 보인다. 전일 매출액 확인하기, A팀에게 내일까지 자료 전달하기, 앱 푸시 오후 7시에 발송하기 등. 그렇다 보니 의도적으로 큰 그림을 보려고 노력하지 않으면 회사의 큰 그림은 인지하지 못한 채 그저 업무 단위로만 일을 이해하기 쉽다. 그리고 큰 그림을 보지 못하면 일을 '누군가 시키는 대로'만 하고 있을 확률이 높다.

무조건 알아야 하는 회사의 큰 그림

매일의 회사 생활이 자잘한 업무들의 연속처럼 보이지만, 사실 그 자잘한 업무는 다음 그림에서 '실행'이라는 작은 영역에 해당한다. 회사는 지속적으로 이익을 창출하기 위해, 회사의 현재 상황 As is에 대한 점검을 바탕으로, 나아갈 방향 To be을 설정한 후, 이를 달성하기 위해 필요한 모든 것을 그려 나가게 된다. 그리고 목표를 달성하기 위한 다양한 프로젝트들이 계획-실행-리뷰의 프로세스를 거쳐 완성되게 된다. 하지만 조직은 크고 회사의 모든 것을 개인이 커버할 수는 없다. 그러다 보니 회사는 What needs to be true^{목표를 달성하기 위한 모든 것}를 달성하기 위해 조직별로 역할을 나누고, 개인에게 업무를 부여한다. 그래서 개인에게는 'A팀에게 내일까지 자료 전달하기'처럼 작은 단위의 업무만 보이는 것이다.

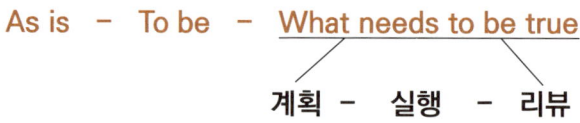

As is에서 To be까지, 실행의 맥락

하지만 중요한 것은 업무를 하나 해냈다가 아니라 진짜 문제를 해결하는 것, 목표를 달성하는 것이다. 그리고 목표를 달성하기 위해서는, 회사의 큰 그림^{회사 전체의 As is, To be, What needs to be true에 대한 이해}과 동시에, 내 일이 전체 일에 어떻게 영향을 미치는지를 이해해야 한다. 그래서 회사 일을 의도적으로 크게 보려 노력하고, 이 일을 왜 하는지 물어야 한다.

이제 파트 1에서는 내가 맡은 업무를 회사 전체 관점에서 이해하는 법, 업무 단위로 일을 접근하는 것이 아니라 목적, 목표에 기반하여 일을 보는 방법에 대해 설명한다. 그리고 그 일을 숫자로 이해하고, 일에 뛰어들기 전에 정말 그 일을 할 필요가 있는지 묻고 우선순위를 정하는 법, 더 나아가 내 일에 대해 다른 사람들과 커뮤니케이션하는 방법에 대해 설명한다. 결국 회사에서 일을 잘한다는 것은, 내가 맡은 일이 회사의 큰 그림 속에서 어떤 역할을 하는지 이해하고 사람들과의 소통을 통해 함께 결과를 만들어 내는 것이기 때문이다.

이제 일을 잘한다는 것은 무엇일지부터 함께 알아보자!

일에 대한 마인드셋,
일을 잘한다는 것은 무엇일까

일의 마인드셋을 먼저 언급하는 이유는 경력이 있어도 놓치기 쉬운 기본기이기 때문이다. 연차는 찼지만 이 업무가 왜 주어졌는지 고민하지 않고 바로 일에 뛰어드는 분들을 많이 봤던 터라 마인드셋부터 설명하게 되었다. 일을 잘하는 사람과 그렇지 않은 사람은 일에 접근하는 방식부터 다르다.

일을 처음 시작하고 사람들이 겪는 악순환 고리는 다음과 같다. 처음에는 잘하고 싶어서 의욕이 넘친다. 내가 얼마나 일을 잘하는 사람인지 보여주고 싶어, 해야 할 일들을 빠르게 끝내고 반짝이는 눈으로 매니저를 쳐다본다. 그리고 이런 말들과 생각을 한다.

- 저 다했는데 뭘 더 하면 될까요? *(매니저님이 시킨 일 벌써 다했어요! 대단하죠?)*
- 지금 이런 일이 발생했습니다. 제가 뭘 하면 될까요? *(문제를 빠르게 찾아냈어요! 대단하죠?)*
- 제가 이렇게 하고 있는데, 맞나요? 다음은 어떻게 할까요? *(제가 이렇게 잘하고 있어요. 대단하죠?)*
- 미팅에서 열심히 필기하며 *(필기까지 잘하는 나, 대단하죠?)*

그런데 매니저의 반응이 이상하다. 나는 적극적으로 일한 것 같은데, 매니저는 내가 소극적이라고 한다. 그 피드백이 무슨 뜻인지 잘 모르겠고, 어떻게 행동에 반영해야 할지 알 수 없어 혼란스러워진다. 그리고 피드백이 쌓이면서 점점 행동이 조심스러워진다. 매니저는 나를 평가하는 사람이라는 생각이 들어 매니저가 어려워지고 급기야 매니저를 피하게 된다. 매니저를 피하다 보니 피드백 받을 기회가 줄어들어 업무에 있어 배움은 줄어들고 매니저만 보면 주눅이 들어 업무 실수까지 생기게 된다.

나 역시 악순환 고리에 빠졌던 적이 있다

스타트업에서 1년 정도 경력을 쌓은 후 FMCG_{소비재, Fast Moving Consumer Goods} 산업군의 외국계 회사 P&G에 이직하게 되었다. 그래도 중고 신입은 다르다는 것을 보여주겠다며, 입사 2주 차쯤 내가 맡은 일을 한눈에 볼 수 있도록 정리해 놓고 매니저에게 자랑스럽게 보여드렸다. 내가 맡은 업무를 잘 이해하고 시각화까지 했다는 걸 보여주면 나를 칭찬해 줄 거라 기대했다. 그런데 매니저는 다정한 말투로 이렇게 반응했다.

"내가 뭘 해주면 돼요? *So what?*"

또 한 번은 미팅에 참석하게 됐는데, 모르는 용어투성이에 히스토리를 모르다 보니 무슨 이야기를 하는지 거의 알아듣지 못했다. 그래도 열심히 필기하며 내가 이 미팅을 이해하기 위해 얼마나 노력하는지를 보여주려 했다. 그런데 미팅이 끝난 후 매니저는 나이스한 말투로 이렇게 말했다.

"다음 미팅부터는 들어올 필요 없어요."

나는 나름 필기도 열심히 하고 고개도 많이 끄덕여서 내가 의욕이 넘치고 적극적이라고 생각했는데, 회사는 그런 나의 행동을 소극적이라고 평가했다. 회사는 내게 적극적인 모습이 무엇인지는 알려 주지는 않은 채, 나를 '다음 미팅에 들어올 필요가 없는 사람'으로 평가할 뿐이었다. 이후 적극적인 모습을 보여주려고 노력했지만 이미 주눅이 들어버려 악순환에서 벗어나는 것이 어려웠다.

물론 모든 회사가 이런 분위기는 아닐 것이다. 어떤 곳은 주니어가 자신의 목소리를 내는 것이 어려운 분위기일 수도 있다. 하지만 적극적인 태도가 무엇인지 아는 것은 분명 내가 살아남는 데 도움이 되기 때문에 꼭 배워야 한다.

일을 '적극적으로 한다'는 것의 진짜 의미

그렇다면 대체 일을 잘한다는 것, '적극적으로 일한다는 것'은 무엇일까? 그것은 **일의 주도권을 회사가 아니라 내가 가져야 한다는 것**을 말한다.

내가 맡은 일에 문제가 생겼을 경우를 예로 들어 보자. 만약 일의 주도권을 회사에 넘겨 주는 태도로 일하는 사람이라면, "*(그래도 내가 이렇게 문제를 빠르게 찾아냈으니 잘하고 있다고 착각하면서)* 매니저님 큰일 났어요! 이런 일이 발생했어요! 어쩌죠?"라고 반응할 것이다. 반면 주도권을 갖고 일하는 사람은 이렇게 말할 것이다.

> "매니저님 이 문제 아셔야 해요.
> 제가 해결책을 마련했으니 이 부분을 같이 도와주세요!"

이 말은 '회사에 무조건 충성해야 한다'는 말은 아니다. 내가 주도권을 가지는 이유는 '나를 위해서'다. 초반에 이 마인드를 빠르게 세팅하지 않으면 매니저가 시키는 일만 정해진 수준에서 처리하는 사람이 된다. 그러면 아무리 일을 열심히 해도 소극적인 사람, 일 못 하는 사람으로 평가받기 쉽다. 그리고 일 못 하는 사람이라는 평가를 받기 시작하면 못 하는 일만 더 눈에 띄게 되고 사소한 실수에도 '그럴 줄 알았다'라는 평가를 받으면서 주눅이 드는 악순환이 시작된다. 하지만 반대로 내가 주도권을 가지게 되면, 어느 회사를 가든 일 잘하는 사람이라는 평가를 받게 된다. 그 결과 내가 하는 말에 힘이 실리고, 가끔 실수하더라도 '저 친구가 오늘은 피곤했나 보다'라는 식으로 넘어갈 수 있다. 이왕 해야 하는 일, 일 잘하는 사람이라고 평가받고 시작하게 되면 회사 생활이 수월해진다.

단계별로 배우는 적극적 일하기

주도권을 가지고 일한다는 것은 다음 3단계로 이루어진다.

- **1단계**: 전체적인 관점에서 나의 업무를 이해하고 시작하기
- **2단계**: 계획-실행-리뷰 프로세스에 맞춰 성장하기
- **3단계**: 각 업무를 나만의 관점으로 풀어내기

■ 1단계: 전체적인 관점에서 나의 업무를 이해하고 시작하기

▶ 업무를 바르게 잘 알자

업무를 본격적으로 진행하기에 앞서 매니저와 업무 정비가 필요하다. 아래 내용을 매니저와 꼭 얼라인해야 한다.

- **내 업무의 정의 및 범위**: 회사의 어떤 문제를 해결하기 위해 나를 뽑았고, 내 업무에서 기대하는 바가 무엇인지
- **내 업무의 KPI**(Key Performance Indicator)**은 무엇인지**: 내 업무의 핵심 성과 지표는 무엇인지, 매출 목표 달성과 같은 정량적인 지표일 수도 있지만, 그 외에 매니저가 중요

하게 생각하는 평가 기준은 무엇인지

그리고 업무 시작 후 1~2개월이 지난 시점에는 매니저의 기대치에 부응하려면 내가 무엇을 보완해야 할지를 미리 물어봐야 한다. 매니저가 나에 대해 최종 판단을 내리기 전에, 중간 점검차 현황을 물어봐야 자신이 무엇을 보완해야 하는지 알고 조정할 수 있다. 많은 경우 자신이 생각하는 일 잘하는 모습과 매니저가 생각하는 일 잘하는 모습이 다르다. 최선을 다해 일했는데 몇 개월이 지난 후 '적극적이면 좋겠다' 등의 피드백을 받으면 매니저를 대하는 것이 어려워지므로 미리 합을 맞춰야 한다.

P&G에서 매니저와 함께 앞으로 1년 동안 해내야 할 5개 주요 업무를 세팅하고 성공 기준 Success Criteria을 함께 정했다. 성공 기준을 정하는 것은 내가 해내길 기대하는 5개의 업무를 정하는 것만큼 중요하다. 어느 정도의 성과를 내야 그 프로젝트가 성공했다고 판단할지, 기준에 대해 매니저와 함께 꼭 이야기를 나누어야 한다. 또 다른 회사에서는 OKR Objectives and Key Results을 세팅했다. 목표 Objective 달성을 위해 필요한 핵심 결과 Key Result에 구체적으로 수치화된 목표를 정의한다. 그리고 각 업무의 구체적인 목표를 달성하면 전체 목표가 달성되는 것인지도 더블 체크한다.

▶ 내가 맡은 일을 목적-목표-업무로 구조화하자

업무 계획을 세울 땐 할 일 목록 To-do list이 아니라 목적과 목표에 집중해야 한다. 주니어들이 가장 많이 하는 실수는, 자신이 해야 할 일에 너무 집중한 나머지 '왜' 이 일을 해야 하는지는 생각하지 못하고 할 일 목록만 쳐내는 것이다. 일이 주어졌을 때 바로 실행하면 일을 근시안적으로 보게 되고, 마음이 급해 매니저에게 '이거 어떻게 하나요?'라는 질문부터 하게 된다.

또 한편으로는 주니어 때는 매니저가 시키는 대로 해야 한다고 생각하는 경우가 많아서 "이거 해도 돼요? 이거 제안해도 돼요?"라는 태도를 보이는 경우도 많다. 하지만 일 잘하는 사람은 좀 더 상위 목표에 집중하고 목표를 달성하는 데 필요하다고 판단되는 일은 스스로 제안하고 리드한다.

따라서 내 업무의 범위와 내게 기대하는 바에 관해 확인하는 미팅이 끝난 후, 아래 표처럼 자신의 업무를 정리해서 자신이 이해한 것이 맞는지 매니저와 확인해야 한다. 이를 통해 나를 왜 뽑았으며, 내가 어떤 일에 집중해야 하는지 구체적으로 알 수 있다.

일의 목적-목표-업무 구분하기

목적	신규 고객 모객		
목표	브랜드 침투율을 ○○%로 높이기 위해, 신규 고객 ○○○○명 모객		
업무	앱 푸시	샘플링	기타

* 중요한 것은 목적과 목표다. 업무는 무엇이 되든 중요하지 않다.

위 표의 핵심은 내가 해야 할 일의 업무 목록이 아니라 '목적과 목표'다. 일은 모두 유기적으로 연결되어 있기 때문에, 왜 이 일을 해야 하는지, 그래서 무엇을 할 것인지, 어떻게 할 것인지 차례대로 고민해야 한다. 이렇게 하면 할 일 목록 중에서도 일의 중요도 차이와 우선순위를 파악할 수 있다.

P&G 입사 당시 매니저는 나를 뽑은 이유가 'P&G 브랜드의 신규 고객 모객'이라고 했다. 이커머스 시장이 성장하던 당시에 회사는 이커머스 채널을 브랜드의 신규 고객을 모객할 수 있는 채널로 정의했고, '신규 고객 모객'이라는 과제에 집중할 사람으로 나를 채용했다.

당시 신규 고객을 모객하기 위해, 이커머스와 협업하여 이커머스 앱에서 푸시 메시지를 보내거나 이커머스 고객에게 우리 브랜드의 샘플을 나눠 주는 등의 할 일 목록들이 나왔었다. 처음에는 나 역시 앱 푸시, 샘플링 등과 같은 당장 해야 할 일에 집중한 나머지, 목적을 간과하곤 했었다. 머리로는 앱 푸시를 왜 보내는지 알지만, 이것의 진짜 의미를 이해하지 못해서 "앱 푸시 더 보내도 돼요?" 같은 질문을 매니저에게 하기도 했다.

하지만 중요한 건 앱 푸시가 아니었다. 내 업무의 목표는 '푸시 보내기'가 아니라 '신규 고객 모객'이니까. 만약 앱 푸시의 효율이 더 이상 나지 않으면 앱 푸시는 중지하고 신규 고객 모객 목표를 달성할 수 있는 다른 업무를 찾아 매니저를 설득할 수 있어야 했다.

내 업무 구조화를 위한 체크리스트

내 업무를 목적-목표-업무라는 표로 구조화해 보자. 그리고 매니저의 이해와 같은지 확인하자. 내가 맡은 세부 업무들을 적어 보고, 각각 아래의 질문에 답해 보자.

- ☐ 가 업무의 목표는 무엇인가요?
- ☐ 각 업무의 목표를 달성하면, 내게 주어진 목표를 달성할 수 있나요?
- ☐ 전체 목표를 달성했을 때 목적을 달성할 수 있나요?
- ☐ 목적을 달성하기 위해, 그 일을 어떤 방식으로 할 수 있을까요?

■ 2단계: 계획-실행-리뷰 프로세스에 맞춰 성장하기

그리고 목표를 달성하기 위해 필요한 업무들을 진행할 때, 계획-실행-리뷰 프로세스를 기반으로 업무를 진행해야 한다. 대부분의 회사가 계획-실행-리뷰 프로세스에 맞춰 일하고 있지만, 이런 프로세스 없이 그냥 일하는 회사들도 있다. 계획 없이 '의사결정권자의 눈에 띄어서', '의사결정권자의 마음에 들어서', '그냥' 등등의 이유로 진행되고 흐지부지되는 일들을 보았다.

하지만 계획 없이 일을 시작하면 이런 일이 벌어진다. ≪그렇게 진짜 마케터가 된다≫ 고현숙, 미래의창, 2023에서 언급한 지하철역 광고를 예시로 들어 보자. 의사결정권자가 경쟁사의 지하철역 광고를 보고 우리도 지하철역 광고를 하자고 제안했다. 그런데 지하철역 광고를 집행하려면 다음과 같은 질문들이 발생한다.

- 어느 역에 광고를 틀까?
- 지하철 입구, 승강장 등 지하철역의 수많은 광고 스폿 중 어디에 광고를 집행할까?
- 언제부터 광고를 틀까?
- 얼마의 기간 동안 광고를 틀까?
- 어떤 메시지로 광고를 할까?

계획하지 않은 상태에서 일을 실행하게 되면, 일을 진행하는 과정에서 생겨나는 수많은 질문에 대해 매번 큰 고민 없이 그냥 결정하게 된다. 또 겨우 답을 찾았다고 해도 광고를 진행하다 보면 새로운 질문들이 계속 생겨난다. 광고 집행이 끝나갈 무렵, 다음과 같은 질문들이 생기면 어떻게 해결할 수 있을까?

- 광고 회사에서 2주 치 금액을 추가로 지불하면 4주 동안 광고를 집행해 주겠다는데, 어떻게 할까?
- 다른 사이즈의 배너 광고를 서비스로 주겠다는데, 제작비용이 100만 원이다. 어떻게 하지?

게다가 일을 진행하는 것 자체에만 집중하느라 그에 앞서 고민했어야 하는 다음의 내용들은 논의조차 되지 않는다.

- 이 광고가 정말 필요할까? 리소스를 다른 곳에 쓰는 것이 더 효과적이지는 않을까?
- 이 광고의 목적이 무엇일까? 왜 이 광고를 집행하는 거지?
- 이 광고로 고객에게서 어떤 반응을 이끌어 내야 하지?
- 이 광고의 성공 여부를 어떻게 측정할 수 있을까?
- 다음에 이 광고를 다시 진행할지 말지를 어떻게 판단하지?

그래서 계획 없이 일을 하면 실행하는 과정에서 생겨나는 질문들에 주먹구구식으로 대처하고, '지하철역 광고를 집행해 보았다'라는 사실 말고는 아무 것도 얻을 수가 없다.

따라서 계획 단계에서는 일에 뛰어들기 전에, 이 일이 1단계에서 그려 본 내 일의 목적, 목표에 부합하는지, 이 일을 통해 무엇을 달성하고자 하는지, 그 목표를 위해 이 일을 어떻게 세부적으로 진행할지 계획을 세워야 한다.

그리고 계획에 맞춰 실행한 이후에는 리뷰를 통해 계획대로 일이 진행되었는지, 계획한 목표를 달성했는지, 그래서 이 일을 성공으로 판단하는지 혹은 실패로 판단하는지 정리해야 한다. 다음에 다시 비슷한 활동을 하게 된다면 무엇을 보완할지 등을 정리해 놓아야 다음에 계획을 세울 때 더 탄탄히 준비하며 각 업무의 성공 확률을 높일 수 있게 된다. 리뷰가 없다면 우리는 똑같은 실수를 반복하게 된다. 리뷰는 우리가 더 나은 결정을 할 수 있도록 돕는 필수 과정이다.

이런 구조가 잡히지 않은 회사에서 일을 시작한 분들의 경우, 계획-실행-리뷰 프로세스가 무엇인지조차 모른 채로 바로 일을 시작하는 경우가 많아 다루게 되었다. 그리고 내 일을 넘어 '회사' 관점에서도 계획-실행-리뷰 프로세스가 진행되는데, 이 부분은 파트 2에서 자세히 다룰 예정이다.

■ 3단계: 각 업무를 나만의 관점으로 풀어내기

▶ 전임자가 했던 대로 그냥 따라 하지 않기

나만의 관점이 생긴다는 건 어떤 의미일까? 주어진 일만 하는 것이 아니라 목표에 맞는 새로운 일을 제안하거나, 필요한 경우 이 일은 하지 않는 것이 낫겠다는 의견도 낼 수 있는 것을 말한다. 이 시점부터 비로소 '자신의 관점이 있는 사람'이라고 평가받게 된다.

"왜 이 일을 이런 방식으로 하고 있어요?"라고 누군가 물었을 때, "전임자가 이렇게 하고 있었어요"라고 답한다면 일의 겉면만 아는 것이다. 적극적으로 일하는 사람은 전임자가 하던 것을 그대로 따라 하는 사람이 아니라 스스로 "왜 이렇게 하고 있었지?"라고 묻고 목적에 맞는 해결책을 스스로 생각해 낼 수 있는 사람이다.

나 역시 주니어 때 그해 중간에 맡고 있던 브랜드가 바뀌게 되어 월별 마케팅 예산을 전임자가 짜놓은 대로 우선 집행했던 적이 있다. 그때 매니저로부터 왜 이렇게 월별 마케팅 예산을 쓰냐는 질문을 받았었다. 당시엔 돈을 쓸 생각만 했지, 예산 집행 계획부터 바꿀 수 있다는 점을 생각하지 못했다. 그 과정에서 하나의 업무를 맡는다는 건 전임자가 했던 일이 최선인지 묻는 데서부터 시작이라는 것을 배웠다.

이제는 일의 주도권을 가지고, 스타트업에 입사했을 때 대표님께 이런 질문도 던질 수 있게 되었다.

> "회사의 가장 큰 고민이 무엇인가요?
> 대표님이 해결하고자 하는 문제가 무엇인가요?"

이젠 회사가 나를 '광고 집행하는 사람'으로 채용한 것이 아니라 '브랜드를 키우는 사람'으로 채용했다는 걸 안다. '브랜드를 키우는 사람'으로 채용되었다는 걸 명확히 인지하고 있기에 전임자가 쓰던 광고비 효율을 분석해서 비효율적으로 운영되던 광고를 모두 중단하고, 그 비용을 사은품 개발에 활용하는 등의 제안을 할 수 있게 되었다.

이 과정에서 내가 주어진 일을 그대로 하는 사람이 아니라 과거에 해오던 것이 최선인지를 물을 수 있고, 새롭게 판을 짤 수 있는 사람이라는 평가를 받으며 시작할 수 있었다. 이런 마인드가 없었다면, 전임자가 인수인계한 대로 효율 낮은 광고를 집행하고 리포트 숫자를 채우기에만 급급했을 것이다.

> **적극적으로 일하기 위한 체크리스트**
>
> 나의 최종 목표(예: 브랜드를 키우는 것)에 집중하여 잘못되고 있는 것은 바로 잡고, 하지 않던 것은 하도록 만드는 것이 일의 주도권을 갖는 것의 시작이다.
>
> ☐ 내가 하는 일 중에 전임자가 해왔기 때문에, 혹은 관성적으로 그냥 하는 일은 없나요?
> ☐ 그 일이 필요한 이유에 대해 나만의 생각을 정리해 보세요. 무엇이라고 생각하나요?
> ☐ 내가 정리한 이유가 내가 채용된 이유, 즉 일의 '목적'과 어떻게 연결되는지 생각해 보세요.

이번 챕터에서는 일을 적극적으로 하는 마인드셋, 그 3가지 단계에 대해 설명했다. 다음 챕터에서는 나만의 관점을 만들어 나가기 위해, 일을 처음 맡고 해야 하는 일에 관해 설명하려 한다.

일을 처음 시작할 때 해야 하는 것

　이직하거나 조직 이동을 통해 새로운 업무를 맡았을 때, 아니면 내가 기존에 하는 업무를 재점검한다고 할 때 제일 먼저 해야 하는 건 무엇일까? 새로운 업무를 맡으면 보통 수습으로 3개월이라는 시간이 주어진다. 이 시간 동안 내 업무를 파악하고, 매니저와 기대치를 조정하고, 내가 어떻게 일하는 사람인지를 보여주는 것이 중요하다. 이 작업 없이 바로 업무에 뛰어들면, 누군가 시킨 업무를 시키는 대로 하게 되고, 좋은 시작을 만들기 어렵다. 그러면 일을 시작하고 처음 해야 하는 일을 알아보자.

내 업무의 큰 그림부터 점검해야 한다

　앞의 챕터에서 설명했듯이 내 일을 큰 틀에서 이해해야 한다. 회사 일이 As is, To be, What needs to be true에 따라 이루어지듯이, 내 업무도 이 관점에서 점검해야 한다. 정신없이 일에 파묻혀 있으면 중요한 질문을 놓치기 쉽다. '내가 이 일을 왜 하고 있었지?', '이 일을 통해 무엇을 달성해야 하지?' 이런 질문들을 스스로 되짚어야 한다. 항해할 때 부표를 세워 두는 것처럼 내 일이 어디에서 출발해서As is 어디로 가고 있는지To be, 그리고 그 과정에서 무엇을 해내야 하는지 What needs to be true를 계속 체크해야 한다.

그러기 위해서 내 일에 대한 '목적-목표-업무' 구조를 계속 인지해야 한다. 목적과 목표가 내가 가야 하는 방향To be이고, 업무가 목표 달성을 위해 해야 하는 일What needs to be true이다. 이 큰 그림을 인지하여, 내가 지금 무엇을 위해 달리고 있는지를 계속 기억해야 한다.

숫자와 고객의 소리를 통해, 내 일을 잘 알아야 한다

물론 일을 맡은 직후에는 어렵지만, 내 일은 내가 제일 잘 알아야 한다는 생각을 가져야 한다. 주니어 때 했던 착각 중 하나가 '매니저가 내 일을 더 잘 알 것이다'였다. 그래서 내 일과 관련된 문제가 생겼을 때도 해결책을 찾지 못한 채 매니저에게 어떻게 하면 좋을지를 물었고, 그때마다 매니저는 '내가 뭘 도와주면 돼요?So what?'라는 역질문을 했었다. 매니저는 더 큰 범위의 일을 맡아 리소스를 어디로 배분해야 할지 등의 의사결정을 하는 사람이고, 각각의 업무는 담당자인 내가 제일 잘 알아야 했다. 이 사실을 깨달은 후부터 내 일에 대해 더 깊이 공부하면서 나만의 관점이 생기기 시작했었다. 그러면 내 일을 잘 알기 위해 무엇을 해야 할까?

■ 내 일의 As is와 To be, What needs to be true와 관련된 숫자는 모두 외워야 한다

일을 잘한다고 인정받던 동료가 새로운 브랜드를 맡은 직후에, 새 브랜드의 연간/월간 보고서 몇 년 치를 읽고 숫자를 외우는 것을 본 적이 있다. 해당 브랜드가 어떤 문제를 풀고 있는지, 어떤 비즈니스인지, 그래서 얼마를 버는지, 어떤 상품으로 가장 많은 돈을 버는지 등 자신이 새롭게 맡게 된 비즈니스의 실무 현황을 공부하는 것이다. 그리고 당해의 연간/분기 보고서를 보면서 이제 내가 달성해야 하는 목표 숫자는 얼마인지, 어떤 계획들을 통해 이 숫자를 달성하려고 하는지 등의 계획도 빠르게 파악해야 했다. 그리고 이 숫자를 빠르게 파악할수록 나의 일에 대한 기준이 생기기 시작한다.

예를 들어, 내가 업무를 맡고 나서 전일 매출액이 100만 원이 나왔다고 가정해 보자. 내게 아무런 데이터가 없다면, 이 숫자가 잘한 숫자인지 아니면 비상등을 켜고 해결책을 찾아야 할 만큼 못한 숫자인지 알 수 없다. 그리고 100만 원을 구성하는 카테고리별/활동별 매출을 모른다면, 어떤 카테고리, 어떤 활동에서 숫자가 빠져서 목표에 미달한 것인지 등을 알 수가 없다. 이처럼 내 일의 숫자를 아는 만큼 현재 일어나는 상황을 빠르게 판단하고, 어떤 액션을 해야 할지 결정할 수 있게 된다.

■ 고객의 소리를 듣고 이해해야 한다

회사에서 고객과 가장 가까운 사람은 주니어이다. 매일 보내는 앱 푸시 클릭률의 변화, 인스타그램에 업로드한 콘텐츠의 반응, 댓글 등 내가 한 활동에 대한 고객의 반응을 실시간 피부로 느낄 수 있다. 내 일을 내가 제일 잘 안다는 것은 내가 맡은 일에 대한 고객의 반응을 잘 아는 것을 말한다. 그리고 이를 단순히 숫자로만 받아들이지 않도록 노력해야 한다. 예를 들어, 최근 인스타그램 콘텐츠의 '좋아요' 수, 댓글 수 등이 떨어진다면, 단순히 요새 고객이 반응하지 않는다고 생각하는 것이 아니라, '왜 반응하지 않을까?'라는 고민하에 최근 고객들이 남긴 댓글의 내용이 바뀌었는지, 기존에 반응하던 콘텐츠와 지금 콘텐츠의 차이가 무엇인지 등의 고민을 시작해야 한다.

각 활동의 반응을 넘어, 우리가 매일 보는 전일 매출액, 특정 페이지의 이탈율 등의 모든 숫자는 모두 고객의 행동으로부터 온다는 것을 잊지 말아야 한다. 숫자의 중요성을 말했지만 숫자는 '이유'를 말해 주지 않는다. A 제품의 구매 전환율이 떨어졌다는 사실은 보여주지만, 왜 갑자기 A 제품 구매 전환이 떨어졌는지는 말해 주지 않는다. 오직 고객만이 왜 A 제품을 구매하지 않았는지 이유를 말해 줄 수 있다. 그리고 고객의 소리를 듣는 건 생각보다 돈이 많이 들지도 않는다. 전문가를 모시고 FGI■를 진행하면 좋겠지만, 처음부터 그럴 필요는 없다. 우리가 데이터를 보다가 궁금한 것이 생기면 이에 대해 설문조사를 하고, 응답한 고객들에게 마일리지나 쿠폰을 주는 것만으로도 충분하다. 우리 브랜드를 좋아하는 팬들은 기꺼이 이야기를 들려준다. 그리고 만약 내 직무가 고객과 관련이 적은 HR, 개발 등 백단^{백엔드 부서}의 직무라면, 내 업무의 고객이 되는 직원들을 만나서 니즈를 이해해야 한다.

직급이 오를수록 더 넓은 범위의 일을 맡다 보니, 고객의 소리보다는 엑셀 속 숫자들로 매출액, 성장률 같은 결과 지표만 보게 된다. 그래서 높은 직급의 사람들은 숫자 트렌드^{Trend}나 과거의 러닝^{Learning}을 바탕으로 의사결정을 내리게 된다. 만약 그 결정이 최근 고객의 목소리와 충돌하는 부분이 있다면, 우리가 그 간극을 좁혀야 한다. 매일 고객을 가장 가까이에서 만나는 사람인 만큼, 누구보다 고객의 소리를 잘 알고 있어야 하며, 이를 대변해야 한다. 고객의 소리를 대변할 수 있을 때, 나의 의견은 단순한 의견을 넘어 '근거 있는 목소리'로 힘을 갖게 된다.

매니저가 내게 기대하는 것을 이해하고, 조정해 나가야 한다

위의 과정을 통해 숫자를 들여다보면, 매니저와 어떤 대화를 나눠야 할지 보

■ FGI(Focus Group Interview): 소수의 고객을 모아 진행하는 심층 인터뷰 방식

이기 시작한다. 이때 반드시 거쳐야 할 단계가 매니저와의 기대치 조정 Expectation Setting이다. 이 작업은 단순히 업무 범위를 확인하는 수준이 아니라 **우리가 만들어 내야 할 '가치'에 대해 합의하는 과정**이다.

■ 먼저 목표와 리소스를 얼라인해야 한다

예를 들어, 내가 맡고 있는 업무가 신규 고객 모객이라고 하자. 최근 몇 년간 신규 고객 성장률이 연평균 +20% 수준이었는데, 올해 목표가 전년 대비 +50%로 설정되었다면 의문이 생긴다. 왜 이렇게 높은 목표가 설정되었는지, 이를 뒷받침할 사업적 배경은 무엇인지, 과거에는 어떤 수준의 리소스가 있었는지를 먼저 파악해야 한다. 과거 데이터를 본 후에 목표 수치를 들여다보면 자연스럽게 매니저에게 묻고 싶은 질문이 생긴다.

> *"작년에는 20% 성장했는데 올해는 50% 성장 목표라, 다소 공격적으로 느껴지는데요. 혹시 제가 모르는 배경이 있을까요?"*

그리고 이런 대화는 '이 목표를 어떻게 실현할 것인지'에 대한 전략적 조율을 할 수 있게 만든다. 이런 논의를 통해 목적-목표-업무 표를 그려 보면서, '신규 고객 전년 대비 +50% 성장'이라는 목표와 배경을 이해할 수 있다. 그리고 이를 달성하기 위한 리소스가 충분히 확보되었는지를 확인하면서, 예산을 더 요청하거나 혹은 '가장 효과가 좋은 특정 업무에 시간을 더 집중하겠다' 혹은 '효과가 낮은 업무는 드랍하겠다' 등의 이야기를 나누면서 어떻게 목표를 달성해 나갈지에 대한 방향을 합치할 수 있는 것이다. 이처럼 기대치를 조정하는 과정은 목표 달성의 실행 전략을 합의하는 일이다.

이 작업을 하지 않고 바로 일에 뛰어든다는 것은 높은 확률로 '신규 고객 전년 비 +50% 성장'이라는 목표는 생각하지 않고, 광고 잘 세팅하기, CRM 프로그램 잘 운영하기처럼 업무 단위로 일을 한다는 말이다. 또 이 단계에서 흔히 하는 실수는 매니저의 의견에 무조건 따르거나 반대로 내 생각만 고집하는 것이다. 기대치 조정은 감정이 아니라 숫자와 논리를 바탕으로 한 협업이다. 매니저와 같은 방향을 보며, 목표와 리소스를 함께 검토하고 조정하는 것이 일의 시작이다.

빠르게 작지만 강한 성공을 만들어야 한다

이제 목표와 리소스까지 재정비한 후 일을 해 나가는 과정에서는 내가 어떻게 다르게 기여할 수 있는지를 보여줘야 한다. 일을 시작한 직후에는 아직 회사가 나에 대한 판단기준이 없지만, 3개월 정도 지나면 회사는 내가 그동안 해온 일을 바탕으로 내가 어떤 사람인지 평가하게 된다. 그리고 시키는 대로만 해서는 일을 못한다고 평가받기 쉽다. 달성해야 하는 목적, 목표에 집중하여 1) 내가 맡은 업무를 매니저의 기대 이상으로 해내거나 2) 관습처럼 기존에 해오던 업무와 다르게, 목표 달성에 기여하는 새로운 일을 만들어야 한다. 그리고 이러한 성공을 일회성으로 끝내지 않고 프로세스화하여 지속 가능한 형태로 만들어가는 것 또한 중요하다.

내 예시를 들자면, 꽃 정기구독 스타트업 꾸까Kukka 입사 직후에, 효과가 나지 않는 광고를 그대로 집행하는 대신 예산의 일부를 돌려 사은품을 제작했었다. 여름은 꽃 시장의 비수기라 구매 전환 광고■를 집행해도 효율이 나지 않는데, '광고비를 N천만 원 쓰고 광고 효과를 이 엑셀 시트에 채우면 된다'라는 인수인계를 받게 되었다. '광고 효과가 나지 않는데 왜 이렇게 집행하고 있는지'를 물었지만, 광고비를 매월 N천만 원씩 집행하기로 대표님과 논의하였다는 답변이 돌아왔었다.

■ 광고 집행 시 목표를 '구매'로 설정한 광고. 즉, 실제로 상품을 구매할 가능성이 높은 사람에게 광고를 노출해 효율을 높이는 방식

만약에 '업무' 단위로만 내 일을 이해했다면, '광고 N천만 원 틀고 광고 결과 시트에 채우기'라고 투두리스트를 만들었을 것이다. 하지만 내가 채용된 이유는 '브랜드를 키우는 것'이지 '광고를 N천만 원 트는 것'이 아님을 알고 있었기에, 대표님과 내 업무에 대해 정리할 시간을 가졌었다.

여름이 꽃 시장의 비수기이기는 해도, 인스타그램 채널에서 고객의 반응을 확인했을 때 우리 브랜드에 대한 높은 관심을 확인할 수 있었다. 그리고 비수기 시즌에는 이 관심을 '회원 가입'으로만 돌려도 효과적이라고 생각했다. 그래서 광고 예산 일부를 배분해 꾸까 브랜드의 톤앤매너 ■를 담은 꽃무늬 모나미 볼펜을 제작했고, '지금 꾸까에 회원 가입하면 0원에 꾸까 모나미 볼펜을 만날 수 있어요'라는 회원 가입 유도 프로그램을 만들었다. 그 결과 여름이라 매출액을 높이기 어려운 상황이었지만, 신규 회원을 유치할 수 있었다. 이후 사람들이 다시 꽃을 찾는 가을이 되었을 때, 해당 프로그램으로 가입한 고객을 대상으로 구매 전환 광고를 집행해 매출액도 높일 수 있었다. 입사 직후다 보니 아직 회사 업무에 너무 매몰되지 않아, 다른 시선으로 볼 수 있었기에 할 수 있었던 일이고, 나에 대한 긍정적인 평가를 만들 수 있었던 케이스였다.

그리고 또 다른 회사에서 '신규 고객 모객' 업무를 맡았을 때는 기존 업무가 광고, CRM 등 이미 러닝이 많이 쌓인 큰 단위의 업무들만 있던 상황이었다. 나는 매니저와 논의하여 Non-paid, 즉 돈을 들이지 않고 신규 고객을 데려올 수 있는 프로그램을 만드는 일에 집중했다. 예를 들면 '친구 초대 프로그램' ■■이라던지, 파트너사의 샘플링에 대한 니즈를 활용하여 '신규 고객 대상 9,900원 딜'처럼 매력적인 혜택의 상품도 확보했다. 이를 통해 광고, CRM 위주로 진행되던 업무에, 추가로 돈을 들이지 않는 Non-paid와 같은 큰 단위의 업무를 추가하면서, 목표 달성에 한 발짝 더 가까워지고, 내가 어떤 부분에 강점이 있는 사람인지

■   브랜드가 소비자와 소통할 때 유지하는 톤, 이미지, 태도 등 일관된 스타일
■■ 내가 초대한 친구가 신규 가입하면 나와 친구에게 모두 마일리지를 지급하는 프로그램

를 회사에 보여줄 수 있었다.

일을 처음 맡고 초반 시간을 어떻게 써야 하는지 몰라 헤매는 경우도 많이 보았다. 3개월 동안 매니저의 지시대로만 일을 하거나, 반대로 성과를 너무 급하게 내려다가 고객의 소리와 전혀 맞지 않는 일을 제안하는 경우도 보았다. 심지어 과거 러닝을 찾아보지 않고, 우리가 이미 시도해서 실패했던 프로젝트를 새로운 아이디어인 것처럼 제안하는 경우도 있었다. 그래서 처음 일을 맡고 나면, 이 글에서 제시하는 4가지 단계를 균형 있게 진행하는 것이 중요하다. 즉, 1) 내 업무의 큰 그림부터 점검하고, 2) 숫자와 고객의 소리를 통해 내 일을 잘 알아야 한다. 그리고 3) 매니저가 내게 기대하는 것을 이해하고 4) 빠르게 작지만 강한 성공을 만들어야 한다.

3개월이라는 시간 안에 적응도 해야 하고 매니저와 합도 맞춰가면서 다르게 기여할 수 있는 부분을 찾아야 하다 보니 버겁기도 했었다. 내 일을 잘 알기 위한 숫자 파악, 매니저와 기대치 조정, 작은 성공 만들기는 차례대로 진행하는 성격의 일이 아니라 동시에 진행해야 하는 일에 가깝다. 내 경우를 생각해 보면 초반에는 숫자 파악과 기대치 조정에, 후반에는 작은 성공 만들기에 더 무게를 두었던 것 같다. 이렇게 초반에 성과를 내려 노력한다면, 단순한 업무 적응을 넘어 진정한 비즈니스 오너로 성장할 수 있을 것이다.

이제 다음 챕터에서 숫자를 통해 비즈니스를 만들어 가는 법에 대해 알아보자.

결국 회사는
숫자를 만드는 곳

회사를 한 문장으로 정의하면 무엇일까? 회사는 제한된 리소스로 최대 아웃풋을 만드는 곳이다. 회사의 현재 상황As is에서 목표To be로 가기 위해 필요한 것들What needs to be true을 결정할 때, 돈이나 사람의 시간같은 리소스는 제한적이다 보니, 이 리소스를 어디에 투자해야 최대 아웃풋을 낼 수 있는지를 늘 논의한다. 그래서 매 순간 의사결정을 내려야 하는 일이 발생한다.

"이 돈을 여기에 쓰는 것이 맞을까?"
"저기에 쓰면 얼마를 더 벌 수 있나?"
"지난번 프로젝트를 다시 해도 될까?"

이처럼 매 순간 의사결정을 내려야 할 때, 이를 정확하고 빠르게 결정할 수 있도록 돕는 것이 '숫자'다. 그래서 필연적으로 회사의 모든 대화는 숫자를 포함한다. 그래서 이번 챕터에는 숫자로 일하는 법에 대해 설명하려 한다.

지표에 대해 명확히 정의하기

앞의 챕터에서 '일을 시작하고 바로 해야 하는 일'로 내 일과 관련된 숫자는 외워야 한다고 했다. 그런데 숫자를 외우기 전에 지표를 정확하게 정의하고 이해해야 한다. 예를 들어, '신규 고객 1,000명 달성'이라는 목표가 주어졌다면, '신규 고객 수'는 지표이고 '1,000명'은 목표 숫자다. 그리고 우리는 '신규 고객 수' 같은 지표에 대해 우리 조직은 어떻게 정의하는지 명확히 확인해야 한다.

'신규 고객'이라는 지표만 해도 조직마다, 사람마다 다르게 이해하고 있을 수 있다. 우리 서비스에 가입만 하면 신규 고객일까? 가입을 넘어 첫 구매를 해야 신규 고객일까? 아니면 최근 12개월 기준으로 첫 구매를 하면 신규 고객일까? 첫 구매 후 구매 취소한 고객은 신규 고객일까? 이렇게 각 지표의 정의를 확인하는 과정에서 팀마다, 팀원들마다 생각하는 정의가 모두 다르다는 것 또한 알게 된다.

이처럼 많은 지표들이 혼재하는 회사에서, 각 지표에 대해 서로 명확히 정의해야 정확한 논의와 의사결정이 가능해진다.

숫자를 외우고 숫자로 말하기

지표를 정확히 정의한 후에 숫자를 외우고 숫자로 말해야 한다. 숫자를 외우는 이유는 나의 의사결정을 위해서이다. 어제 매출액이 100만 원이라고 했을 때, 평소 매출액은 200만 원이라는 사실을 아는 것은 시작일 뿐이다. 진짜 중요한 건 "왜 절반으로 줄었지?"라는 의문을 즉각적으로 던지고, 과거 경험에서 비슷한 패턴을 떠올리며 "아, 지난번에 매출액이 떨어졌을 때 ○○한 이슈가 있었어"라고 연결할 수 있는 능력이다. 숫자를 알게 되면, 문제가 있다/없다를 빠르게 인지하고, 원인 분석과 대응이 빨라진다. 이를 위해서는 숫자를 외우는 것은 기본이고, 매일 숫자를 보고, 그 숫자의 변화를 관찰해 그 변화의 원인을 찾아보는 과정이 필요하다.

그리고 내 의사결정을 넘어 구성원들의 의사결정을 위해서도 숫자를 외우고 말하는 것이 필요하다. 회사는 매 순간 의사결정에서 이 돈을 여기에 쓰는 것이 맞는지 등을 결정하므로 좋다, 나쁘다 같은 주관적인 단어 말고 객관적인 숫자와 단어로 말해 주는 것이 좋다. 그리고 숫자는 상대적인 개념이므로 비교 대상과 함께 답변해야 한다.

> 숫자로 말하지 않으면, 상대의 머릿속에는 물음표가 뜬다.
> 매니저: 어제 콘텐츠 결과 어땠어요?
> - Before: 좋았어요. *(매니저: 응? 좋다는 기준이 뭐야?)*
> - After: 100명 유입되었습니다. 평소보다 5% 빠졌는데, 연휴 이슈로 빠진 것 같습니다.

이처럼 내 업무에 중요 지표가 무엇이고, 평소 수치는 어떤지, 시즌 트렌드는 어떤지를 알아야 한다. 그래서 주요 변동 요인에 대한 경험 축적, 예외적인 상황에 대한 인지 등을 하고 있어야 누군가의 질문이나 보고에도 정확한 숫자와 함께 원인까지 빠르게 답변한 후 추가 분석을 통해 또 다른 원인은 없는지 등을 찾을 수 있다.

숫자를 쪼개고, 기준점과 비교하기

숫자는 쪼갤수록 의미가 커진다. 예를 들어, A 기업의 지난달 매출액이 9천만 원이라고 해보자. 이 숫자만 가지고는 아무것도 알 수 없다. 하지만 이 숫자를 시간/카테고리/구성요소에 따라 쪼개 보면 우리 비즈니스의 실체가 보이기 시작한다.

■ 시간 단위

먼저, 이 숫자를 과거 숫자들과 비교해 보면 트렌드에 대한 인사이트^{Insight}를 얻을 수 있다.

예를 들어, 1월에 3천만 원, 2월에 6천만 원, 3월에 9천만 원을 벌었다고 해 보자. 2월은 1월보다 100.0% 성장했는데, 3월은 2월보다 50.0% 성장했다. 즉, 성장세가 둔화되고 있는 것을 알 수 있다. 우리는 3월에 최대 매출액 9천만 원을 벌었다고 좋아하는 것이 아니라 성장률 둔화의 원인을 찾아야 한다.

A 기업의 월별 매출액

	1월	2월	3월
매출액	30,000,000	60,000,000	90,000,000
전월대비증감률^{MoM}		100.0%	50.0%

여기서 중요한 건 어느 시점과 비교하느냐다. 위 예시는 전월과 비교하는 전월대비증감률을 사용했지만^{MoM, Month on Month}, 비즈니스는 계절성이 있어서 작년 같은 시기와 비교하는 전년대비증감률^{YoY, Year on Year}이 더 의미 있다. 예를 들어, 아이스크림 매출을 보았을 때, 7월에 6월보다 20.0% 늘었다고 해서 좋아할 게 아니라 작년 7월과 비교해 봐야 한다. 작년 7월 대비 올해 7월을 비교했을 때 매출액이 늘어나는지를 확인해야 한다.

그래서 우리는 숫자를 여러 시점과 비교해야 한다. 작년과 비교하고^{YoY}, 분기별로 보고^{QoQ, Quarter on Quarter}, 월별로 보고^{MoM}, 주간으로 보고^{WoW, Week on Week}, 심지어 하루하루를 비교하기도 한다^{DoD, Day on Day}. 그리고 이런 비교를 통해 우리 비즈니스가 정말 성장하고 있는지, 아니면 계절성에 힘입은 것인지 혹시 성장이 둔화되고 있는 건 아닌지를 알게 되는 것이다.

■ 카테고리 단위

그다음에는 전체 매출액을 구성하는 요소를 쪼개 보자.

A 기업의 월별 카테고리별 매출액

	2월	3월
매출액	60,000,000	90,000,000
MoM		50.0%
카테고리 A	40,000,000	57,000,000
카테고리 B	15,000,000	30,000,000
카테고리 C	5,000,000	3,000,000

카테고리별 MoM

카테고리 A		42.5%
카테고리 B		100.0%
카테고리 C		-40.0%

카테고리별 CTC

카테고리 A		28.3%
카테고리 B		25.0%
카테고리 C		-3.3%

그리고 숫자를 카테고리별로 쪼개 보면 또 다른 이야기가 보인다. 쉬운 예시를 위해 두 달의 데이터만 보자. 3월은 2월 대비 50.0% 성장했는데, 이를 구성하는 카테고리별로 매출액을 쪼개 보았을 때, 카테고리 A는 4천만 원에서 5.7천만 원으로 3월 중 가장 큰 비중을 차지한다. 하지만 여기서 끝내면 안 된다. 카테

고리별 성장률로 보면 카테고리 B가 100.0%로 폭발적인 성장을 보였다. 매출액은 카테고리 A보다 작지만, 이런 성장세라면 미래의 중요 카테고리가 될 수 있지 않을까?

그런데 여기서 한 가지 더 짚고 넘어가야 할 것이 있다. **각 카테고리가 전체 성장에 얼마나 기여했는지다.** 이걸 CTC$^{Contribution\ to\ Change}$라고 하는데, 전체 변화 중 특정 항목이 얼마나 기여했는지를 보는 개념이다. 예를 들어, 2월 대비 3월 전체 매출액 성장률 50.0% 중 각 카테고리가 얼마만큼 기여했는지 보는 것이다.

계산은 간단하다. 각 카테고리의 이번 달 매출액에서 지난달 매출액을 뺀 값을, 지난달 전체 매출액으로 나누기만 하면 된다. 예를 들어 보자. 카테고리 A는 4천만 원에서 5.7천만 원으로 1.7천만 원이 늘었다. 이 1.7천만 원을 2월 전체 매출액 6천만 원으로 나누면 28.3%가 나온다. 이게 바로 카테고리 A의 CTC다. 쉽게 말해 우리 회사의 3월 전체 성장률 50.0% 중에서 28.3%를 카테고리 A가 만들어 냈다는 뜻이다. 마찬가지로 카테고리 B는 1.5천만 원에서 3천만 원으로 1.5천만 원이 늘었으니, 이를 2월 전체 매출액 6천만 원으로 나누면 CTC가 25.0%가 된다. 그리고 이 3개 카테고리의 CTC를 더하면 3월의 성장세인 50.0%가 된다.

이렇게 보면 또 다른 그림이 보인다. 카테고리 A는 성장률이 상대적으로 낮았지만 매출 볼륨이 커서 회사 전체 성장의 28.3%를 기여했고, 카테고리 B는 매출 볼륨은 낮지만 폭발적 성장으로 25.0%나 기여했다. 두 카테고리가 우리 회사 성장의 대부분을 만든 것이다. 앞으로 카테고리 A의 볼륨을 지키면서 카테고리 B의 성장세를 이어가는 게 관건이다.

이렇게 숫자를 여러 각도로 쪼개다 보면 우리가 놓치고 있던 기회뿐 아니라 위험 신호도 보인다. 예를 들어, 카테고리 C는 생각보다 심각하다. 매출액도 작고 성장률도 -40.0%였다. 그 결과 CTC가 -3.3%로 오히려 회사 전체 성장세를 깎아 먹은 역할을 한 것이다. 이를 바탕으로 카테고리 C를 계속 집중할 것인지 혹은 드랍할 것인지 의사결정해야겠다고 생각할 수 있는 것이다.

하지만 여기서 더 나아가, 각각의 카테고리를 더 잘게 상품별로 쪼개면, 또 다른 인사이트를 얻을 수 있다. 카테고리 C를 상품 단위로 쪼개 보면, 상품 A는 트렌드 하락에도 불구하고 전월비 50.0% 성장하고 있어서, 상품 A만이라도 집중해서 매출을 올릴 것인지 등을 논의할 수 있다. 이렇게 카테고리별, 상품별 숫자를 쪼개 보면서 인사이트를 얻어야 한다.

A 기업의 월별, 카테고리 C 상품별 매출액

	2월	3월
상품 A	2,000,000	3,000,000
상품 B	2,000,000	0
상품 C	1,000,000	0

상품별 MoM

상품 A		50.0%
상품 B		−100.0%
상품 C		−100.0%

상품별 CTC

상품 A		20.0%
상품 B		−40.0%
상품 C		−20.0%

■ 구성요소 단위

매출액은 유입자 수×구매 전환율×객단가[※]로 쪼갤 수 있다. 그래서 위의 예시로 9천만 원이라는 매출을 본다면, 유입자 수 10만 명에 구매 전환율 3.0%, 객단가 30,000원의 곱인 9천만 원이 된다. 이 각각의 구성값을 전년비, 전월비와 비교하면서 매출액의 성장을 이끈 것이 유입자 수의 성장이었는지, 구매전환율의 성장이었는지, 객단가의 성장이었는지 등을 알 수 있게 된다.

A 기업의 매출액 구성요소

유입자 수	구매 전환율	객단가	매출액
100,000	3.0%	30,000	90,000,000

그리고 각각의 구성요소도 더 쪼갤 수 있다. 유입자 수 100,000명에 구매 전환율 3.0%를 곱하면 구매한 고객 수를 계산할 수 있다. 구매한 고객 수 3,000명을 또 쪼개 볼 수도 있다. 우리 브랜드를 처음 구매해 보는 신규 고객, 예전에 한 번이라도 구매해 본 이력이 있는 재구매 고객으로 쪼개 볼 수도 있다. 또한 성별/연령대와 같은 데모 정보로 나누어, 어떤 성별/연령대의 트렌드가 좋아지고 빠지는지도 알 수 있다. 그리고 이렇게 신규 고객 값을 따로 보는 이유는 우리의 액션에 반영하기 위함이다. 신규 고객이 첫 구매한 카테고리/상품을 보면서, 어떤 카테고리/상품을 더 강화해야 신규 고객을 더 모객할 수 있는지를 알 수 있게 된다.

숫자를 해석하고 의사결정하기

위의 과정을 통해 비즈니스 상황을 읽어 내고 의사결정을 내릴 수 있어야 한

■ 매출액(Sales) 프레임워크: 매출액(Sales)=유입자 수(Traffic)×구매 전환율(Conversion)×객단가(Basket Size)

다. 카테고리 C가 하락했기 때문에 C에 들어가는 리소스를 빼야 한다고 의사결정하는 것이 아니라 C가 하락한 원인 또한 숫자로 파악해야 한다. 예를 들어, 카테고리 C에 들어간 광고비가 전월비 크게 줄어든 것은 아닌지, 마케팅 비용과 같은 인풋은 그대로인데 매출액이 하락한 것인지 혹은 전체 시장은 전월비 -100.0%로 빠지는 중에 -40.0%로 선방한 것인지 등을 알아야 한다. 이렇게 하락의 원인을 정확히 짚어야 올바른 대응 방안이 나온다.

그러려면 우리가 하는 인풋 활동들 또한 숫자로 기록되어 있어야 한다. 이 활동에 얼마를 썼고, 어떤 결과가 나왔는지 알아야 한다. 그래야 우선순위를 정하고, 리소스를 재분배하는 의사결정도 할 수 있다. "이 정도 리소스를 썼을 때 이만큼의 성과가 나왔으니, 다음에는 이렇게 해 보자" 같은 이야기를 할 수 있는 것이다.

■ 숫자를 의심하기

숫자에 대해 늘 의심하고, 반드시 더블체크해야 한다. 예를 들어, 편의점에서 물건을 구매하는 고객의 성별/연령 데이터를 보면, 지점마다 한 성별/연령대_{예를 들면 50대 남성}만 높은 값으로 나오는 경우가 있다. 이 데이터를 보고, 'A 지점은 50대 남성이 많이 오는구나'라고 바로 받아들일 것이 아니라 특정하게 높거나 낮은 값에 대해 의심하고 그 이유를 찾아보는 것이다. 실제로 편의점은 포스기에서 결제할 때마다 구매 고객의 성별/연령대 정보를 입력하도록 한다. 하지만 아르바이트생이 빠르게 결제를 완료하기 위해 성별/연령대를 기재할 때 같은 버튼만 계속 누르면서 다음 단계로 넘어가게 하는 경우가 많아 신뢰하기 어렵다는 이야기를 들었다. 이처럼 숫자를 보고 그대로 받아들이기보다는 이상하게 높거나 낮은 수치 등을 보게 되면 반드시 그 숫자가 맞는지 그 숫자는 어떻게 만들어지는지를 확인해야 한다. 그 외에도, 각 부분의 숫자를 더하면 전체 숫자가 나오는지, 과거 트렌드 대비 갑자기 높은 숫자가 나오지는 않았는지 등을 보면서 점검해야 한다.

■ 숫자는 도구이지 목적이 아니다

물론 숫자는 비즈니스 현황을 빠르게 판단하고 의사결정할 수 있도록 돕는 수단이다. 하지만 이 숫자는 모두 고객에게서 온다는 사실을 잊어서는 안 된다. 매일 엑셀 속 숫자만 보다 보면 이 숫자가 전부인 것 같지만, 이 숫자들은 각각의 고객들이 내린 결정의 합일 뿐이다.

예를 들어, 우리 서비스의 유입자 수가 적다고 해서 고객에 대한 고민 없이 무조건 유입만 늘리려고 하면 본질을 놓칠 수 있다. 왜 고객이 우리 서비스에 들어오지 않는지를 먼저 고민해야 한다. 그렇지 않고 단순히 숫자로만 접근하면, 뉴스 기사를 볼 때 옆에 따라다니는 광고, [x] 버튼을 작게 만들어서 실수로 웹사이트에 들어가도록 하는 광고를 집행하게 된다. 고객이 왜 들어오지 않는지, 왜 구매를 망설이는지, 우리 상품이나 서비스의 어떤 부분이 고객의 니즈를 충족시키지 못하는지를 봐야 한다. 숫자의 변화 뒤에 있는 고객의 생각을 읽어야 진짜 문제를 해결할 수 있고, 그러면 높은 매출액과 같은 숫자도 따라오는 것이다.

결국 숫자는 우리가 올바른 방향으로 가고 있는지 확인하는 도구일 뿐이다. 물론 매출 목표와 KPI 숫자를 달성하는 것도 중요하다. 하지만 그 숫자를 달성하는 과정에서 우리의 근본적인 가치나 지향점을 잊어서는 안 된다. 당장의 숫자에만 매몰되지 말고, 이 숫자가 의미하는 것이 무엇인지, 이 숫자를 개선하기 위한 우리의 액션이 진정 고객에게 더 나은 가치를 제공하는 것인지를 늘 고민해야 한다. 그래야 지속 가능한 성장을 만든다.

이제는 숫자에 대한 이해를 바탕으로 업무의 우선순위를 정하는 것을 알아보자.

업무의
우선순위 정하기

앞에서 '회사는 제한된 리소스로 최대 아웃풋을 만드는 곳'이라고 했다. 그렇다면 한정된 시간이나 예산으로 최대 아웃풋을 만들기 위해 무엇에 집중해야 할까? 업무의 우선순위를 정하지 못하면, 중요하지 않지만 급한 일들을 하느라 진짜로 집중해야 하는 중요한 일에 시간을 쏟지 못하게 된다. 그러면 매일 야근하며 고생했는데 1년이 끝나고 연말 평가 시점에 매니저로부터 당신이 무슨 일을 했는지 모르겠다는 피드백을 받을 수 있게 된다. 이런 상황을 피하기 위해서는 어떤 일에 집중해야 할까? 급하고 중요하다는 말들과 함께 쏟아지는 일들 속에서 업무의 우선순위는 어떻게 정할 수 있을까?

리소스 관리의 기본 원칙

■ '왜?'라는 질문과 함께, 목적-목표-업무 표 그리기

먼저, 일이 주어지면 '왜?'라는 질문을 가져야 한다. 바로 일에 뛰어드는 것이 아니라 이 일을 '왜 해야 하는지?', '이 일이 나 혹은 우리 팀의 목적, 목표에 부합하는 일인지?'를 물어볼 줄 알아야 한다. 그러기 위해서는 앞에서 설명했던 '목적-목표-업무' 표를 그려 보는 것이 큰 도움이 된다. 생각보다 내 일의 목적-목표와 상관없는 업무가 많이 들어오는데, 이런 일이 오면 내가 꼭 해야 하는지 점검해 볼 수도 있다. 이 일이 직접적으로 목표 달성에 관련 있는 부서나 사람이 있을 수 있기 때문이다. 또는 최소한의 리소스만 부어 쳐내야 할지 확인해야 한다. 그렇지 않으면 중요하지 않은 일들을 하느라 무조건 달성해야 하는 목표를 달성하지 못할 수도 있다.

예를 들면, '우리 브랜드를 써본 적 없는 신규 고객 ○○○○명을 모객하기'라는 목표를 가지고 있다고 해보자. 그런데 갑자기 '신생 브랜드와 제휴'라는 과제가 오게 되었다. 그럴 때 이 일을 해야 할까?

비슷한 경험이 있는데, 나는 먼저 이 일을 요청한 사람과 그 일의 배경에 관해 이야기를 나누었다. 이 일을 지시한 대표님께 내가 생각한 이 일의 임팩트 Impact와 함께 이 일이 논의된 배경을 물었다. 제휴해야 할 브랜드가 신생 브랜드다 보니 우리 브랜드보다 고객 규모도 작고, 제휴했을 때 우리 브랜드의 신규 고객을 모객하는 데 도움이 될 것 같지 않았다. 하지만 제휴다 보니, 해당 브랜드 담당자를 만나고, 함께 제휴 기획전을 진행하는데 생각보다 공수가 크게 들 것이 우려되어 이 일이 논의된 배경을 여쭤보았다.

그렇게 논의하자 대표님도 이 일이 중요하지 않은 것에 대해서 공감하지만, 우리 브랜드의 투자자가 자신이 투자하는 다른 브랜드였던 신생 브랜드를 키우기 위해 이런 제안을 했고, 투자자와의 관계 때문에 이 일을 해야 한다는 배경을 설명해 주었다. 그래서 이 일의 중요도가 낮지만 해야만 하는 것을 확인했다. 다만, 공수를 적게 들여도 이슈가 없다는 것을 확인하고, 최소한의 리소스만 들여 일을 쳐냈던 적이 있다.

■ 목표 달성에 도움이 되는 일을 비즈니스 사이즈가 큰 순서대로 하기

두 번째로는, 목표 달성에 도움이 되는 일을 비즈니스 사이즈가 큰 순서대로 하는 것이다. 목표 달성에 기여가 큰 업무부터 우선순위를 두되, 우리가 들이는 리소스 또한 고민해야 한다. 목표 달성에 도움은 되지만 비즈니스 사이즈가 크지 않고 공수가 크게 드는 일은, 그 시간에 더 사이즈가 크며 효과적인 일에 시간을 쏟는 것이 나을 수 있으니 드랍하는 것을 논의해야 할 수도 있다. 그리고 목표 달성을 위해 필요하지만 이미 규격화되어 내가 아닌 다른 사람이 해도 되는 일은 기준을 세운 후 외주화하는 것 또한 고민해야 한다.

이런 식으로 자신에게 들어오는 많은 일들에 대해 1) 내 목적과 목표에 부합하는지, 2) 목표에 부합한다면 이제는 그 일이 목표 달성에 얼마나 도움이 되는지를 기준으로 일의 우선순위를 정해야 한다. 예를 들어, 신규 고객을 1,000명 모객하는 업무보다는 10,000명을 모객할 수 있는 업무의 우선순위를 높여야 한다. 그리고 3) 만약 목표에 부합하지 않는다면 매니저와 함께 이 일이 만들어진 배경 등을 이해하고 가능하다면 드랍하거나 혹은 최소의 리소스만 들여 쳐내야 한다. 만일 전사 차원에서 꼭 되어야 하는 일이라면, 기존에 진행되던 다른 일들의 우선순위를 조정해 새로운 그 일의 사이즈를 키우며 우선순위를 높여야 한다. 그렇게 내 일의 목적, 목표와 부합하는 일에 우선순위를 두어야 한다.

이렇게 일의 성격을 분류하면서, 내 시간을 1) 목표 달성에 크게 도움이 되면서 아직 규격화되지 않는 일의 원칙을 만드는 것에 쓰거나 2) 목표 달성에 도움이 되는 새로운 시도들, 아직 사이즈는 작을지라도 미래 먹거리가 될 일에 쏟아야 한다.

우리는 의도적으로 시간을 내어 목표 달성에 도움이 되는 새로운 일들을 만들어야 한다. 이를 잊게 되면 단순히 운영자Operator로서 이미 잘 돌아가고 있는 톱

니바퀴만 관리하는 일에 매몰되어 스스로 일을 잘하고 있다는 착각에 빠지기 쉽다. 물론 잘되고 있는 일을 유지하는 것도 중요하지만, 연차가 찰수록 회사가 구성원에게 기대하는 것은 새로운 톱니바퀴를 만들어 내는 일이라는 것을 잊지 말아야 한다. 결국 우리는 단순히 주어진 일을 하는 것이 아니라 '더 큰 성과를 내는 방법'을 고민해야 한다.

일의 사이즈 가늠하기

앞에서 언급한 우선순위를 설정하기 위해서는 각 일의 사이즈를 가늠할 줄 알아야 한다. 우선순위를 정하기 위해서는, 목적, 목표에 부합하는지 확인한 후 그다음 질문으로 '목표 달성에 얼마나 도움이 되는지', '공수가 얼마나 드는지'를 확인해야 한다. 그런데 해당 일의 예상 결과 및 공수가 얼마나 드는지 확인하기 위해서는 일의 사이즈를 가늠할 수 있어야 한다. 일을 못 하는 사람은 각각의 일의 사이즈를 파악하지 못하고, 목표 달성에 적게 기여해서 드랍해야 하는 일에 시간을 쏟거나, 각각의 일을 크게 받아들이고 압도되어 불필요한 디테일을 챙기는 데 필요 이상으로 큰 시간을 쏟느라 시간이 부족하다고 말한다.

그래서 내게 주어진 일의 사이즈에 대해 감을 잡는 것이 중요하다. 그래서 먼저 일을 받을 때 매니저에게 이 일의 중요도를 물어보며 감을 잡아야 한다. 쓸데없는 정보까지 긁어모으면서 시간을 쓰는 것도 많은데, 시간도 리소스임을 잊지 않아야 한다. 1차로 빠르게 생각한 결과물을 그려서 매니저에게 물어보면서 내가 생각한 것이 매니저의 이해와 맞는지 등을 확인하는 것이 좋다.

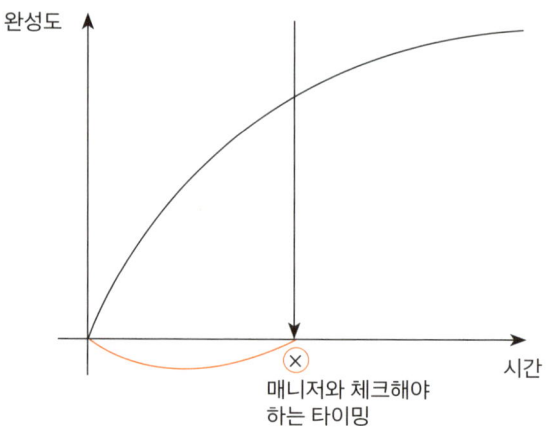

시간과 완성도의 상관관계

위 그래프처럼 시간을 들일수록 일의 완성도가 높아지기는 하지만 정비례하지는 않는다. 특정 시점 이후에는 시간을 더 들인다고 해도 완성도가 많이 늘어나지 않는다. 그래서 빠르게 일의 60~70% 정도에 대한 틀을 짠 후 매니저와 확인하면서 내가 이해한 방향이 맞는지 확인하는 습관을 들여야 한다. 연차가 찰수록 60~70% 틀을 짜는데 들이는 시간은 줄어들게 되고, 매니저와 합을 맞추는 적절한 타이밍에 대해서도 감이 오게 된다.

그룹핑으로 효율 높이기

내 일을 '목표 달성'에 집중해서 쓰되, 그룹핑을 통해 일의 효율을 높여야 한다. 일을 못 하는 사람은 100개의 일이 주어지면 100개의 일로써 받아들인다. 그래서 '일이 많다, 시간이 부족하다'고 말하지만 실은 일을 그룹핑하지 못한 채, 100개의 일에 모두 똑같은 리소스를 붓고 있는 경우가 많다.

전화번호 외우기를 생각해 보아도, 우리가 전화번호를 외울 수 있는 이유는

11개의 번호를 외우는 것이 아니라 010-○○○○-○○○○ 이렇게 3개의 그룹으로 나누어 외우기 때문이다. 이처럼 내게 주어진 일을 각각의 일로 받아들이지 않고 그룹핑할 줄 알아야 한다.

예를 들면, 업무를 이렇게 나눠 볼 수도 있다.

1. 베이스 업무
- 목표 달성을 위해 기본으로 진행해야 하는 업무
- 원칙을 세워서 외주화할 수 있는 일
- 최소한의 시간만 쏟아도 될 일

2. 새로운 시도
- 목표 달성을 위한 새로운 시도
- 성장 가능성이 큰 프로젝트
- 원칙과 프로세스를 새로 만들어야 하는 업무

이렇게 업무를 나누어서 베이스 업무는 최소한의 시간만 쏟는다고 스스로 원칙을 세운다. 매일 아침에 출근해서 전일자 매출액을 확인하고, 전일자 광고의 효과에 대해 대행사가 요약한 내용을 확인한다. 이러면 위의 6가지 불렛의 업무 중 3가지 불렛의 업무인 1번의 베이스 업무는 오늘 완료한 것이다.

그리고 대부분의 시간은 2번의 새로운 시도, 예를 들어, 신규 고객 모객을 위해 제휴를 하거나 신규 프로그램을 만드는 일에 더 시간을 쏟는 것이다.

자신에게 주어진 업무들을 성격에 따라 나누고, 어디에 집중해야 할지를 알아야 한다. 이렇게 그룹핑하게 되면 각각의 그룹에서 중요한 일에 집중하고, 아닌 일들은 중요한 일에 귀속시키면서 해낼 수 있다.

이렇게 우선순위를 정하면서 리소스를 효과적으로 쓰는 법을 알아보았다. 결국 우리에게 주어진 돈과 시간은 한정되어 있고, 그 리소스 안에 얼마나 큰 성과를 만들어 내느냐가 중요하다. 이제 제한된 리소스로 더 큰 성과를 만들어 내기 위해 내 일을 넘어, 회사의 다른 구성원들과 어떻게 커뮤니케이션해야 하는지 알아보자.

회사에서
커뮤니케이션하는 법

앞의 챕터에서 업무의 우선순위를 정하는 법을 살펴봤다. 하지만 일을 잘 해내기 위해서는 우선순위를 잘 정하는 것만으로는 충분하지 않다. 내 일의 목적과 목표에 부합하고, 기대효과가 큰 순서대로 중요한 일에 집중하려 해도 이해관계자들의 동의를 얻지 못하거나 협업이 원활하지 않으면 결국 일은 제대로 진행되지 않는다.

회사에서 일은 혼자 하는 것이 아니라 동료, 상사, 협업부서와 함께 만들어야 한다. 그래서 우선순위를 정한 후에는 다른 사람들과 이 우선순위에 관해 조율하고, 필요한 의사결정을 이끌어 내는 과정이 반드시 필요하다.

하지만 많은 사람들이 '내가 해야 할 일'과 '커뮤니케이션'을 별개로 생각하는 실수를 한다.

"좋은 아이디어를 냈는데, 결정권자가 이를 알아보지 못해 흐지부지됐다."
"협업이 필요한데, 조율하는 과정이 힘들어서 그냥 내가 다 해버렸다."

그러나 회사에서 커뮤니케이션은 단순한 보고, 회의 스킬이 아니라 일을 '진짜로' 실행하고 성과를 내기 위한 필수 과정이다. 이번 챕터에서는 효과적인 커뮤니케이션을 통해 내 업무를 주도적으로 이끌어 가는 법을 살펴보려 한다. 단순한 정보 전달이 아니라 목적이 있는 커뮤니케이션, 결론부터 말하는 원칙, 숫자로 설득하는 방법까지 함께 다뤄 보자.

먼저 내 생각이 있어야 한다

효과적으로 커뮤니케이션하기 위해서는 먼저 내 생각이 있어야 한다. 내가 맡은 목표를 달성하기 위해 어떻게 일을 해 나갈지에 대한 명확한 방향성이 있고 제안하고 싶은 것이 있어야 한다. 아무 생각 없이 구성원과 논의를 시작하면 아무 의견도 내지 못한 채 남들이 하는 이야기만 듣다가 미팅이 끝나 버리고, 결과적으로는 남이 낸 의견을 팔로업만 하는 상황이 발생하게 된다.

예전에 내 매니저는 내가 미팅에서 아무 말도 하지 못하는 것을 보고 "You'll be eaten너 그러다 잡아먹힐 거야."이라는 말을 한 적이 있다. 다른 사람들은 모두 자신의 목표 달성을 위해 '이 미팅에서는 이것을 얻어 갈 것'이라는 목적하에 미팅에 참석한다. 혹여 원하는 것을 얻어 내지 못하더라도 '저 사람은 자기 일을 적극적으로 하는 사람'이라는 평가라도 받는다. 근데 그 당시 나는 미팅에서 아무런 의견도 개진하지 못한 채 경청만 했었다. 그러면 미팅에서 원하는 것을 얻어 내지 못한 채 끌려다니는 것을 넘어, 적극적이지 못하다는 평가까지 받을 수 있다. 그때 나는 내가 신중한 성격이어서 미팅에서 나오는 이야기들을 종합하여 소화한 후 내 의견을 말하려 했다는 항변을 했지만, 지금 생각해 보면 내 의견이 없었던 것이다. 내 의견이 없는 채로 그냥 미팅에 참석하다 보니, 저 사람 말을 들으면 저 말이 맞는 것 같이 느껴지고, 내 의견에 자신감을 가질 수 없어 의견을 개진할 수가 없었다. 그러면 내 생각은 어떻게 정리할 수 있을까?

■ 내 일이라는 마인드셋 갖추기

이 책의 시작에서도 말했듯이, 내가 맡은 일에 대해 내가 주도권을 가져야 한다. 만약 내 일에 주도권을 가지고 있다면, 내가 맡은 일에 문제가 생겼을 때 '어떻게 해야 해요?'라고 매니저에게 묻는 것이 아니라 '모두 이 문제 아셔야 한다. 내가 생각한 해결책은 이러한데 함께 도와달라'라는 논의가 진행되게 된다.

내 일도 아닌데 회사 일에 주인의식을 가져야 하는지 되묻는 이들도 물론 있을 텐데, 어차피 다녀야 하는 회사라면 회사에 끌려다니지 않고 주도적으로 일을 했으면 한다. 회사에서 일을 못한다고 평가받거나 소극적으로 일한다고 평가받기 시작하면, 회사는 나를 내보내기 위해 여러 작업을 한다. 한직으로 보내거나, 연봉을 깎거나, 특정 과제를 부여한 후 매일매일 내 과제 진척도를 확인하며 못한 부분을 찾아낸다. 그리고 이 모든 과정은 나를 내보내기 위함이다. 그런 순간이 오면 매일 회사 가는 길이 지옥일 수밖에 없다. 그래서 그냥 '나를 위해서' 오늘도 내 일을 잘 해냈다는 뿌듯함과 그 결과로 따라오는 인정을 누리기 위해 주도권을 가지고 일을 했으면 한다.

그러려면 우선 내 일이라는 마인드셋을 갖추고, 맡은 일에 관해 목적-목표-업무 표를 그려 보는 것이 필요하다. 그리고 단순히 업무 단위에 매몰되지 않고, 내게 주어진 목표를 달성하는 것을 1순위로 생각해야 한다. 그래서 내 목표가 '신규 고객 모객'인데, 만약 앱 푸시가 효과가 없다면? 앱 푸시의 효과를 높이기 위해 프로덕트 팀에게 앱 푸시의 신규 기능 개발을 요청하거나 혹은 앱 푸시에 들이는 시간을 최소로 줄이고 제휴 같은 새로운 일을 해야 한다. 그리고 내 비즈니스를 이해하기 위해 관련된 숫자들을 외우고 비즈니스에 대한 이해도를 높여야 한다. 그렇게 내 일이라는 마인드셋을 갖추고 나면 매니저가 지시하기 전에 먼저 이런 일을 해야 한다고 말하며, 내 생각이 생기기 시작한다.

■ 스스로 결정을 내려도 되는 일은 질문하지 않기

내 일이라는 마인드셋을 갖추고 나면 스스로 결정을 내릴 수 있는 일과 아닌 일이 구분되기 시작한다. 주니어들이 매니저에게 물어보는 질문 중 상당수는 스스로 결정을 내릴 수 있는 사안이다. 앞서 설명했던 목적-목표-업무 표를 그려 보면 판단할 수 있다. 특히 해당 업무가 '목적'에 부합한다면, 굳이 확인이 필요하지 않은 경우가 많다.

"인스타그램 포스팅을 2시 업로드에서 10시 업로드로 바꿔도 될까요?"

예를 들어, 위와 같은 질문을 받은 매니저는 인스타그램 업무에 관해 다음과 같은 맥락을 고려하게 된다.

- **목적**_{인스타그램을 왜 운영하고 있지?}: 인스타그램 채널 운영을 통한 브랜드 인지도 강화
- **목표**_{인스타그램 업무에서 달성해야 하는 것은 무엇이지?}: 연간 인스타그램 신규 팔로워 ○○○○명 모객
- **업무**_{그래서 이 팀원이 어떤 업무를 하고 있지?}: 인스타그램 콘텐츠 기획 및 운영

그래서 이런 질문을 되묻게 되는 것이다.

"내가 무엇을 해주면 되나요?"

10시로 업로드 시간을 바꾸는 것에 어떤 고민이 있어서 내게 이야기한 것인지, 그 고민을 해결하기 위해 내가 무엇을 해야 할지를 묻는 것이다. 포스팅 시간 변경이 '브랜드 인지도 강화'라는 목적과 '팔로워 증대'라는 목표 달성에 도움이 된다면, 이는 스스로 판단하고 실행할 수 있는 영역이다. 매니저는 넓은 범위의 업무를 관리하다 보니 이런 세부적인 실행 의사결정은 주니어가 더 잘 내릴 수

밖에 없다. 그래서 실무자가 목적과 목표에 기반해 주도적으로 판단하기를 기대한다.

따라서 더 효과적인 커뮤니케이션은 다음과 같다.

> "인스타그램 포스팅 시간을 타겟층의 핸드폰 사용량이
> 가장 많은 10시로 변경하고자 합니다.
> 다만 [특정 우려 사항]이 있어 이 부분만 확인 부탁드립니다."

■ 미팅에서는 적극적으로 사고하기

미팅 참석 시에는 단순히 듣기만 하는 것이 아니라 적극적으로 사고해야 한다. 미팅 전에 1) 무엇에 관한 미팅인지^{아젠다}, 2) 참석자는 누구인지^{관련 이해관계자}를 알 수 있는데, 이를 기반으로 예상되는 논의 사항과 자신의 의견을 정리하고 미팅에 들어가야 한다. 그리고 미팅 중에는 진행되는 논의를 그냥 받아들일 것이 아니라 비판적으로 사고해야 한다. "이 의사결정의 근거는 무엇일까? A 안이 더 나은 것 같은데 왜 B 안으로 결정되었을까?"와 같은 질문을 스스로에게 던지며 생각을 정리해야 한다. 이렇게 정리된 생각은 미팅 후에 건설적인 질문으로 이어질 수 있다.

> "B 안으로 논의가 되고 있는데, 제가 생각했을 때는 이러한 이유로
> A 안이 더 효과적일 것 같았습니다. 혹시 제가 고려하지 못한
> 다른 요인이 있었나요?"

이런 과정을 통해 단순한 업무 운영자가 아닌 주도적으로 사고하고 판단하는 비즈니스 오너로 성장할 수 있다.

결국 커뮤니케이션은 내가 원하는 것을 얻어 내는 과정이다

회사에서의 커뮤니케이션은 단순히 서로 의견을 주고받는 것이 아니다. 내가 맡은 비즈니스의 목표를 달성하기 위해 필요한 의사결정을 이끌어 내는 과정이다. 그래서 모든 커뮤니케이션에는 목적이 있어야 한다.

■ 이해한 내용이 맞는지 확인하기

커뮤니케이션의 가장 기본은 내가 이해한 내용이 맞는지 확인하는 것이다. 특히 **매니저의 지시를 받은 직후에** 자신이 이해한 내용을 정리해서 확인하는 것이 좋다. "제가 이해한 바는 이러이러한데, 제가 올바르게 이해했나요?"라고 되묻는 것이다. 이런 확인 과정이 불필요해 보일 수 있으나 잘못 이해한 후 일을 진행할 때의 시간과 같은 리소스 낭비를 방지할 수 있다는 점에서 매우 중요하다.

이러한 질문은 매니저에게도 도움이 된다. 팀원의 질문을 통해 팀원의 해당 업무에 대한 이해도와 비즈니스 상황 파악 수준을 가늠할 수 있기 때문이다.

■ 매니저의 의사결정을 이끄는, 목적이 명확한 질문하기

질문 혹은 대화를 통해서 얻어야 할 것이 무엇인지를 고민해야 한다. 그리고 그 목적을 얻어 내기 위해 질문해야 한다.

회사에서 질문을 듣는 사람은, '문제 해결'이라는 포인트에 집중하여 듣는 순간부터 이 사람이 무엇을 원하는지, 내가 무엇을 도와줄 수 있는지를 생각하면서 질문을 듣는다. 그런데 만약 내가 목적은 불명확한 채 내가 가지고 있는 생각과 업무 진척 상황만 나열한다면 상대는 혼란스러워하기 시작한다. 주니어는 질문을 듣는 사람이 내가 겪는 현 상황을 다 듣고서 "네가 이런 상태구나. 너 이거 필요하겠구나. 너 이거 해야 해."처럼 진단해 주길 기대하지만 그래서는 안 된다.

혼란스러워진 상대방은 내 일의 진척 상황만 듣다 보니 스스로 계속 생각하고 있던 질문들**목적이 무엇이고, 내가 무엇을 해결해 줘야 하는지**이 해결되지 않아 직접 물어보게 된다.

"○○님, 제가 뭘 해주면 돼요?"

따라서 우리는 질문을 통해 얻고자 하는 매니저의 '의사결정 사항'을 스스로 정의해야 한다. 예를 들어, 내가 P&G에서 신규 고객 모객이라는 목적으로 일했을 때를 생각해 보자. 그 당시 나는 "신규 고객 모객을 위해 신규 마케팅 채널을 개발하려면 1,000만 원이 필요한데 써도 괜찮을까요?"와 같은 질문을 했고, 그 대답은 늘 "내가 뭘 해주면 될까요? 무슨 도움이 필요한 거죠?"였다.

매니저의 의사결정 사항은 고려하지 않은 채 "1,000만 원 써도 괜찮나요?"라고 물어보면, 매니저와 이런 대화들을 나누게 될 것이다.

주니어: 신규 고객 모객을 위해 마케팅 채널을 개발하려면 1,000만 원이 필요한데, 써도 괜찮을까요?

매니저: 왜 1,000만 원을 써야 한다고 말씀하시는 거예요? 1,000만 원은 어떻게 책정되었나요?

주니어: A 채널을 찾았거든요.

매니저: ○○님 업무 목표에 부합하나요? A 채널에 1,000만 원을 쓰면 신규 고객 몇 명을 모객하는 거예요? 매출은 얼마 예상돼요? A 채널 말고 B 채널은 고려해 보셨어요?

주니어: 아… 그건 생각해 보지 못했는데 다시 알아보겠습니다.

매니저: 위의 목표를 고민하지도 않았는데 1,000만 원은 어떻게 책정하신 거예요?

주니어: 아… A 마켓의 광고 구좌 금액이 1,000만 원이었습니다.

매니저: 그러면 A 마켓의 광고 구좌가 5,000만 원이었으면 5,000만 원을 달라고 할 것인가요? 비즈니스의 주체가 우리여야지, A 마켓이 요청하는 대로 주면 되나요? 우리의 목표에 부합해서 몇 명을 모객해야 하는지 구하시고, 그 숫자에 맞춰서 어떤 채널들이 있는지 찾은 후에, 가장 ROI■가 높은 채널들을 제게 알려 주세요.

이렇게 "1,000만 원 써도 괜찮나요?"라는 질문은 매니저에게 주도권을 넘기는 질문이다. 목적을 달성하기 위해 미리 고민해야 하는 것들을 스스로 고민하지 않고, 매니저가 대신 고민하고 판단해 주기를 바라기 때문이다. 일단 질문을 해놓으면 매니저가 필요로 하는 정보를 내게 하나씩 물어보면서 찾아나갈 거라고 생각하는 것이다.

따라서 앞의 질문은 이렇게 바뀌어야 한다.

> "제 목표는 신규 고객 3,000명을 모객하는 것입니다. 그동안의 결괏값을 바탕으로 올해 예상 신규 고객 수를 계산했더니 2,000명이라, 모자라는 1,000명을 채우기 위해 신규 채널을 개발해야 합니다. A 채널에서 1,000명을 모으려면 비용이 1,000만 원 들고, 예상 매출액은 3,000만 원으로 ROI 300%입니다. ROI 최저 기준은 넘는데 바로 테스트해 보겠습니다. 문제없으시죠?"

위 예시에서 질문을 통해 내가 얻어 낸 것은 '목표 달성을 위해 1,000만 원을 쓰는 것에 대한 매니저의 확인'이다. 이처럼 좋은 질문은 내가 원하는 것을 얻어 낼 수 있는 질문이다.

■ ROI(Return on Investment): 투자액 대비 얼마만큼 이익이 발생했는지를 나타내는 투자 이익률 지표

이처럼 의사결정의 주도권을 가지고, 필요한 분석과 판단을 선제적으로 수행한 후 정말 필요한 부분만 확인을 구하는 것이 효과적인 비즈니스 커뮤니케이션이다.

■ 의사결정에 도움이 될 두 가지 안을 보여주고, 내 제안과 함께 제시하기

열린 질문~어떻게 해야 해요?보다는 매니저가 의사결정을 내리기 쉽도록 A 안과 B 안을 함께 제시해 선택할 수 있게 하는 것 또한 좋다. 열린 질문으로 물어보는 것은 매니저에게 어떤 선택지가 있는지부터 생각하라는 말이고, 이것 또한 생각의 주도권을 매니저에게 넘기는 것이다.

옵션 2개를 제시하면서 각 옵션의 차이를 명확하게 보여주고, 둘 중 자신이 선호하는 안이 무엇인지 명확히 밝히면 '자신이 기대했던 매니저의 의사결정'을 더 빠르게 얻을 수 있다.

앞의 신규 마케팅 채널 예시라면, 이렇게 물어볼 수도 있다.

> "신규 고객 1,000명을 모아야 하는 상황에서, A와 B라는 선택지가 있습니다. A 채널은 1,000만 원 드는데, 예상 매출액은 3,000만 원으로 ROI가 300%입니다. 반면 B 채널은 2,000만 원 들지만, 예상 매출액은 8,000만 원으로 ROI가 400%입니다. 목적이 '신규 고객 모객'이어서 두 개의 채널 모두 해당 목적에는 부합하는데, A로 가면 비용이 적게 들고 B로 가면 전체 매출액이 높아집니다.
> 저는 B로 진행하고 싶은데 2,000만 원까지 써도 괜찮나요? '매출액'과 '비용관리' 중 어디에 더 집중해야 할까요?"

결론부터, 긍정적으로, 숫자로 말해야 한다

비즈니스에서 효과적인 커뮤니케이션을 위해서는 세 가지 원칙을 지켜야 한다.

■ 결론부터 말하기

매니저는 보고를 받을 때 해당 업무의 핵심과 문제 해결 방안을 빠르게 파악하고자 한다. 매니저의 입장에서는 결론부터 듣지 못하면 전혀 중요하지 않은 이야기들을 모두 듣고 핵심 메시지를 직접 알아내야 하는 상황이 된다. 이는 실무자가 해야 할 일을 매니저에게 떠넘기는 것과 같다.

업무의 모든 히스토리와 진행 과정을 전달하기보다는, 의사결정에 필요한 핵심 내용을 먼저 전달해야 한다. '문제가 있다/없다, 문제를 해결하려면 무엇이 필요하다'의 순서로 말하는 것이 효과적이다.

Before & After

- Before: "MD가 이런 이야기를 해서, 이렇게 진행했고, 결과적으로 이렇게 되었습니다."
- After 1: "이번에 예정된 ○○○ 프로젝트가 1주 미뤄져야 합니다. 다만 이번 주 매출액 달성에는 영향 없습니다."
- After 2: "○○○ 프로젝트가 1주 미뤄져서 이번 주 매출 목표 대비 200만 원 갭이 예상됩니다. 이를 메우기 위한 대안이 필요합니다."

■ 긍정적으로 말하기

매니저가 내게 추가 업무를 부여하려 할 때, 보통 머릿속에 안 되는 이유, 힘든 이유 등이 먼저 떠올라 부정적으로 말하기 쉽다. 하지만 안 되는 이유를 말하기보다는 되기 위해서 필요한 것, 목표 달성을 위해 무엇이 필요한지, 근본의 원인을 긍정적으로 말해 줘야 한다.

대화의 목적은 결국 필요한 것을 얻기 위함인데, 긍정적으로 말할수록 원하는 것을 얻으면서도 적극적인 문제 해결자로 평가받을 수 있다. 이 대화들의 결과는 똑같이 새로운 업무를 받지 않는 것이라 할지라도 주니어가 매니저에게 인지되는 모습이 달라지고, 주니어 자신도 이 훈련을 계속해야 '목표 달성을 위해 무엇이 필요한지'를 고민하는 프레임워크를 갖출 수 있다.

Before & After

"이번 달 추가 프로젝트 가능할까요?"
- Before: "시간이 없어서 어려울 것 같습니다."
- After: "A, B 프로젝트 일정을 조정하면 진행 가능합니다."

"새로운 업무 시도해 볼 수 있나요?"
- Before: "경험이 없어서 어려울 것 같습니다."
- After: "○○ 교육 이수 후 진행할 수 있을 것 같습니다."

■ 숫자로 말하기

앞에서 설명했듯이, 회사는 결국 제한된 리소스로 최대 아웃풋을 내는 곳이므로 의사결정 시 정량적인 데이터가 중요하다. '좋다', '나쁘다'와 같은 주관적 표현보다는 객관적인 숫자와 비교 지표를 함께 제시해야 한다.

특히 매니저는 넓은 범위의 업무를 담당하다 보니, 개별 업무의 세부적인 히스토리나 비교 지표를 실무자만큼 상세히 알지 못할 수 있다. 예를 들어, 실무자는 숫자를 매일 보기 때문에 숫자만 보더라도 그 수치가 높은지 낮은지 직관적으로 알 수 있지만, 매니저는 그렇지 않을 수 있다. 따라서 단순히 숫자만 제시하는 것이 아니라 그 숫자에 대한 해석과 의견을 함께 전달하는 것이 효과적이다.

> **Before & After**
>
> "신규 콘텐츠 반응이 어땠나요?"
> - Before: "반응이 좋았습니다."
> - After: "유입량 100명을 기록했습니다. 평소 대비 5% 감소했으나, 연휴 기간임을 고려하면 양호한 수준입니다."

내가 얼마나 가치 있는 의견을 제시했는가

P&G에서 '의견 비중 Share of Voice'이라는 개념을 배운 적이 있다. 이는 단순히 미팅에서 얼마나 말을 많이 했는가가 아니라 내가 얼마나 가치 있는 의견을 제시했는지를 뜻한다. 물론 모든 미팅에서 내 의견 비중이 몇 %였는지 정확히 측정할 수는 없지만, 이 개념은 회사에서 자신의 의견을 정확히 개진하고, 필요한 것을 얻어 내는 것이 얼마나 중요한지를 말해 준다.

그렇지 못하면 결국 의견을 명확히 가진 다른 이해관계자들에게 우선순위에서 밀리게 된다. 지금의 나는 매니저가 내게 했던 말, "You'll be eaten."을 종종 떠올린다. 적어도 지금의 나는 이 개념을 늘 기억하며 누군가와의 대화에서든, 미팅에서든 '도움이 되는' 의견을 꼭 내기 위해 노력하고 있다.

예전에는 내가 신중한 타입이라 의견을 내기 어렵다고 생각했다. 더 정확한 말을 해야 할 것 같고, 혹시 틀렸을 때의 후폭풍이 무서워 '입을 다물면 중간은 간다'라는 자세로 임하곤 했다. 하지만 지금 돌아보면, 그때의 나는 신중했던 것이 아니라 내 일을 깊이 이해하지 못했던 것이다.

내 업무를 제대로 알고 있었다면 미팅에서 얻고자 하는 것이 명확했을 것이고, 누군가 물어보면 즉각 답할 수 있었을 것이다. 결국 효과적인 커뮤니케이션의 시작은 내 일을 깊이 있게 이해하는 데서 출발한다. 내가 맡은 일의 목적과 목표를 명확히 하고, 그것을 달성하기 위해 필요한 것들을 능동적으로 찾아 논의할 수 있어야 한다.

혹시 지금 당신의 커뮤니케이션이 부족하다고 느낀다면, 그것은 당신이 소극적이어서가 아니라 아직 일을 충분히 깊이 이해하지 못했기 때문일 수 있다. 일하다 보면 먼저 생각하고 제안해야 하는 순간들은 끊임없이 찾아온다. 이 챕터에서 다룬 세 가지 원칙인 — **내 일이라는 마인드셋 갖추기, 목적이 있는 커뮤니케이션하기, 결론부터 긍정적으로 숫자로 말하기** — 가 당신의 더 나은 비즈니스 성과에 도움이 되길 바란다.

평가자에서 파트너로: 매니저와 건강하게 일하는 법

회사에서 커뮤니케이션할 때 매니저를 특히 어려워하는 사람도 많아서 매니저와 효과적으로 일하는 법을 따로 정리하였다. 나도 처음 P&G에서 일할 때 매니저와 일하는 것이 너무 어려웠다. 어디까지 스스로 해야 하는지, 어디까지는 물어보아야 하는지 선을 찾기가 어려웠다. 몇 날 며칠 열심히 준비해 1:1 미팅을 했지만, 늘 매니저가 '내가 무엇을 도와줄까요?'라고 되묻는 상황이 그려졌다. 그런 질문들이 무서워 결국 매니저를 피하고, 일주일에 한 번 있는 1:1 미팅 외의 시간에는 매니저와 최대한 접점을 줄이는 악순환에 빠지기도 했다. 이번 챕터에서는 그런 악순환에 빠지지 않기 위해 어떻게 매니저와 커뮤니케이션해야 하는지, 혹여라도 이미 악순환에 빠졌다면 어떻게 해결할 수 있는지 설명하려 한다.

매니저에 대한 관점 전환

주니어 때는 매니저를 '나를 평가하는 사람', '내게 가이드를 제시해 주는 사람'으로만 생각하는 경우가 많다. 그래서인지 매니저 앞에서는 최대한 완벽한 모습을 보이려 하고, 문제가 생겨도 중간 과정을 공유하지 않는 경우가 많다. 하지만 그렇게 문제를 꾹 쥐고 있다가 더는 미룰 수 없는 시점에 공유하면, 일이 이미 악화되어 해결이 어려워지는 경우가 많다.

물론 매니저가 나를 평가하는 것도 맞지만, 매니저를 '**내 일을 함께 고민하는 사람**'으로 여기는 마인드셋 전환이 필요하다. 내 일이 잘되지 않았을 때 책임지는 사람은 바로 매니저다. 내 일이 잘되는 것이 나만큼이나 중요한 사람이기 때문에 매니저는 사실상 내 일을 돕는 동료이자 함께 방향을 조율하는 파트너에 가깝다. 그리고 내가 힘든 상황일 때 도와줄 수 있는 유일한 사람 또한 매니저이다.

그래서 매니저와 접점을 늘리고 내 상황을 계속 공유해야 한다. 예를 들어, 무언가 잘 되지 않을 때 꾹 쥐고 있다가 마지막 순간에 공유하면 해결이 더 어렵다. 최악은 매니저가 물어봤을 때 비로소 어려움을 얘기하는 것이다. 이런 일을 피하기 위해 예전의 내 매니저는 '아침·점심·저녁'이라는 자신만의 팁을 알려 줬다. 아침에 1번, 점심에 1번, 저녁에 1번처럼 매니저에게 자주 자신의 일에 대해 공유하고 함께 해결해야 한다고 생각하는 것이다. 그만큼 자주 매니저와 이 일에 대해 공유하고 함께 해결해 나간다는 뜻이다.

> "매니저님, 이거 알아보고 있는데 쉽지가 않네요.
> 저는 이렇게 생각해 보았는데 매니저님은 어떠세요?"

이런 식으로 자주 논의하다 보면, 매니저의 피드백을 받으며 일을 잘 보완해 나갈 수 있다. 그리고 혹여 나중에 일이 잘 풀리지 않더라도 매니저의 피드백을 받으며 이미 여러 가지 시도를 해보았고, 매니저 또한 이미 사정을 알고 함께 고민했던 일이기 때문에 누군가의 잘못이 아닌 비즈니스 환경의 제약으로 정리되기 쉽다.

그래서 매니저를 함께 고민하는 사람으로 생각하고, 어떤 과제가 주어졌을 때 이를 모두 완성한 다음에 컨펌받으려는 생각은 버려야 한다. 내가 이해한 일의 방향이나 사이즈가 매니저가 생각한 방향과 다를 수 있으므로, 일을 받은 후 내가 생각한 방향을 빠르게 정리한 뒤, 내 이해가 맞는지 확인하는 과정을 꼭 거쳐야 한다. 그리고 방향을 얼라인한 후에는 앞에서 언급한 아침·점심·저녁처럼 자주 소통하며 함께 만들어가야 한다.

매니저와 일하는 법

매니저를 '내 일을 함께 고민하는 사람'이라고 생각한 후 협업하는 방법은 다음과 같다.

■ 매니저와 일하기 위한 체크리스트

먼저, 매니저의 일과 팀의 일에 대해 이해해야 한다. 그리고 매니저가 생각하는 일 잘하는 사람의 정의를 이해하여 이를 맞춰나가야 한다. 그리고 매니저가 내 일을 잘 알 수 있도록 주기적인 미팅을 진행해야 한다.

- **매니저의 일 이해하기. 매니저의 목적-목표-업무를 알고 있나요?** 팀원들이 맡은 일들을 모두 합하면 매니저의 목적-목표-업무가 된다. 매니저는 어떤 목적과 목표를 가지고 있는지, 그래서 내가 하는 일이 매니저에게 어떤 영향을 끼치는지를 정확히 이해해야 한다. 이를 알아야 내 일을 매니저에게 업데이트할 때도 매니저의 목적과 목표에 관련 있는 내용을 먼저 업데이트하는 등 매니저와 동료로서 논의가 가능해진다.
- **매니저가 생각하는 일 잘하는 사람의 기준을 알고 있나요?** 매니저가 나를 일 잘하는 사람이라고 신뢰하고 나면 내 일의 많은 부분을 믿고 맡기기 때문에 일이 훨씬 수월해진다. 그와 반대로 신뢰를 얻지 못하면, 매니저가 디테일한 요소까지 물어보고 확인하는 과정이 추가되어 매니저도 나도 괴로워진다. 그래서 나를 어떤 방향으로 성장시켜야 매니저의 신뢰를 얻고, 일하기 더욱 편해지는지를 알아야만 한다.

- 내가 맡은 일의 현황이나 나의 상황에 대해 매니저가 얼마나 잘 알고 있나요? 내 일을 달성하기 위해 매니저의 피드백은 필수적으로 필요하고, 매니저가 내 일의 현황을 잘 알고 있어야 건강한 피드백을 지속적으로 받을 수 있다.
- 매니저와 1:1 미팅을 얼마나 자주 하나요? 위의 내용과 맞물려 매니저와 내 일에 대해 논의하는 시간을 가지고 있는지 점검해야 한다. 내가 맡은 업무 현황을 공유하고 도움 요청 사항을 말하기 위해 일주일에 한 번 1:1 미팅을 하는 것이 좋다. 하지만 회사 분위기에 따라 적절한 횟수나 주기가 다를 수 있으니 판단하여 적용하도록 한다.

■ 일의 기본, 목적-목표-업무 잊지 않기

매니저를 동료로 생각하며 내 일에 관해 자주 공유하라고 말했지만, 그에 앞서 '일에 대한 마인드셋'에서 언급했던 것처럼 내 일의 목적-목표-업무 표를 그리고, 목표 달성에 집중하는 마인드셋을 기본으로 갖추어야 한다. 내가 목표를 달성하기 위해 이런 일들을 하고 있는데, 이 방향이 맞는지 조언을 구하거나 그 방향을 실행하는 데 있어 걸림돌이 있을 때 도와달라는 형태로 논의가 진행되어야 한다. 기본적으로 내 일에 대한 주도권을 가지고 있어야 한다.

> "이 목표를 달성하기 위해 이런 업무들을 하고 있는데,
> 방향이 맞는지 봐주실 수 있을까요?"
> "이런 장애물이 있는데, 해결을 위해 이런 접근을 고민 중입니다.
> 조언을 구하고 싶습니다."

이런 식으로 내가 먼저 방향을 설정한 상태에서 논의가 이뤄져야 매니저도 신뢰를 가지고 도울 수 있다.

■ 매니저의 일 잘하는 사람에 대한 기준 확인하기

매니저는 어떤 사람을 일 잘하는 사람으로 평가할까? 매니저마다 일 잘하는 사람의 기준은 다를 것이다. 주어진 목표를 달성하면 일을 잘 한다고 생각할 수도 있고, 주관적인 신뢰일 수도 있다. 내 첫 매니저의 경우, 주니어에 대한 신뢰가 쌓여 주니어가 주도하는 미팅에 자신이 들어가지 않아도 된다면 그것이 일 잘하는 것이라고 생각했다. 자신만의 견해가 명확한 사람을 높게 평가하는 매니저도 있었다. 그리고 나의 일 잘하는 사람의 기준은 '내가 생각하지 못했던 부분에 질문을 던져 주는 주니어'다.

공통으로 매니저가 '일 잘한다'라고 생각하는 주니어의 기준은 '매니저가 지시한 내용에 대해 자신만의 견해를 가지고 이야기할 수 있는 사람, 그래서 목표 달성의 방법에 대해 함께 고민할 수 있는 사람'이라고 볼 수 있다.

첫 매니저가 나를 신뢰하기 시작했던 에피소드를 들려주었는데 다음과 같다. 매니저가 내가 계산한 수치에 대해 잘못 계산한 거 아니냐고 물었을 때 내가 "이렇게 계산하는 게 맞습니다!"라고 내 계산 로직을 명확하게 이야기했던 적이 있다. 그때 매니저님은 이제 얘가 잘할 수 있겠다는 생각에 속으로 흐뭇하게 웃었다고 했다.

매니저의 지시를 그냥 따르는 것이 아니라 본인의 의견을 명확하게 갖고 매니저와 토론할 수 있을 때 '이 친구는 일을 잘한다'는 평가를 받게 되는 것이다. 매니저가 된 이후에 여러 주니어를 만났지만, 주니어가 '나는 이렇게 이해했는데 이런 것을 말한 게 맞는지'처럼 이해한 것이 맞는지 되묻거나 '이 목적에서 이 일이 제시되었다면 혹시 다른 방향으로 진행하는 것이 어떤지' 등을 논의할 때 큰 힘이 되었다.

■ 정기적인 미팅, 1:1 미팅 적극 활용하기

나의 경우는 매니저와 매주 1시간씩 1:1 미팅을 하고 있다. 그 시간 동안 1) 현재 내가 맡은 비즈니스 숫자에 대한 업데이트^{이번 주 트렌드를 보아, 이번 달 목표 달성이 예상되는지}, 2) 목표 숫자를 달성하기 위한, 업무들의 현황 업데이트^{각 업무들의 현황 및 특이 사항}, 그리고 3) 무슨 도움이 필요한지^{목표 미달이 예상된다면 목표 달성을 위해 어떤 도움이 필요한지}를 공유한다. 이를 통해 매니저는 내가 맡은 일의 현황에 대해 일주일에 한 번씩 동기화되는 것이다.

매니저는 어떤 문제를 해결해 줄 수 있을까?

내가 처음에 감을 잡느라 고생했던 것은 매니저가 어디까지 도와줄 수 있는지 감을 잡는 것이었다. 매니저는 늘 도움이 필요하면 말해 달라고 하는데, 막상 도움이 필요하다고 생각해서 매니저에게 뭘 요청하면, 다음과 같은 답변을 받았었다.

> "이건 ○○님이 직접 하셔야 할 것 같은데.
> 내가 뭘 해주면 돼요?"

그래서 매니저에게 어디까지 도움을 요청할 수 있는지 감을 쉽게 잡지 못했다.

■ 매니저가 지니는 아니니까

일에 대한 경험이 쌓이면서 이제는 매니저가 할 수 있는 일과 내가 해야 하는 일 그리고 매니저의 도움이 필요한 일을 정확히 구분할 수 있다. 매니저가 해결할 수 있는 문제는 크게 2가지로, 리소스 배분과 직급을 활용한 해결이다. 매니저는 팀의 목표 달성을 위해 팀 전체 리소스를 배분할 수 있는 사람이다. 내 목표를 달성하기 위해서 시간과 돈이 더 필요하거나 그 외 또 다른 리소스, 예를 들면, 교육이 필요할 때 매니저에게 도움을 요청할 수 있다. 그리고 이를 위해서는 정확히 숫자로 커뮤니케이션해야 한다. 예산에 관해서는 앞의 '회사에서 커뮤니케이션하는 법'에 예시를 들었으니, 시간에 대해 예를 들면 다음과 같다.

> "목표 달성을 위해 A라는 업무를 꼭 해야 하는데,
> 현재 B 업무로 시간이 나고 있지 않습니다.
> B 업무의 완료 일자를 한 주만 미루고, A에 집중해도 될까요?"

매니저는 예산뿐만 아니라 팀원들의 시간이라는 리소스도 배분할 수 있는 사람이다. 만약 B라는 업무가 급하다면, A라는 업무를 다른 팀원에게 배분하거나 아니면 팀원이 맡고 있는 C, D 업무처럼 다른 업무의 일정을 조정하여 시간을 확보할 수도 있다.

그리고 직급을 활용한 해결은 다음과 같다. 내가 A팀과 협업해 프로젝트를 진행하는데, A팀 구성원이 협업에 소극적이라고 가정해 보자. 이런 경우 협업이 어려운 원인은 스스로 찾아야 한다. 예를 들어, A팀의 우선순위를 보았을 때 내가 진행하는 프로젝트가 중요하지 않다면? A팀에서 이 프로젝트의 우선순위가 낮은데 내가 A팀 팀원만 닦달한다고 해결될 문제가 아니다. 이 경우 내가 A팀 팀장을 만나 이 프로젝트의 우선순위를 논의하는 것도 어렵다. A팀이 전체적으로 어떤 우선순위를 가지고 있는지 알기 어렵고, 내가 맡은 프로젝트가 A팀의 다른 과제들보다 얼마나 중요한지 판단하기도 어렵다. 그래서 이런 경우에 매니저에게 A팀의 우선순위를 조정하는 것과 관련된 논의를 요청하는 것이다.

> "지금 진행하는 프로젝트에는 A팀의 서포트가 필요합니다.
> 하지만 A팀에게는 이 프로젝트의 우선순위가 낮아 협업에
> 어려움을 겪고 있습니다. A팀에 우선순위 조정을 논의해 주실 수 있나요?"

그러면 매니저는 A팀 매니저와 함께 이 프로젝트의 우선순위를 높이는 논의를 할 것이다. 혹은 우선순위를 높이기 어렵다고 판단되면, 팀원인 나와 함께 이 프로젝트의 일정을 늦추는 등의 다른 해결책을 모색할 것이다.

물론 이 과정에서 목적-목표-업무 표를 그리고, 내 목표에 해당하는 일은 내가 주도권을 가져야 한다는 마인드셋은 갖춰야 한다. 그래서 "잘 모르겠어요"와 같이 막연하고 불명확한 표현으로 문제 진단이나 도움을 요청하는 것은 피해야 한다. "이런 문제가 발생했는데 어떻게 해야 하나요?" 대신 앞의 예시처럼 정확한 문제를 찾고 도와달라고 손을 들어야 한다.

■ 마지막으로, 1:1은 커녕 자꾸만 매니저를 피하게 된다면?

만약 이미 매니저를 피하는 악순환의 고리에 빠졌다면 꼭 매니저에게 구조 요청을 해야 한다. 내가 악순환의 고리에서 빠져나왔던 방법은 매니저와 솔직한 대화를 나누었던 것이다.

> "종종 매니저님이 저에게 '그래서 내가 뭘 도와주면 돼요?'라고 말씀하시면 머리가 멈춥니다.
> 최선을 다해서 현 상황을 파악했지만, 그 상황에서 제가 뭘 해야 할지 모르겠기에 질문을 드린 것인데, 여기서 매니저님이 뭘 해주셔야 할지까지는 생각하기 어려운 것 같습니다.
> 제가 무슨 일을 해야 할지 매니저님이 알려 주시면 좋겠습니다."

이후 나도 일을 주도적으로 하려고 노력하는 동시에 매니저 또한 "내가 뭘 해주면 돼요?"라는 문장을 쓰지 않으려고 노력했다. "내가 뭘 해주면 돼요?"와 비슷한 뜻을 가지고 있지만 다른 문장을 구사하면서 노력했고, 그런 뜻을 가진 질문을 하기 전에 매니저 역시 내 눈치를 보면서 서로 웃는 상황이 그려지기도 했다. 나와 매니저는 의도적으로 상황을 직시함으로써 서로 불편한 상황을 없앨 수 있었다.

나 역시 매니저가 되어 나를 어렵게 생각하는 주니어도 많이 만나 보았다. 나도 편하게 대하려 노력하지만 주니어도 마음의 문을 열고 대화를 많이 나누어야만 악순환의 고리를 깰 수 있다. 단언하건대 지금 매니저로 일하는 모든 사람은 주니어 때 이런 어려움을 겪었고, 그래서 주니어가 얼마나 매니저를 어렵게 생각할지 다들 공감한다. 그러니 망설이지 말고 꼭 구조 요청을 하길 바란다.

내 일을 키우면서,
업무 역량을 강화하는 법

지금까지 일의 기본기에 관해 설명했다. 내 일에 목적-목표-업무 표를 그려 보고, 목표 달성을 적극적으로 해나가는 것에 대해 이야기했는데, 이제는 내 일을 더 키우는 법을 설명하려 한다.

일을 키워야 하는 이유, '살아남기'

비즈니스 이해도를 높이다 보면 처음 일할 때보다는 일하는 것이 수월하게 느껴질 수 있다. 하지만 연차가 쌓인다고 회사 생활이 마냥 쉬워지기만 하는 것은 아니다. 회사는 높아진 연차만큼 더 높은 기준을 제시한다. 회사의 피라미드 구조상 연차가 쌓일수록 회사에서 필요로 하는 사람 수는 적어지기 마련이고, 회사는 높아진 지위에 맞게 더 넓은 업무 범위를 커버할 수 있도록 더 넓고, 더 깊게 일할 수 있는 사람을 기대한다.

회사에서 살아남으려면 누군가 시키기 전에 내가 먼저 능동적으로 일을 키우는 것이 필요하다. 누군가 시킨 후 일을 더 깊고, 넓게 하려는 사람은 사실 어떻게 일을 키워야 할지 모르는 경우가 많다. 그리고 회사는 먼저 일을 키우지 못하는 사람에게 일을 키워 보라며 먼저 제안하고 친절히 설명해 주는 곳도 아니다. 수동적으로 일하면 회사에서 오래 살아남을 수 없다.

내 일을 키우는 방법

그러면 일은 어떻게 키워야 할까? 일을 키우는 법은 크게 2가지로 나뉜다. 깊고↕, 넓게↔ 보는 법으로 나눠 볼 수 있다.

■ 인풋을 더 잘게 쪼개서 '깊게' 보는 법

▶ 내가 관리하는 '목표 지표'를 깊게 보아야 한다

깊게 보는 법에도 여러 방식이 있을 수 있지만, 여기서는 **내가 관리하는 '목표 지표'를 깊게 보는 것**을 설명한다. 예를 들어, 기존에는 '매출액'이라는 지표만 보고 있었다고 하자. 어떻게 깊게 볼 수 있을까? 우리 브랜드가 더 지속적으로 성장하기 위해서는 기존 고객 중심으로 매출액이 나오는 것보다 신규 고객이 지속 유입되며 신규 고객으로부터도 매출액이 확보되어야 한다. 그래서 매출액 지표는 그대로 둔 채 매출액 목표 숫자만 높이는 것이 아니라 추가로 '신규 고객'이 늘고 있는지 '고객'이라는 지표를 추가로 보는 것이다.

그리고 여러 브랜드의 제품을 판매하는 이커머스 플랫폼이라면? 우리가 집중하는 브랜드▪를 구매하는 고객과 다른 곳에서도 모두 판매하는데 때마침 우리 플랫폼이 최저가여서 구매한 고객이 있다면 어느 고객이 우리 플랫폼의 성격을

▪ 예: 우리 플랫폼의 성격을 보여주는 브랜드. 이 브랜드는 우리 플랫폼에서만 살 수 있다고 고객이 인지하는 전략적인 브랜드 등

잘 이해하고 계속 우리 플랫폼에 남아서 재구매할까? 실제로 우리가 집중하는 브랜드를 구매한 고객의 재구매율이 더 높다. 그래서 집중하는 브랜드를 통해 신규 고객 수가 충분히 모객되는지 추가로 더 깊게 볼 수도 있다.

이렇게 매출액만 보다가 신규 고객 수 또는 신규 고객을 통한 매출액을 보면서 더 점진적인 성장을 만든다. 또 신규 고객이 처음 구매한 브랜드의 종류에 따른 재구매율 등을 고려하여, 한 번만 구매하고 이탈하는 신규 고객이 아니라 지속 구매할 신규 고객을 찾는 형태로 점차 업무를 발전시켜 나간다.

이렇게 지표를 깊게 보다 보면, 기존에는 어떤 요소들의 조합으로 매출액이라는 결괏값이 생기는지 모르는 채로 매출액을 관리했더라도, 이제는 지표들을 추가해 나가면서 내가 컨트롤할 수 있는 인풋 레버Input Lever, 매출액을 조절할 수 있는 요소나 지표가 늘어난다. 그리고 매출액이라는 목표를 달성할 수 있는 정확성은 높아진다.

그렇다면 지표를 어떻게 세분화할 수 있을까?

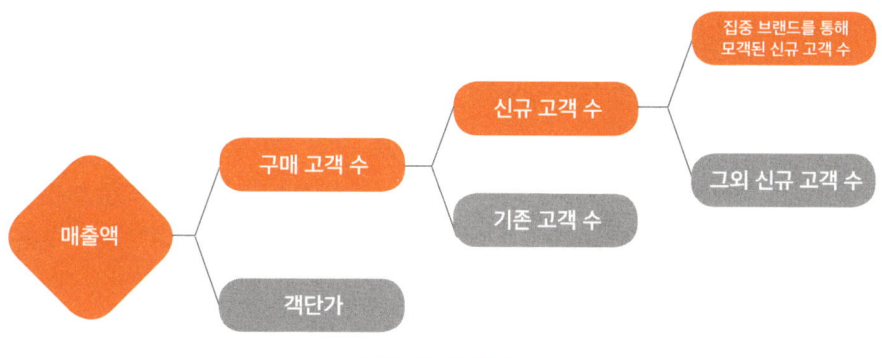

매출액 지표 세분화 과정

위의 그림처럼 내 업무를 깊게 쪼개 나가는 것이 필요하다. 매출액이 구매 고객 수와 객단가의 곱이고, 내가 마케터라면 구매 고객 수에 집중하며 구매 고객 수 〉 신규 고객 수 〉 (재구매율이 높은) 집중 브랜드를 통해 모객된 신규 고객 수에 집중한다. 그리고 내가 만약 MD라면, 객단가 부분을 깊게 쪼개며 고도화해야 할 것이다.

따라서 아래 고민을 통해 더 세부적으로 조절하고 관리해야 할 지표가 있을지 고민해야 한다.

- 내가 보고 있는 지표가 단순히 결과 지표이지는 않은지
- 내가 직접 액션을 바꿈으로써 인풋을 조정할 수 있는 지표는 무엇인지

▶ **보는 지표가 세분화되면 업무도 더 깊게 볼 수밖에 없다**

예를 들어, 단순히 매출 목표만 있을 때를 생각해 보자. 기획전 1개로 3천만 원의 매출이 예상되고, 목표가 1억 원이라면 기획전을 3~4개 정도 해야겠다는 단순한 계획만 나온다.

하지만 신규 고객 모객이라는 세분화된 목표를 세운다면 계획이 달라진다. 그동안의 기획전 중 신규 고객 모객 효과가 좋았던 기획전은 어떤 성격이었는지, 기획전 내 어떤 이벤트와 상품이 효과적이었는지 분석하게 된다. 이렇게 되면 액션이 더욱 구체적이고 고도화된다.

그리고 예전에는 고객별 매출액을 애초에 보지 않았다. 그래서 기존 고객 중심으로 매출 목표를 달성한 경우에도 이 사실을 몰랐을 것이다. 신규 고객이 모객되지 않는 위험한 상황인데도 이를 인지하지 못하고, 매출 목표를 달성했다고 박수 치는 상황이 지속되었을 것이다. 이처럼 예전에는 인지하지 못하고 넘어갔을 위험 상황도 이제는 문제임을 파악할 수 있고, 우리의 가정이 무엇이 틀렸는지를 점검하고, 의도된 성공을 만들어 나갈 수 있게 된다. 이처럼 '**목표를 달성한 것만으로 충분한 것인가?**'라는 논의를 시작할 수 있다. 그래서 1) 어떤 신규 고객을 데려오는 것이 맞았을지, 2) 신규 고객에게 재구매를 일으키기 위한 액션이 부재했던 것은 아닌지 등 더 고차원적인 논의가 진행되게 된다.

■ 회사의 다른 과제와 연결해 '넓게' 보는 법

▶ 내가 하는 업무를 한 축으로 두고 넓게 확장하는 법

깊게 보는 것에 더해 현재 업무의 사이즈가 작다면^{매출 목표가 작거나, 범위가 좁거나 등} 회사의 다른 주요 과제와 연결해 일을 '넓게' 키우는 방법도 있다. 물론 내가 맡은 일의 사이즈가 작을지라도, 이 일을 하는 이유나 목적을 한 차원 더 높게 생각하는 것은 기본적으로 필요하다.

예를 들어, 내가 회사의 특정 서비스 마케팅을 맡았다고 해 보자. 매출 볼륨으로만 보았을 때는 맡은 업무의 중요도가 낮아 보일 수 있다. 하지만 목적을 더 키울 수 있다. 단순히 서비스를 키우는 것이 아니라 이 서비스를 키움으로써 우리 회사의 차별점을 만들고 있다고 목적을 키우는 것이다. 그리고 일의 성과를 지속해서 만들어 내면 높은 성장률을 기반으로 그 일의 중요성은 커질 수밖에 없다.

내 일의 목적을 회사 일에 맞춰 크게 볼 수 있는 상황에서 추가로 일을 키우는 법을 설명하려 한다. 만약 특정 서비스를 마케팅하고 있다면, 이를 어떻게 키울지에 대한 고민은 당연히 하겠지만, 추가로 이 고민을 '회사가 가지고 있는 또 다른 과제'와 연결하여 내 일을 키우는 것도 방법이다. 내가 특정 서비스를 마케팅할 때, 이를 위해서 어퍼 퍼널^{Upper Funnel, 고객에게 우리 브랜드를 '인지'시키는 일}, 즉 소비자에게 내가 맡은 서비스를 인지시키기 위한 여러 업무를 고민하게 되었다고 해 보자. 예를 들어, 인플루언서에게 우리 제품을 나눠주고 포스팅을 요청할 수도 있다. 또는 건물 외벽에 옥외광고를 진행하거나 친구끼리 공유하며 바이럴을 일으킬 수 있는 유형 테스트를 만들 수도 있다.

전사 차원에서도 어퍼 퍼널 즉, 우리 회사를 인지시키기 위한 방법을 고민하고 있을 것이다. 따라서 나를 특정 서비스를 키우는 사람으로만 생각하지 않고,

더 상단의 '전사 차원에도 적용할 수 있는 어퍼 퍼널에 대해 실험하는 사람'처럼 더 광범위하게 회사 차원에서 내 일을 접목할 방법을 찾는 것이다. 그래서 내가 특정 서비스를 홍보하기 위해 검증했던 어퍼 퍼널 아이디어의 효과가 좋으면, 전사 차원의 어퍼 퍼널 프로그램으로 제안하면서 내 업무를 키우는 것이다.

이렇게 일을 확장할 때는 내가 갖고 있는 업무 단위로 일을 보는 것이 아니라 일이 띠고 있는 성격을 보는 것이 중요하다. 내가 맡은 과제를 전사 차원의 또 다른 고민과도 맞닿을 수 있는 지점으로 일을 확장하는 것을 제안한다.

그리고 평소에 자신의 직무에 대해 맵을 그려 보고, 자신이 어느 부분에 강점이 있는지, 어느 부분은 경험해 보지 않았는지 등을 그려 보는 것도 필요하다. 그래서 기회가 오면 적극적으로 잡을 수 있도록 평소에 어떤 업무로 확장하고 싶은지 고민도 필요하다.

이 챕터에서는 내 업무를 베이스에 두고 넓히는 방법에 대해서만 다루고 있다. 물론 전혀 해보지 않았던 일로도 업무를 넓힐 수 있지만, 이 경우는 내가 모두 초보인 상태에서 일을 하게 되므로 내가 원한다고 해서 쉽게 기회가 주어지지는 않는다. 내가 맡은 일을 잘 해내는 것을 보여주고, 이후 신뢰를 바탕으로 회사에서 주어지는 기회를 잡자.

▶ **다른 직무의 일을 이해하는 것**

내 일을 지속해서 넓히는 데 다른 직무의 일을 이해하는 것도 도움이 된다. 다른 직무의 일을 이해하는 것은 아래와 같이 2가지로 나눌 수 있다.

- 자신이 맡은 직무와 연계된 다른 직무의 일을 이해하는 것
- 회사 내 돈의 흐름과 관련된 일을 이해하는 것

자신이 마케터라면 마케터와 협업하는 프로덕트, 세일즈 등의 일을 이해하면

좋다. 예를 들어, 프로덕트 성격의 일을 커버할 수 있는 마케터뿐만 아니라 세일즈의 일도 잘 이해하고 있는 마케터 등으로 업을 확장할 가능성이 생긴다.

이커머스 플랫폼의 경우 어떤 브랜드와 상품을 보여주는지에 따라 모객되는 고객의 성격, 전환율 등이 달라지기 마련이다. 플랫폼에 어떤 브랜드를 영입할지 판단하는 것은 세일즈의 영역이지만, 마케터로서 '신규 고객 모객'이라는 목표를 달성하기 위해서 내가 필요로 하는 브랜드를 세일즈에서 추가로 영입하게 도울 수는 있다.

예를 들어, 세일즈가 신규 브랜드를 영입할 때 사용하는 영업 자료에 들어갈 수 있는 마케팅 케이스를 만드는 것이다. 우리 플랫폼에 입점한 후 매출액이 몇 배나 성장한 케이스를 함께 만들어 제공하는 것이다. 이렇게 하면 단순히 특정 서비스만 마케팅할 줄 아는 사람이 아니라 세일즈 업무도 도울 수 있는 마케터로 업무를 확장할 수 있다.

그리고 돈의 흐름과 관련된 일은 꼭 이해해야 한다. 연차가 차면 결국 관리직을 맡게 될 가능성이 높다. 이 때문에 회사 자체가 어떻게 굴러가는지 이해해야 한다. 그래서 돈의 흐름을 읽을 수 있는 회계나 직접 돈을 벌어들이는 세일즈처럼 회사의 생리를 배울 수 있는 다른 직무의 일을 이해하려 노력해야 한다.

■ 혼자서는 생각해 내기도 어려운 내 일 키우기

이렇게 일을 키우는 법에 대해 설명했는데, 의도적으로 일을 깊고 넓게 보려는 노력을 하지 않으면 어느 순간 관성으로 했던 활동을 반복하게 된다. 연차가 쌓일수록 조심해야 하는 것은, 비슷한 깊이의 일의 개수만 늘리는 것을 '일을 키운다고 착각'하면 안 된다는 점이다. 하지만 기존에 내가 해보지 않았던 방식으로 일을 키우고 차원을 다르게 하는 일은 스스로 생각조차 하기 어려운 경우도 많다. 그래서 내 일을 키우기 위해서는 **레퍼런스를 찾아야만 한다.** 더 넓고 깊게 일하는 회사나 사람들을 만나면서, 내가 일을 잘하고 있나 확인도 하고, 일을 넓히는데 힌트를 얻는 것이다. 커피챗 신청 등으로 다른 회사 분들과 이야기를 나눠 보는 것도 추천한다.

넓고 깊게 내 일을 그려 나간다는 것

일을 키우면서 성장하는 과정은 내가 해보지 않은 것에 대해 계속 도전하고 부딪히는 과정이므로 쉽지도 즐겁지만도 않다. 하지만 명확한 것은 성장을 만들어 낸 만큼 커리어를 더 길고 건강하게 지속할 수 있다는 것이다.

주니어 때는 사수나 매니저가 있어서 내가 성장해야 하는 방향에 대해 가이드를 받을 수 있었겠지만, 연차가 찰수록 가이드를 받기 어려워진다. 그래서 '어제의 나보다 오늘의 내가 성장하겠다는 목표'를 가지고 의도적으로 노력하지 않는다면, 어느 순간부터는 내가 해왔던 일들의 반복으로 커리어를 그려 나가게 된다. 그리고 반복된 업무만 하게 되면 조금이라도 시장 상황이 바뀌었을 때, 경쟁력을 잃고 회사를 떠나야 하는 상황이 생길 수 있다.

내가 했던 일의 반복이 아니라 어제의 내가 하지 못했던 더 넓고 깊은 일을 할 수 있도록 그래서 커리어를 더 길고 건강히 그려 나가기 위해 내 일을 어떻게 키워 볼 수 있을지 고민해 보면 좋겠다.

이렇게 나의 일을 어떻게 키우는지 보았다. 이제 파트 1을 정리해 보자.

일하는 법을 실제 성과로 연결하는 방법

내 일은 어디에서 왔을까?

파트 1에서는 '내 일을 주도적으로 잘하는 법'을 배웠다. 내 업무의 목적, 목표를 명확히 하고, 숫자를 통해 비즈니스를 이해하며, 효과적으로 커뮤니케이션해야 한다고 했다. 내게 주어진 목적과 목표를 기반으로 어떻게 일을 잘하는지를 설명했다.

그런데 내게 주어진 목적과 목표는 어떻게 설정되는 것일까? 회사의 어떤 방향성에서 이런 목적과 목표가 나오게 된 걸까? 그러면 회사의 전체 방향성은 어떻게 설정되고, 회사 전체가 일하는 법은 무엇일까?

내 일을 더 잘하기 위해서는 회사의 일 또한 이해해야 한다. 내가 아무리 일을 잘해도 내가 하는 일이 회사 전체 방향과 맞지 않으면 큰 임팩트를 만들기 어렵다. 그리고 내가 맡은 일을 아무리 열심히 해도, 회사가 중요하게 생각하는 목표와 연결되지 않으면 좋은 평가를 받기 어렵다. 회사의 전체 방향과 맞지 않으면 내 일은 한계를 가질 수밖에 없다. 하지만 회사의 규모가 크고 내게 주어진 일은 그중 일부이기 때문에 내가 의도적으로 회사 일을 이해하려고 노력하지 않으면 회사가 굴러가는 방식을 이해하기 어렵다.

그래서 파트 2에서는 이제 '내 일'을 넘어, '조직 관점'에서 일하는 법을 다룰 예정이다.

- 회사 전체가 목표를 설정하는 방식은 무엇인지? 그러면 내게 주어진 일이 왜, 어떤 맥락에서 생기는지 알 수 있다.
- 회사 전체가 계획-실행-리뷰 하는 프로세스는 무엇인지? 이를 이해하면, 내 일을 언제 그리고 어떻게 제안할 수 있을지 알게 된다.
- 내 목표와 회사의 목표를 어떻게 연결할 것인지?
- 큰 프로젝트를 운영하고 성과를 극대화하는 방법은 무엇인지?

이제 파트 2에서 '조직 속에서 성과를 내는 법'을 하나씩 배워 보자.

MEMO

PART 02

회사의 성과를 만드는 법

개인의 일에 머무르지 않고 회사의 성과를 만드는 일로 확장해 가는 과정을 다룹니다. 계획-실행-리뷰 프로세스에 맞춰, 조직 내 의사결정 구조를 설명합니다.

- 파트 2 들어가며
- 프레임워크가 중요한 게 아니야
- 계획-실행-리뷰, 성과를 만들기 위한 사고 구조
- 모든 것의 기본, 프로젝트를 잘 기획하기
- 프로젝트 성공 확률을 높이는 게스티메이션
- 조직에서 내 기획을 실행하는 법
- 한 해의 중심이 되는 연간 계획
- 목표를 실행 계획으로 구체화하는 분기 계획
- 실행력을 높이는 주간 팀 미팅
- 다음 성장을 위한 준비, 프로젝트별 리뷰
- 월간 리뷰를 통해 보는, 팀을 리드하는 보고서
- 모든 계획의 근간, 프로젝트 기획서 실습하기

파트 2
들어가며

내 일을 조직의 성과로 연결하는 사고 전환

조직을 이해하지 못하며 내 일을 잘할 수 있는 환경조차 만들지 못한다. 파트 2는 회사에서 성과를 만드는 법에 대해 설명할 예정이다. 그런데 왜 회사의 일을 이해해야 할까? 과거에 나는 회사의 프로세스를 몰라 고생했던 경험이 있다.

P&G에 입사할 당시, 기존에 없던 새로운 업무인 '이커머스 채널을 통해 신규 고객을 모객'하는 업무 담당자로 입사하게 되었다. 새로운 업무다 보니 입사 초기에 회사가 돌아가는 전체 프로세스를 접할 일이 많이 없었다. 반면, P&G는 기존에 브랜드별로 마케터를 채용했기 때문에 그렇게 입사한 사람들은 입사하자마자, 연간 계획이나 월 단위의 비즈니스 리뷰 등을 진행하며 회사가 어떤 프로세스로 돌아가는지를 이해할 기회가 많았다. 하지만 나는 그런 미팅과 보고서가 있다는 사실조차 알지 못했다. 회사는 브랜드 단위로 프로세스가 잡혀 있는데, 나는 특정 브랜드에 소속되지 않고 여러 브랜드를 통합하여 이커머스 채널을 키우는 일을 담당해서 생기는 구조적인 문제였다.

그래서 다들 내년도 연간 계획으로 바쁘던 시점에, 나는 연간 계획이 있다는 사실조차 몰랐다. 그리고 내 매니저는 신입을 오랜만에 받아 본 터라 신입이 어디까지 알고 어디까지는 모른다는 것에 대한 감이 없어, 내가 당연히 그 프로세스를 진행하고 있겠거니 하고 생각했었다. 그래서 연간 계획이 모두 끝나고 나서야 '이커머스 채널로 신규 고객을 모객하는' 목적으로, 내년에 할당된 목표도, 예산도 없다는 사실을 깨닫게 되었다. 나는 조직의 프로세스를 몰라서 한 해를 아무것도 없이 시작할 위기에 놓였었다. 부랴부랴 다우니, 질레트 등 각 브랜드팀을 찾아갔지만 이미 내년도 목표와 이를 달성하기 위한 계획들이 정해져 있어, 내 프로젝트에 쓸 수 있는 돈이 없다고 했다. 연간 계획이 끝난 이후 목표와 예산을 확보하는 일은 꽤 괴로웠다. 각 브랜드 관점에서는 이미 연간 계획이 끝난 상황이라, 내 요청에 소극적이었다. 더군다나 이미 효과 좋은 프로그램들을 기반으로 계획을 마친 상태였기 때문에, 내가 제안하는 프로젝트가 기존 계획보다 비즈니스 사이즈가 크거나(기대 매출액이 크거나), ROI가 높아야 했다. 하지만 내 업무는 모두 새로운 업무들이라, 기대 매출액도 작고 ROI도 아직 검증되지 않은 상태였다. 그래서 이커머스 파트너들을 더 만나며 계획을 구체화하고, 높은 기준에 맞추기 위해 꽤 고생했었다.

그 경험들을 통해서, 당연히 주어지는 기본값이라 여겼던 목적, 목표, 예산도 절대 그냥 주어지는 것이 아니라 회사의 전체 프로세스 내에서 논의를 통해 확보되는 것임을 깨달았다. 회사의 전체 프로세스와 목표 설정 방식을 이해하지 못하면 내가 원하는 리소스, 더 나아가 내 일조차 확보할 수 없다는 것을 알았다. 내가 아무리 일을 잘한다 해도, 정작 일을 시작할 수 있는 여건이 갖춰지지 않을 수도 있는 것이다.

내년도 업무 예산이 전혀 확보되지 않았다는 것을 깨달았던 날, 브랜드를 맡고 있는 선배에게 회사의 정기 프로세스에 대한 설명을 들었다. 연간 계획은 몇 월에 진행되며 분기 계획은 몇 월에 진행되는지, 무엇을 준비해야 하는지 등등 내가 원하는 것을 얻기 위해서 무엇을 해야 할지 그때부터 어렴풋이 보이기 시작했다.

이처럼 회사에서는 나 혼자 일을 잘하는 것만으로는 성과를 내기 어렵다. 내 일을 더 잘하기 위해서는 조직이 목표를 설정하는 방식과 프로세스를 이해해야 한다. 그리고 내 목표가 회사의 목표와 어떻게 연결되는지 알아야 한다. 우리는 단순히 일을 잘하는 사람이 아니라 조직의 성과를 만들 줄 아는 사람이 되어야 한다.

이를 위해, 파트 2에서는 크게 3가지를 다룬다.

1. 프레임워크보다 중요한 'Why' 그리고 '계획-실행-리뷰'라는 사고 구조

우리는 회사에서 다양한 프레임워크와 보고 체계를 가지고 일하지만, 그에 앞서 꼭 물어봐야 하는 질문은 '우리는 왜 이 일을 하는가?'이다. 그래서 프레임워크라는 틀에 매몰되지 않고 본질에 집중하는 사고가 중요하다. 이를 설명하기 위해, 회사의 기본적인 일의 흐름인 '계획-실행-리뷰' 프로세스를 소개하며, 이것이 단순한 틀이 아니라 성과를 만들기 위한 사고 구조임을 짚고 넘어간다.

2. 실무자의 관점에서, 구조 안에서 내 일을 실현하는 법

모든 회사는 계획을 세우고, 실행하며, 결과를 리뷰하는 구조로 일한다. 이 흐름 속에서 내가 맡은 프로젝트가 어떻게 설계되어야 하며, 어떻게 조직 내 의사결정 구조를 타고 실행될 수 있는지를 다룬다. 이때 핵심 도구는 '프로젝트 기획서'다. 이 챕터에서는 기획서를 통해 생각을 구조화하는 법 그리고 목표와 리소스를 수치화하는 훈련인 게스티메이션을 설명한다.

3. 마지막으로, 회사 전체가 비즈니스를 키워 가는 구조

'계획-실행-리뷰'라는 기본 틀 위에서 회사는 필요에 따라 연간 계획, 분기 계획, 월간 리뷰 등 다양한 프로세스를 추가하며 운영 구조를 만든다. 이 흐름을 이해하면 거시적 관점에서 회사가 어떻게 비즈니스를 키워 가는지도 이해할 수 있다. 그리고 실무 관점에서는 내 프로젝트가 언제, 어떤 기준과 타이밍으로 조직 자원을 배정받는지도 파악할 수 있다.

이제부터 차근차근 내 일을 넘어, 회사 속에서 성과를 만들어 내는 법을 하나씩 알아보자!

프레임워크가
중요한 게 아니야

    이해를 돕기 위해 회사의 프로세스와 이에 맞는 보고서 포맷도 제공할 예정이지만, 프레임워크보다 더 중요한 것은 'Why'를 찾는 것이다. 여기서 말하는 프레임워크란, 어떤 주제를 체계적으로 정리할 수 있게 도와주는 '생각의 틀'이나 '구조화된 형식'을 말한다. 가령 보고서를 쓸 때 자주 쓰는 항목이나 순서 같은 것이다. 예를 들면 SWOT^{Strength, Weakness, Opportunity, Threat} 분석처럼, 새로운 전략을 세우기 전 자사의 내외부 환경을 분석할 때 쓰는 툴도 자주 쓰는 프레임워크 중 하나다.

    회사의 일은 크게 계획-실행-리뷰 프로세스로 진행된다. 하지만 겉으로 보기에는 연간 계획 보고서, 분기 계획 보고서, 월별 리뷰 보고서 등등 수많은 보고서와 미팅으로 보인다. 그래서 많은 주니어들은 보고서를 잘 쓰는 법을 배우고 싶어 한다. 보고서 포맷을 알면 막막함이 줄어들고, 틀을 채워 가면서 자연스럽게 익힐 수 있을 것이라 생각하기 때문이다. 나 역시 그랬다. 그런데 보고서를 잘 쓰기 위해 정말 필요한 것은 무엇일까? 프레임워크보다 더 중요한 것은 Why를 찾는 것이다.

프레임워크는 우리의 생각을 정리하는 도구일 뿐, 그 자체가 목적이 되어서는 안 된다. 지금 비즈니스 문제가 무엇이길래 이런 제안을 하게 되었는지, '왜' 이런 결과가 나오게 되었는지, 이렇게 Why를 찾는 것이 보고서의 빈칸을 채우는 것보다 중요하다. 보고서 포맷을 예시로 주면 처음에는 도움이 될 수도 있다. 하지만 문제는 많은 사람들이 포맷의 빈칸을 채우는 것에만 집중하게 된다는 것이다. 포맷이 있으니까 채울 뿐 왜 이 데이터를 채워야 하는지, 왜 이 순서로 프레임워크가 설정되어 있는지를 모르다 보니, 보고서의 앞뒤 논리가 맞지 않거나 중요한 문제를 해결하지 못하는 보고서가 나오기 쉽다. 그래서 이어지는 본문 이후 보고서 포맷을 제공하기는 하지만, 그에 앞서 보고서를 잘 쓰기 위해 어떤 요소를 고려해야 하는지에 대해 더 자세히 설명하려 한다.

'빈칸 채우기'가 만든 어설픈 보고서

나도 일을 배우기 전에 그랬다. 대학교 2학년 여름방학 때 마케팅 단어가 붙어 있기만 하면 모든 공모전에 지원했던 적이 있다. 기억에 남는 공모전 중 하나는 가정식을 판매하는 요식업 브랜드의 마케팅 전략을 제시하는 것이었다. 그때 나는 마케팅원론 시간에 배웠던 5C-STP-4P■ 프레임워크에 너무 집중했다. 특히 현황 분석에는 가격에 대한 내용이 전혀 없음에도 불구하고, 4P에서 Price를 건드려야 하니까 가격을 이렇게 설정하겠다며, 현황 분석은 현황 분석대로, 해결책은 해결책대로 뚝뚝 끊어지는 보고서를 제출했었다. 만약 현 상황을 분석했을 때 고객이 그 브랜드를 찾지 않는 이유가 너무 비싸서였다면, 그때 Price에 대한 해결책을 고민해야 했다. 하지만 그 당시 나는 프레임워크 빈칸 채우기에만 심취했었다.

■ 5C-STP-4P: 마케팅 프레임워크로, 5C(회사 Company, 소비자 Consumer, 경쟁사 Competitor, 협력자 Collaborator 환경 Circumstance)로 시장을 분석하고, STP(시장 세분화 Segmentation, 타겟 설정 Targeting, 포지셔닝 Positioning) 순서로 마케팅 전략을 세운다. 그리고 4P(제품 Product, 가격 Price, 유통 Place, 판촉 Promotion)로 마케팅 믹스를 만들어 브랜드의 가치를 만들고 전달하는 프레임워크를 말한다.

이와 비슷하게 매니저가 되어서 보게 되는 주니어들의 보고서도 이와 비슷하다. 전임자가 만들어 놓은 포맷 그대로, 전주 매출액이 얼마인지, 카테고리별 매출액은 얼마인지 현황 분석을 위한 숫자들은 다 채워져 있지만, 해결책은 애써 채워 놓은 숫자와 전혀 상관 없이 아이디어를 나열한 경우가 많았다. 또 이런 문제는 보고서 작성에만 국한된 것은 아니다. 이렇게 접근하면 일도 비슷하게 Why를 묻지 않고 현상으로 보이는 일들만 고민하게 된다. 다른 회사의 브랜드 마케터와 이야기를 나눴던 적이 있는데, 그 브랜드 마케터가 "저희 브랜드 A 매체 광고를 어떻게 틀어야 할까요?"라는 질문을 한 적이 있다. 그 브랜드 상황이 어떤지, 그 브랜드의 목표가 무엇인지 등등에 따라서 A 채널 광고를 틀지 말지, 어떻게 틀어야 할지가 결정되는데, 그냥 광고 틀기에만 치중하는 상황이 그려지기도 한다.

프레임워크가 중요한 게 아니야

프레임워크가 중요한 게 아니라는 것은 바로 그다음 학기에서 배울 수 있었는데, 2학년 여름방학 때 모든 공모전에 시원하게 떨어지고서, 더 배워야겠다는 생각에 교내 마케팅 전략 학회에 들어가게 되었다. 마케팅 전략 학회에서 **프레임워크는 기본적으로 만들어진 프레임일 뿐, 그 브랜드가 처한 상황, 그 상황의 근본 원인 Root Cause을 찾는 것이 가장 중요하고, 근본 원인을 잘 찾고 나면 해결책은 금세 나온다는 것을 배웠다.** 학회를 하면서 매주 1개씩 하버드 비즈니스 케이스나, 실제 기업의 케이스를 가지고 와서 풀었다. 그리고 매주 목요일 저녁마다 팀별로 월, 화, 수요일 저녁 동안 준비했던 케이스의 해결책을 발표했다. 이때 월요일 저녁과 화요일 저녁의 절반 정도는 대부분 문제를 정의하는 데 시간을 썼다. 화요일 저녁 반절에는 해결책을 찾고, 수요일 저녁은 종일 PPT로 이를 도식화했다. 문제를 어떻게 정의하느냐에 따라 프레임은 매번 다르게 만들어졌고, 훨씬 자연스럽게 기획의 흐름이 나왔다. 문제를 얼마나 잘 정의하느냐에 따라서 문제 해결 아이디어가 쉽게 도출된다는 것을 그때 배웠다. 그리고 이 원칙은 절대 마케팅에만 국한된 것이 아니라 모든 일에 통용된다.

그리고 회사에 입사해서도 프레임워크에 얽매이지 않은 채 Why를 찾는 훈련은 계속되었다. 나뿐만 아니라 많은 동료들 또한 경험했는데 매니저가 보고서 포맷이나 보고서를 어떻게 써야 할지 가이드를 주지 않은 채로 먼저 보고서를 써오라고 한다. 그리고 내가 써온 내용을 보고, 내가 준비한 내용으로는 답할 수 없는 질문을 던지며, 계속 '다시 써오기'를 시킨다. 빨간펜이 몇 번은 그어진 보고서를 쓰면서 스스로 원칙은 어떻게 세워야 하는지 등을 찾아내게 된다. 그리고 그 과정에서 한 번 더 가장 중요한 것은 프레임워크가 아니라 **우리가 처한 상황을 정확히 이해하고, 왜 이런 일이 발생하는지 Why를 계속 물어서 그 현황의 근본 원인을 찾는 것**임을 배웠다.

프레임워크보다 중요한 건 '문제 정의'

프레임을 가지고 접근하는 것은 필요하나, 어디에도 정답인 프레임워크는 없다. 그래서 이제 비즈니스를 리드하면서 더 자유자재로 프레임워크를 만들지만, 과거처럼 프레임워크에 얽매이지는 않는다. 문제를 깊이 분석할수록 해결책은 더 빠르고 명확하게 도출된다는 사실만 기억하고 있다.

비즈니스를 리딩하는 사람으로서 이런 '접근방식'을 갖추기 위해서는, 아래 3가지 사항을 기억해 두어야 한다.

■ '왜'를 묻고, '목적'을 재정의하기

보고서든 일이든 주어진다고 바로 뛰어드는 것이 아니라 '왜 이 일을 해야 하는지?'를 다시 물어야 한다. 예를 들어, 상품을 만드는 브랜드에서 일하고 있고,

A 몰에 입점해야 하는 상황이라고 생각해 보자. 바로 'A 몰에 어떤 상품안으로 입점하면 좋을까?'라고 묻는 것이 아니라 '왜 우리는 A 몰에 입점하려고 하는 거지?', '여기서 얻고자 하는 것이 무엇이지?'부터 물어야 한다. 이곳에서 무엇을 얻고 싶은지에 따라서 어떤 상품으로 런칭할지, 어떤 메시지로 상품을 소구할지 등 모든 것이 바뀌게 된다. 예를 들어, 이 몰이 1020 세대가 많아서 우리 브랜드의 잠재고객을 데려오는 데 유리하다고 판단되면 A 몰 고객에게 허들이 낮은, 가격대가 낮은 상품으로 기획해야 한다. 더 나아가 프로모션으로, 무료로 우리 상품을 나누어 주는 샘플링 같은 프로그램을 기획하면서 브랜드를 알리는 일을 해야 할 수도 있다.

이처럼 '왜'라는 질문에 해결책이 연결된다. 그러나 '왜'를 묻지 않으면 그냥 단순하게 표면적인 답만 하게 된다. 새로운 입점 채널의 상품안을 가져오라고 했으니, 그냥 현재 자사몰에서 판매하고 있는 상품 리스트를 그대로 제시하는 것은, 다른 고민 없이 프레임워크의 빈칸만 채우는 것과 같다. '왜'라고 여러 번 물어야만 제대로 된 해결책을 제시할 수 있다.

큰 그림을 먼저 보고, 세부로 들어가기

계획할 때나 리뷰를 할 때나 지금 우리가 어떤 상황에 놓여 있는지 현황 분석을 해야 한다. 이때 문제를 찾으려면 반드시 큰 흐름을 보고 쪼개 나가야 한다. '결국 회사는 숫자를 만드는 곳'에서 설명했듯, 가령 이번 주 매출액이 너무 떨어져서 원인 분석 보고서를 써야 한다고 해보자. 우선 이번 주 전체 매출액이 전주 전체 매출액 대비 얼마나 차이가 나는지 확인한다. 큰 매출액 차이를 봤으면, 그 매출액을 이루고 있는 카테고리별 매출액을 본다. 카테고리별 매출액 안에서도 상품 단위로 매출액을 보면 자연스레 어느 카테고리, 어느 상품이 문제인지 보인다. 이처럼 문제를 정확히 찾기 위해서는, 숫자를 통해 큰 그림부터 보면서, 점점 문제의 세부 원인을 찾아 나가야 한다.

■ 액션 계획에 집중하기

보고서를 쓰는 이유는 모두 '결과'를 만들기 위해서다. 연간 계획 보고서는 우리가 1년간 무엇을 달성할지, 그러기 위해서는 얼마가 필요한지, 이를 위해 어떤 의사결정이 필요한지를 포함한다. 또 프로젝트의 리뷰 보고서는 이 프로젝트를 어떻게 진행했는지에 대한 히스토리와 프로젝트가 성공이었는지 실패였는지, 다음에 이런 프로젝트를 새로 진행하게 될 때 계획 단계에서 어떤 점들을 다시 보완해야 할지를 포함한다. 이처럼 각 보고서는 이를 통해서 얻고자 하는 '결과', '우리가 이제 어떻게 행동하겠다'와 같은 액션 계획이 있다. 우리가 이렇게 근본 원인을 찾았던 이유는 이 원인을 해결하기 위함이다. Why를 계속 물어 원인은 찾았는데 현상 파악만 하고 끝내서는 안 된다. 핵심은 원인을 찾고 이를 해결할 수 있는 결과를 도출해야 한다는 것이다. 액션 계획을 도출할 때는 우리가 할 수 있는 것과 할 수 없는 것을 명확히 구분하고 할 수 있는 것부터 그리고 할 수 있는 것 중에서도 가장 비즈니스 사이즈가 큰 것부터 제시할 수 있어야 한다.

매출액이 떨어진다는 예시를 활용해 보자. 만일 유입이 떨어져서 매출이 떨어졌다는 원인을 찾았다고 한다면, 유입을 늘리기 위해서 가장 빨리 그리고 가장 크게 할 수 있는 방법부터 고민해야 한다. 예를 들면 광고를 집행하는 것이 근본 원인에 대한 해결책인데, 주니어의 경우 '내가 광고 집행을 제안해도 되나?' 등의 생각으로 '상품명 바꾸기, 썸네일 이미지 바꾸기'처럼 자신의 선에서 할 수 있는 것이지만, 유입에 영향을 적게 주는 것들만 먼저 제시하는 경향이 있다. 근본 원인에 정확히 맞는, 그러면서도 가장 빠르게 효과를 크게 낼 수 있는 것부터 제시하는 연습을 해야 한다.

이렇게 프레임워크에 매몰되지 않고, 근본 원인을 찾고 해결책을 찾아가는 원칙에 대해 설명했다. 이제부터는 회사 프로세스의 기본이 되는 계획-실행-리뷰 구조를 알아보자!

계획 – 실행 – 리뷰,
성과를 만들기 위한 사고 구조

회사마다 겉으로 보이는 프로세스는 달라 보이지만, 그 밑단의 구조는 모두 계획-실행-리뷰 프로세스다.

왜 계획-실행-리뷰 구조를 갖춰야 할까?

'일에 대한 마인드셋'에서 지하철역 광고 예시를 들어, 계획-실행-리뷰 프로세스의 필요성에 대해 설명했었다. 이런 구조 없이 일을 하면, '의사결정권자의 눈에 띄어서', '그냥'과 같은 이유로 일이 시작되고, 일을 실행하는 데 있어 필요한 많은 세부 의사결정들이 주먹구구식으로 이루어진다.

- 어느 역에 광고를 틀까?
- 지하철 입구, 승강장 등등 지하철역의 수많은 광고 스폿 중 어디에 광고를 집행할까?
- 언제부터 광고를 틀까?
- 얼마의 기간 동안 광고를 틀까?
- 어떤 메시지로 광고할까?

이런 질문들에 고민 없이 답변이 이루어진다. 이런 상황에서는 '이 일을 왜 하는 것인지?', '이 일을 통해 달성해야 하는 목표는 무엇인지?', '다음에 비슷한 기회가 생겨 이 일을 다시 하게 되면 무엇을 다르게 할 것인지?'라는 고민 없이 일이 끝나 버리고 만다. 이처럼 계획 없이 시작한 일은 목적을 잃은 채 흘러가기 쉽고, 리뷰 없이 끝난 일은 남는 것이 없다. 계획-실행-리뷰는 단순히 일정 관리용 프로세스가 아니라 **'일의 방향성을 잡고, 실행 중에 길을 잃지 않게 하며, 이후 성장을 위한 인사이트를 남기는 구조'**다.

이미 갖춰진 회사의 프로세스를 내가 몰라서 고생하는 것과 별개로, 회사에 계획-실행-리뷰와 관련된 프로세스가 없다면 회사는 성장을 이룰 수 없다. P&G에서 초반에는 복잡한 회사의 프로세스를 몰라 고생했었는데, 몇 년 뒤 스타트업으로 이직한 후에는 P&G에서 쓰던 프로세스를 하나씩 적용하는 나를 발견했다. 그 당시 회사는 창업한 지 얼마 되지 않아 계획-실행-리뷰의 프로세스 없이, 대표님이 시킨 일을 실행만 하고 있었다. 팀원들이 바로 일에 뛰어들려고 할 때, 왜 이 일을 해야 하는지 고민하게 만들기 위해서 계획 프로세스를 세우고, 실행 후에는 리뷰를 통해 제대로 실행했는지, 다음 실행은 어떻게 다르게 할지 보도록 했다. 그리고 각 팀원의 상황을 파악하고, 월 목표가 달성되는지를 주 단위로 파악하기 위해 매주 월요일마다 한 주의 계획을 팀원들과 공유하는 팀 미팅을 진행했었다. 이렇게 프로세스를 하나씩 도입할 때마다 팀원들도 바로 일에 뛰어들지 않고, '목적이 무엇인지', '새롭게 뛰어들려는 이 일의 예상 매출액이 충분히 큰지' 등을 검토하고 일을 시작하게 되면서, 조직원의 성장과 매출액의 성장이 동시에 일어나는 것을 보았다. 물론 프로세스가 너무 많아지면 일을 실행할 시간이 부족해지는 등의 부작용이 있겠지만, 한정된 리소스를 제대로 배분하기 위해서 기본적인 프로세스는 필요하다는 것을 다시금 배울 수 있었다.

계획-실행-리뷰의 역할

비즈니스를 키우는 것은 우리가 서 있는 현재 상황As is에서 목표To be로 나아가는 데 필요한 모든 것What needs to be true을 찾아내고 실행하는 과정이다. 그리고 목적지로 가기 위한 모든 활동What needs to be true은 계획-실행-리뷰라는 3단계를 통해 진행된다.

As is   -   To be   -   What needs to be true
계획   -   실행   -   리뷰

As is에서 To be까지, 실행의 맥락

■ 계획의 3가지 역할

그러면 계획은 어떤 역할을 하게 될까?

▶ **첫째, 프로젝트에 돈, 시간 등의 리소스를 실제 들이기 전에 이 프로젝트가 리소스를 들일 가치가 있는지 확인할 수 있다**

회사에는 시간과 돈의 제약이 있다 보니, 목표로 가기 위해 필요한 활동 중 예상 매출액이 가장 크고, ROI가 좋은 프로그램 순서로 돈을 투자해야 한다. 이를 위해 각 활동이 정말 우리 브랜드의 목적에 부합하는지, 목표에 얼마나 기여하는지예상 매출액, 예상 매출액을 더 높이기 위해 어떤 점을 보완할지, ROI가 좋은지를 미리 고민해야만 한다. 우리는 종종 우리 브랜드의 방향과 맞지 않는 일에 리소스를 낭비한다. 계획은 이런 낭비를 줄이고, 같은 자원으로 더 많은 성과를 낼 수 있는 프로젝트에 집중할 수 있게 해준다. 마치 문지기Gate Keeper처럼 어떤 일에 뛰어들기 전, 이 일이 꼭 필요한지부터 점검해 볼 수 있다.

> ▶ **둘째, 계획 단계에서 탄탄히 고려한 내용들은 프로젝트 도중 길을 잃지 않도록 나침반 역할을 한다**

일을 하다 보면 여러 변수로 미리 고려하지 못한 상황을 계속 맞닥뜨리는데 그때마다 계획 단계에서 정리한 목적과 목표에 맞게 의사결정을 내릴 수 있게 된다.

> ▶ **셋째, 프로젝트를 집행한 이후 리뷰의 기준이 된다**

계획 당시에 세운 목표는 성공의 기준이 되어, 이 프로젝트의 성공 여부를 확인할 수 있게 된다. 그리고 프로젝트가 실패했더라도 다음에 비슷한 프로젝트를 하게 될 때 계획 단계에서부터 예전의 실행에 더 보완하여, 더 나은 계획을 논의할 수 있게 된다.

■ 리뷰의 2가지 역할

> ▶ **첫째, 우리가 진행한 프로젝트를 판단할 수 있게 한다**

우리가 진행한 프로젝트가 성공이었는지 실패였는지를 먼저 파악하고, 계획대로 일을 했는데 미달한 것인지, 아니면 계획대로 진행할 수 없는 상황이었는지 등의 원인을 찾을 수 있다. 우리가 시간과 돈이라는 리소스를 투자하여 진행한 일에 대해 그냥 '끝냈다'로 끝내 버리는 것이 아니라, 결과를 정확히 복기해야 한다. 목표했던 매출액을 넘겼는지, 만약 미달했다면 우리가 계획한 모든 액션을 다 진행했는데 목표를 미달한 것인지 확인해야 한다. 우리가 애초에 계획을 부족하게 세워서 미달한 것인지, 계획한 대로 실행하지 않아서 미달한 것인지 그 원인에 따라 다음 계획을 세울 때 무엇을 보완해야 할지 내용도 달라지게 된다. 만약에 계획한 대로 실행하지 않은 것이 문제였다면, 앞으로는 계획대로 실행할 수 있도록 프로세스를 만들어야 한다. 이렇게 회고하고 기록하지 않으면, 우리가 얻었던 교훈은 잊히고, 같은 실수를 반복한다. 이처럼 기록을 통해, 우리의 투자 결과를 남겨 두어야 한다.

▶ 둘째, 다음 계획 시에 더 개선된 내용을 적용할 수 있다

만약 리뷰를 하지 않고 넘어가면, 다음에 다시 비슷한 프로젝트를 하게 될 기회가 생겼을 때, '다시 해야 할지'에 대한 의사결정부터 내리기 어렵다. 지난 프로젝트가 성공적이었는지, 혹 실패했어도 어떤 부분을 보완하여 다시 진행하면 성공할 수 있을지 교훈이 있는 상태여야 다시 이 프로젝트를 할 수 있게 된다. 새로운 계획에 리뷰 내용이 포함되며, 더 나은 방향으로 계획할 수 있게 된다.

비즈니스의 전체 프로세스

'계획-실행-리뷰'라는 기본 틀 하에서, 회사의 상황에 맞게 다양한 프로세스가 생겨난다. 어떤 회사는 변화가 너무 많은 산업군에 속해서, 연간 계획에 많은 시간을 쏟아도 연 중간에 모두 변경되는 상황이 생길 수 있다. 이런 회사의 경우는 연간 계획에서 매출 목표와 투자 가능한 예산 정도만 정하고, 분기 계획을 공들여 진행할 수도 있다. 그리고 어떤 회사는 프로젝트 단위로 일을 진행하면서 성장해 왔다면, 각 프로젝트 단위의 계획과 리뷰가 더 중요할 수도 있다.

이처럼 회사의 계획-실행-리뷰 프로세스는 연간 계획, 분기 계획, 실행, 월간 리뷰, 프로젝트별 리뷰처럼 회사의 필요에 따라 다양한 단위로 쪼개져 진행된다. 그리고 보고서의 경우도 물론 회사별로, 비즈니스 상황별로 쓰는 보고서가 다르겠지만, 계획-실행-리뷰라는 큰 틀하에서 작성되는 것은 변함이 없다.

회사의 니즈에 따라 계획과 리뷰의 단위는 달라진다. 하지만 공통으로 큰 그림을 먼저 보고 점점 세부적으로 보는 순서는 변함이 없다. 연간 계획 → 분기 계획 → 상시 비즈니스 및 프로젝트 실행 → 리뷰의 흐름으로 운영되는데, 이는 큰 목표를 세우고 → 실행 가능하게 쪼개고 → 실행하고 → 효과를 검토하는 것으로

볼 수 있다. 각 단계를 간략히 설명해 보면 다음과 같다.

■ 회사의 프로세스

- **연간 계획**: 회사가 정한 내년도 매출 목표와 실무자가 각 프로젝트의 계획을 쌓아 계산한 예상 매출을 맞춰보며, 내년도 달성해야 하는 목표와 투자할 수 있는 비용 그리고 크게 전사적으로 집중할 방향성 등을 정리한다.
- **분기 계획**: 연간 계획을 바탕으로 여러 팀의 협업을 통해 함께 목표를 달성해야 하므로, 서로의 계획을 공유할 수 있도록 분기별 계획을 한다.
- **실행 단계**: 팀원들과 함께 팀의 목표를 정확히 이해하고, 계획대로 실행되고 있는지 확인한다. 위클리 팀 미팅을 통해 실제 성과로 이어지도록 관리한다.
- **월간 리뷰**: 월 단위로 목표를 달성했는지, 실행 단계에서 무엇이 문제였는지 등을 리뷰하고, 다음 달 계획에 반영하기 위해 월간 리뷰가 진행된다.
- **프로젝트 리뷰**: 목표 매출액이 높은 프로젝트나, 큰 투자를 진행한 프로젝트는 프로젝트 단위로 리뷰를 해서 계획대로 진행되었는지, 실행 단계에서 얻은 교훈은 무엇인지 정리한다.

회사의 계획-실행-리뷰 구조를 간략히 보았는데 이는 단지 일정을 정리하기 위한 절차가 아니다. 이 구조를 통해 우리는 '왜 이 일을 하는가'에 대한 본질적인 질문을 던질 수 있으며, 그 답을 기반으로 더 나은 선택을 할 수 있다.

지금까지 회사가 왜 계획-실행-리뷰라는 프로세스를 강조하는지 그리고 그것이 단순한 틀을 넘어서 '성과를 위한 사고 구조'라는 점을 설명했다. 연간 계획부터 시작하는 회사의 큰 프로세스를 다루기 전에, 이제부터는 회사 구조를 실무자가 실제로 어떻게 활용할 수 있는지 다루려 한다. 연간, 분기 계획을 실무자가 직접 수립하지는 않지만, **그 계획을 구성하는 핵심 단위인 '프로젝트'는 실무자가 설계한다.** 그래서 모든 계획-실행-리뷰의 기본이 되는, 프로젝트 기획서를 먼저 이해한 후 연간, 분기 계획과 같은 회사 전체 프로세스를 보는 것이 더 이해하기 쉽다.

다음 챕터에서는 파트 2의 두 번째 영역, 실무자의 관점을 설명할 것이다. 회사 전체 프로세스의 기본이 되는 '프로젝트 기획서'를 어떻게 설계할 수 있는지 알아보자!

…

모든 것의 기본,
프로젝트 잘 기획하기

회사에 연간 계획, 분기 계획처럼 다양한 단위의 계획 프로세스가 있더라도, 가장 기본은 프로젝트 단위의 계획이다. 아래 이미지를 보면, 단순하게 도식화하였으나 프로젝트 단위의 계획은 각 계획의 기본인 빌딩 블록Building Block이 된다. 그러면 모든 것의 기본, 프로젝트 계획부터 알아보자!

20XX년 연간 계획

목표	100억 원
베이스	60억 원
신규 브랜드 캠페인	30억 원
신규 라인업 개발	10억 원

목표 달성을 위한 빌딩 블록

프로젝트가 쌓여 완성되는 연간 계획

프로젝트를 진행하는 데 가장 중요한 것은 무엇일까?

일을 하는 것보다 더 중요한 것은 일에 뛰어들기 전 기획을 탄탄히 하는 것이다. 기획 단계에서 1) 이 일이 정말 필요한 일인지 확인하고, 2) 일을 진행하면서 길을 잃지 않도록 원칙을 세워야 하고, 3) 일이 끝난 후 이 일을 리뷰할 수 있도록 기준을 만들어야 한다. '프로젝트 기획서'를 쓰면서, 위 3가지 질문에 답해 보고, 내가 기획한 대로 프로젝트를 잘 진행해 보자.

기획서를 작성할 때는 2명의 읽는 이를 고려해야 한다

먼저 매니저와 같은 결정권자가 이 프로젝트를 진행하자는 결정을 내릴 수 있도록 해줘야 한다. 회사는 제한된 리소스를 어디에 어떻게 배분할지를 결정하면서 성장하는 곳이다. 결정권자는 내가 쓴 프로젝트 기획서를 읽으며 해당 프로젝트에 이만큼의 리소스를 배분하는 것이 맞는지 결정하게 된다. 프로젝트 기획서가 이 일을 왜 하는 것이고, 이 일을 통해 무엇을 기대하는지, 이만큼의 돈과 시간 배분 투자가 합리적인지 등을 잘 보여줘야만 해당 프로젝트를 진행할 수 있게 된다.

그리고 이 프로젝트에 참여하는 여러 구성원이 이 프로젝트를 잘 이해하고, 자신이 무엇을 해야 하는지를 명확히 이해하도록 해야 한다. 다양한 구성원들이 내 프로젝트 기획서를 보고서 이 프로젝트의 목적과 목표가 무엇인지 이해하고, 자신의 역할을 알도록 해야 한다. 그리고 일을 진행하면서 변수는 생길 수밖에 없는데, 이 프로젝트의 목적과 목표를 명확히 이해하여 변수 상황에서 프로젝트를 리드하는 나의 의사결정을 예측할 수 있도록 해야 한다.

읽는 사람이 궁금해할 내용이 담긴 프로젝트 기획서 작성법

결정권자가 이 프로젝트를 진행하지 않겠다고 결정하면, 다른 구성원들이 이 기획서를 볼 일조차 없어지므로 결정권자를 먼저 생각해야 한다. 프로젝트 기획서는 결정권자가 이 프로젝트의 승인이라는 결정을 내릴 수 있도록 해야 한다. 혹은 프로젝트에 필요한 리소스를 추가로 배분하는 등 결정권자가 팔로업해야 하는 내용을 정리해야 한다. 이를 위해서 '결정권자가 궁금해할' 내용이 무엇인지 고민해야 한다.

매니저와 같은 결정권자가 궁금해하는 내용은 다음 순서와 같다. 이 순서대로 궁금해하며, 첫 번째 질문이 해결되지 않으면 다음 질문으로 넘어가지 않고, 프로젝트 기획서는 반려된다. 따라서 프로젝트 기획서는 아래 궁금증을 차례대로 해결할 수 있도록 작성되어야 한다.

- 우리 회사 방향성과 맞는지? 브랜드의 목적에 부합하는지?
- 우리 회사 방향성과 맞다면, 우리의 목표에 부합하는지? '매출 목표'라는 목표를 가지고 있다면, 얼마나 벌 수 있는지?
- 수지타산이 맞는지? 돈은 OO만큼 버는데, ROI가 나오는지?

물론 결정권자의 일하는 스타일이나 평소 회사 니즈에 따라 궁금해할 내용은 추가될 수 있으므로, 이는 각자 정리가 필요하다. 예를 들어, 현재 회사 상황이 특정 경쟁사와 치열한 경쟁 중이라면 이 프로젝트가 경쟁사와 차별점을 만들어 내는지 등의 내용이 추가될 수 있다.

이를 위해 프로젝트 기획서 작성법 3단계를 소개한다. 단계에 맞춰 프로젝트 기획서를 쓰게 되면 자연스레 읽는 이의 니즈를 충족시켜 주는 기획서 작성이 가능해진다.

■ 1단계: '프로젝트 목적' 정의하기

이 프로젝트를 해야 할지부터 고민하자 Check Yes or No.

회사마다 우리 브랜드가 존재하는 이유에 대한 명확한 지향점이 있다. 그리고 모든 활동은 그 지향점을 향해 메시지를 강화하는 형태로 진행된다.

예를 들어, 우리 브랜드는 '고급 시장을 키운다'라는 지향점을 가지고 있다고 해보자. 그렇다면, '할인 행사'는 아무리 큰돈을 벌어 준다 한들 하지 말아야 할 일이 된다. 이 활동으로 인해 우리 브랜드 메시지가 흐려지고, 다른 활동들에까지 부정적 영향을 끼치기 때문이다.

예시가 너무 명확해 당연한 것 아닌가 생각이 들 수도 있다. 하지만 일을 하다 보면 이 일을 할지 말지부터 명확한 기준에 의해서 고민해야 할 때가 많다. 예를 들어 보자!

- A라는 회사에서 콜라보 제안이 왔을 때 해야 할지
- B라는 이커머스 플랫폼에서 입점 제안이 왔을 때 입점해야 할지
- C라는 신규 SNS 채널이 부흥할 때 우리 브랜드도 활동해야 할지

따라서 프로젝트 기획에 뛰어들기 전에 '이 일이 우리 브랜드 지향점에 맞는 일인지'를 먼저 물어야 하고, '아니다'라는 판단이 들면 기획 전 단계에서 멈춰야 한다. 회사의 방향성과 연결되지 않은 프로젝트는 기획할 필요가 없다. 그래서 우리 브랜드의 지향점이 무엇인지 브랜드의 목적과 목표에 대해 이해해야 하고, 올해 우리 회사가 무엇에 집중하는지 등에 대해 전반적으로 이해해야 한다. 만약 회사에 이런 프로세스나 자료가 없다면, 매니저에게 우리 브랜드의 지향점이 무엇인지, 우리의 올해 목표가 무엇인지 등을 물으며 미리 확인해야 한다.

그리고 만약 매니저가 먼저 "이런 프로젝트 기획서 써 오세요."라고 지시를

했더라도, '왜 이 프로젝트를 해야 할까?'라는 질문부터 시작하는 것은 변함이 없다. 이 프로젝트가 회사 전체의 목적과 목표에 부합하는지 그리고 이 프로젝트의 목적과 목표는 무엇인지 스스로 정의해야만 프로젝트를 기획하는 동안 길을 잃지 않기 때문이다.

■ 2단계: '프로젝트 요구사항' 정리하기

'해야 한다'라고 결정했다면, 프로젝트를 하기 위해 필요한 모든 것들을 정리해 보자 If Yes, What needs to be true?.

제안하고자 하는 프로젝트가 회사 방향성과 일치한다고 확인되면, 이제 프로젝트를 기획할 수 있다. 읽는 이인 결정권자가 궁금해할 내용을 고민하고 이를 기획서에 담아야 한다. 이 프로젝트가 우리 회사의 방향성에 어떻게 연결되고, 이 프로젝트로 얼마를 벌 수 있고, 이 프로젝트의 목적, 목표에 맞게 실제 프로젝트를 어떻게 진행할 것인지 등을 정리해야 한다.

▶ **1. 회사의 방향성과 내 프로젝트 연결하기**

- **목적**: 이 프로젝트를 왜 하는지, 전체 브랜드의 방향성과 어떻게 연결되는지 보여줘야 한다.
- **목표**: 수치상으로 이 프로젝트로 달성할 목표를 보여줘야 한다.
- **필요한 투자**: 위의 목표를 달성하기 위해 필요한 리소스를 수치적으로 정리한다.

예를 들어, 올해 우리 브랜드가 신규 고객 모객에 집중한다면, 이 프로젝트의 목적은 '신규 고객 모객'이고, 목표는 이 프로젝트를 통해 '몇 명'의 신규 고객을 모객할 수 있는지, 그래서 해당 프로젝트로 올해 목표의 몇 %를 달성할 수 있는지 등을 보여줘야 한다. 그리고 얼마의 비용이 필요한지, 어느 팀의 누가 무엇을 해주어야 하는지 등 프로젝트를 진행하기 위해 필요한 투자를 정리해야 한다. 또 다른 예시는 뒤에서 더 살펴보자.

▶ 2. 전체 프로젝트의 운영 방안 및 각 담당자의 역할 보여주기

이 과정을 진행하기 위해서는 아래 내용들을 미리 해야 한다.

● 레퍼런스 찾기

내가 하려는 프로젝트와 비슷한 목적을 가지고 진행했던 다른 프로젝트들은 어떻게 진행했는지, 다른 경쟁사들은 어떻게 하는지 찾아본다. 예를 들어, SNS 채널을 운영을 한다고 하면, 우리 브랜드의 지향점과 비슷한 다른 브랜드에서는 어떻게 SNS 채널을 운영하고 있는지 등을 찾는다.

레퍼런스를 찾아야 하는 이유는 나의 기준점을 높일 수 있기 때문이다. 아무것도 없는 상태에서 생각하는 것과, 좋은 케이스부터 무언가 아쉬운 케이스까지 다양한 케이스들을 찾아보면서 생각을 보강하는 것 간에는 깊이 차이가 생긴다. 레퍼런스를 통해 내가 놓쳤던 부분이 무엇인지 확인하며 기획을 보강할 수 있다.

● 프로젝트의 A to Z 그려 보기

이 일을 한다고 했을 때 일어날 일들을 미리 그려 본다. 이 과정에서 무엇이 필요한지 미리 알 수 있고, 어떤 부서의 담당자가 필요하고, 각 담당자가 무엇을 하게 될지 생각할 수 있다.

● 수치적으로 생각하기

얼마를 벌 수 있고 얼마의 투자가 필요한지 숫자로 생각해야 한다. 수치적으로 해당 프로젝트의 목표와 필요한 리소스가 계산되어야 결정권자가 한 번에 판단을 내릴 수 있기 때문이다.

■ 3단계: '도움 요청 사항' 정리하기

읽는 이가 해야 할 일에 대해 정리하자 Check Help Needed.

마지막으로 결정권자가 이 프로젝트를 진행함에 있어 해야 하는 일에 대해 따로 정리해야 한다. 단순히 결정권자가 진행하라고 승인만 해줘도 진행 가능한 프로젝트도 있지만, 대부분은 추가로 리소스 투자가 필요한 경우가 많다.

이 프로젝트 기획서를 읽은 결정권자가 명확하게 이 기획서를 읽고 '자신이 무엇을 결정해야 하는지' 알 수 있도록 해야 한다. ○○ 비용만큼 추가 투자하면 되는지, 다른 팀 팀장과 우선순위를 논의하여 타 팀의 참여를 독려해야 할지 등 명확하게 도움 요청 사항을 보여줘야 한다.

실전에 바로 적용해 보는 프로젝트 기획서

이제 프로젝트 기획서 3단계를 마케팅 프로젝트 예시에 적용해 보자. 단, 프로젝트의 성격에 따라 기획서의 세부 내용은 달라질 수 있다는 것을 기억해 두자. 참고로 기획서는 엑셀 포맷을 사용해서 작성하였다. 그 이유는 '수치적으로' 프로젝트를 보여줄 수 있기 때문이다. 예시에는 어려운 숫자 계산이 없지만, 프로젝트 기획을 하다 보면 여러 데이터들을 조합하며 숫자를 계산해야 하는 경우가 많다. 그럴 경우 엑셀을 사용하게 되면 프로젝트 기획서를 기본으로 두고, 시트를 추가하며 해당 숫자를 쉽게 계산할 수 있다. 그리고 필요시에 읽는 이인 결정권자도 추가된 시트를 보며 내 생각의 로직을 쉽게 이해할 수 있게 된다.

이제 기획안 예시 두 가지를 보자.

■ 예시 1. 고객이 제품을 무료로 경험하게 하는 샘플링 프로젝트

▶ **1단계: 이 프로젝트를 할지 말지, 브랜드의 지향점과 목표를 확인한다**

먼저 회사 상황을 아래와 같이 가정한다. 우리 브랜드는 고객이 일단 경험만 하면 재구매율이 높은 특성을 보인다. 그리고 올해 우리 브랜드의 전략 방향은 매출액 최대화를 위해 신규 고객을 모객하고, 그 고객이 '우리 브랜드를 한 번 경험해 보는' 것에 집중하기로 결정했다고 가정한다. 이를 통해 회사가 '고객이 우리 브랜드를 경험해 보는 프로젝트'에 대한 니즈가 있음을 확인할 수 있다.

고객이 우리 브랜드를 경험하게 하는 것에도 다양한 방법이 있을 것이다. 팝업스토어를 열어서 고객이 방문하게 하거나, 우리 제품의 샘플이나 본품을 무료로 경험하게 하는 샘플링 프로그램, 신규 고객에 한해 할인 쿠폰을 주는 프로그램, 우리 제품을 구매하고 나면 일정 비용을 포인트로 돌려주는 페이백 프로그램처럼 구매 허들을 낮춰 주는 프로그램 등 다양한 방법이 있다.

하지만 많은 방법들 중에서도 회사의 목표에 맞춰 ○○○○명의 신규 고객을 모객하는 데 가장 효과적인 방법은 무엇인지를 고민하면서 프로젝트 방향성을 잡아야 한다.

포인트를 돌려주는 방식이나 할인 쿠폰 방식은 고객이 '구매'라는 허들을 넘어야 한다. 그리고 페이백 방식은 오히려 이미 구매한 고객을 대상으로 재구매를 유도하는 것이므로, 지금 고민하는 목적 '신규 고객 모객'에 정확히 부합하지 않는다. 목적과 목표에 집중해서 최대한 많은 고객에게 도달할 수 있도록 무료로 샘플을 나눠 주는 것은 어떨지 등을 고민하며 방향성을 정한다.

▶ **2단계 · 3단계: 프로젝트 진행 결정 후, 무엇이 필요한지 등 요청 사항을 보여한다**

샘플링 프로젝트를 진행한다면, 무료로 고객에게 우리 제품의 샘플이나 본품을 나눠 주므로 그 비용만큼 대규모 투자가 필요하다는 것을 알 수 있다. 따라서 이 프로젝트 기획서를 읽는 사람이, '대규모 투자가 필요하지만, 우리 브랜드의 목적과 목표를 달성하기에 투자할 가치가 있다'라고 판단할 수 있도록 필요로 하는 내용을 정리해야 한다.

다음 프로젝트 기획서 예시를 보자.

프로젝트명	샘플링 프로젝트
목적	*이 프로젝트를 진행하고 나면 전체 브랜드의 목적과 목표가 어떻게 달성되는지 보여주기 (목적~KPI) 우리 브랜드 '인지' 목적 및 제품 사용 경험 제시 - 신규 구매자 수를 늘리기 위해, 우리 브랜드를 '한 번 경험해보는' 모먼트를 만든다는 브랜드 방향성에 맞추어, 우리 제품을 무료로 경험해볼 수 있는 샘플링 프로그램 제안
목표	샘플링 체험 고객 10,000명
KPI (프로젝트의 성공 여부)	1) KPI 1 샘플링 수 : 1달 내 샘플링 10,000명 완료 (전체 브랜드 목표 XX% 커버) 2) KPI 2 목표 매출액: 6개월 내 목표 매출액: 105,000,000원 - 제품 샘플링 이후 6개월 간 재구매 비율 30% 가정, 객단가 35,000원 가정 (참고, 작년에 진행한 A프로그램 재구매율 25%)
프로젝트 개요	*이 프로젝트가 어떤 모습으로 진행되는 프로젝트일지 그려주기 1) 샘플링 프로젝트 설명 - 자사몰에서 신규 회원가입한 고객 대상으로, 무료로 샘플 구매할 수 있는 프로그램 진행 - 샘플은 우리 제품 10회분에 해당함 (고객 테스트 결과, 10번 이상 우리 제품 사용 시 재구매 의사 30% 상승함) - 샘플과 지류쿠폰 함께 발송: 샘플과 함께 홈페이지 내 재구매 유도 하는 지류쿠폰 포함 발송 2) 샘플링 프로젝트 홍보 - 샘플링 광고 진행: 우리 제품의 POME (Point of market entry)에 해당하는 25세+여성 타겟으로 샘플링 광고 집행 3) 일정 - ~4/15: 샘플 재고 수령 - 4/15: 고객 커뮤니케이션 진행 - 5/15: 샘플링 10,000명 완료
팀장님 논의사항	*읽는 사람이 이 프로젝트에 대해 무엇을 고민해야 하는지, 그리고 어떤 투자가 필요하고, 이 투자가 투자할 가치가 있는지를 보여주기 1) 배송비 논의 - 고객에게 무료로 샘플 발송하기 위해서, 1건당 샘플 비용 (1,000원) + 배송비 (3,000원)이 필요함. 10,000명 고객 대상 시 40,000,000원 투자 필요한 상황인데, 고객에게 배송비 부과할지 여부 논의 필요. (배송비 고객에게 부과 시 프로그램 ROI 1100%, 자사 부담 시 300%) 2) 기존 유저 커뮤니케이션 논의 - '샘플 무료 구매'에 대해 기존 유저 반발 없을지 CS팀과 미리 논의 진행 필요
팀장님 도움요청사항	1) 샘플링 제품 투자 금액: 배송비 자사 부담 가정 40,000,000원 투자 요청 (ROI 300%) 2) 해당 샘플링 프로그램 홍보 위해 광고비 5,000,000원 투자 요청 3) 지류쿠폰 발송 위해, 생산팀에서 제품 생산 후 지류쿠폰 포장도 함께 할 수 있도록 생산팀 논의 요청 (회사 상황마다 다르겠지만, 팀원이 바로 생산팀과 논의해도 되는 경우 제외)

샘플링 프로젝트 기획서 예시

우리 프로젝트의 목적, 목표 그리고 KPI를 제시하고, 이를 통해 이 프로젝트를 진행하고 나면 전체 브랜드의 목적과 목표가 어떻게 달성되는지 보여줘야 한다. 그리고 프로젝트 개요를 통해 이 프로젝트가 어떤 모습으로 진행되는 프로젝트일지 그려 줘야 한다. 마지막으로 팀장님 논의 사항, 도움 요청 사항 등을 통해서 읽는 사람이 이 프로젝트에 대해 무엇을 고민해야 하는지 그리고 어떤 투자가 필요하고, 이 프로젝트가 투자할 가치가 있는지 등을 보여줘야 한다.

■ 예시 2. 물건을 판매하는 브랜드의 A 몰 입점 프로젝트

예를 들어, 매출 목표 달성을 위해 새로운 외부 채널 A 몰에 입점하는 것이 필요하다고 가정해 보자. A 몰에 어떤 상품안으로 입점하고 어떤 프로모션을 기획하면 좋을지 등 세부 액션 계획에 대해 매니저의 의사결정을 이끌고 싶다면, 어떻게 보고서를 써야 할까?

'프레임워크가 중요한 게 아니야'에서 설명했듯, 바로 일에 뛰어들기 전에 '왜'를 물어야 한다. 이 질문에 대한 대답에 따라서 어떤 상품으로 론칭할지, 어떤 커뮤니케이션 메시지로 소구할지 등이 모두 달라지기 때문이다.

"왜 우리는 A 몰에 입점하려고 하는 거지?
여기서 얻고자 하는 것이 뭐지?"

이 몰은 1020 세대가 주고객이라 우리 브랜드로 잠재고객을 데려오는 데 유리하다고 판단되면 상품 세부 구성안도 금액대가 저렴해 구매 허들이 낮은 상품으로 기획해야 한다.

하지만 만약에 이 몰의 주고객이 우리 브랜드 타겟과 비슷한 30대 이상이라서 매출액 최대화 측면에서 좋은 플랫폼이라면? 현재 판매하고 있는 상품 구성 그대로 입점하면서 매출액을 최대화할 수도 있는 것이다.

이 몰이 1020 세대가 주고객이라 가정하고 프로젝트 기획서를 작성하면 다음과 같다.

프로젝트명	A몰 입점 제안
목적	*이 프로젝트를 진행하고 나면 전체 브랜드의 목적과 목표가 어떻게 달성되는지 보여주기 (목적~KPI) A몰 주요 고객 1020 대상으로 우리 브랜드 '인지' 목적 - 현재 우리 브랜드 주요고객 2535로 1020 잠재고객 유입에 대한 고민 해결
목표	- A몰 통해 신규 구매자 수 최대화 - A몰 구매 고객 자사몰 유입을 통한 신규 회원가입자 수 확보
KPI (프로젝트의 성공 여부)	1) KPI 1 목표 매출액: M1 (첫째달) 5,000,000원 (A몰 MD님과 확인 결과, 우리 브랜드와 비슷한 성격를 띄고 있는 B 브랜드에서 첫 달 4,000,000원 매출액 달성함) 2) KPI 2 신규 구매자 수: M1 500명 3) KPI 3 자사몰 가입자 수: A몰에서 구매 후 자사몰 회원가입자 수 100명 목표 (참고. 과거 C몰에서 진행한 지류쿠폰 프로그램 자사몰 회원가입 전환율 20%)
프로젝트 개요	*이 프로젝트가 어떤 모습으로 진행되는 프로젝트일지 그려주기 1) A몰 설명 - 1020 주요고객군으로 급성장 중임 (MAU 500만) - A몰 객단가는 10,000원으로 낮은 편이지만 (비교. 자사몰 객단가 35,000원), A몰 재구매 주기 2주로 짧은 편 (비교. 자사몰 재구매 주기 2달) - 현재 우리 브랜드 주요고객 2535로, 1020 Young target 유입에 대한 고민 있는데 A몰 입점 통해 우리 브랜드 인지도 상승 및 제품 홍보 기대함 2) 입점상품 - A몰 평균 객단가(10,000원)에 맞춰 우리 브랜드 제품 중에 기본 라인업만 입점 제안 (평균 객단가 12,000원) 3) A몰 내 프로모션 - 기본 라인업만 입점하더라도, 평균객단가보다 20% 높은 상황이라 A몰에서 사용가능한 할인쿠폰 프로모션 제안 - A몰 입점 홍보 위해 광고배너 집행 제안. 배너 광고비 1,000,000원 (ROI 500% 예상) 4) 자사몰과 연결된 프로모션 - 우리 브랜드 인지 후 자사몰 회원가입까지 유도하는 프로모션 제안. 제품과 함께 자사몰 사용 가능한 10% 할인 지류쿠폰 발행 5) 일정 - 3/10: 지류쿠폰 제작 완료, 배너 디자인 제작 완료 - 3/25: 제품, 지류쿠폰 합포장 완료 - 4/1: 입점 진행
팀장님 논의사항	*읽는 사람이 이 프로젝트에 대해 무엇을 고민해야 하는지, 그리고 어떤 투자가 필요하고, 이 투자가 투자할 가치가 있는지를 보여주기 1) 1020 신규 구매자 수 Projection - M1 매출액이 5,000,000원으로 외부판매 채널 전체 매출의 10%로 적은 매출액이지만, M1~M6 1020 신규 구매자 수 매달 10%씩 늘어날 것으로 예상함. A몰 최근 6개월 신규가입자 수 매달 10%씩 성장 추이 보이고 있음. 2) A몰에 사용하는 10% 할인쿠폰 프로모션에 대한 논의 - A몰에서 기본라인업을 10% 저렴하게 판매하는 것이 다른 외부채널 판매량에 영향 끼칠 수 있어서, 첫 달 런칭기념으로 500명 인원 수 제한 프로모션 진행예정
팀장님 도움요청사항	1) A몰 입점 프로젝트 진행 여부 확정 2) A몰 입점 홍보 위해 A몰 내 광고배너에 필요한 1,000,000원 투자 요청 (ROI 500% 예상) 3) A몰 할인 쿠폰에 필요한 500,000원 투자 요청 4) 지류쿠폰 발송 위해, 생산팀에서 제품 생산 후 지류쿠폰 포장도 함께 할 수 있도록 생산팀 논의 요청 (회사 상황마다 다르겠지만, 팀원이 바로 생산팀과 논의해도 되는 경우 제외)

A 몰 입점 제안 프로젝트 기획서 예시

프로젝트 기획 고수가 되기 위한 훈련

프로젝트 기획은 숫자로 보여줘야 하며, 프로젝트의 처음부터 끝까지 일어날 일에 대해 고려해야 한다. 그리고 읽는 이에게 도움 요청까지 해야 하는 광범위한 일이다. 하지만 평소에 아래와 같은 연습들을 꾸준히 해두면 생각하는 힘이 길러지고 기획서 작성에 도움이 된다.

■ 평소에 결정권자의 니즈 파악하기

연간 계획처럼 회사 전사적으로 방향성을 논의하는 자료는 미리 이해해야 한다. 또한 평소 미팅에서 논의되는 사안들을 이해하고, 우리 팀의 KPI도 이해해 결정권자의 니즈를 파악해야 한다.

■ 게스티메이션 Guesstimation

게스티메이션이란 '추측Guess'과 '추정Estimation'의 합성어로, 특정한 주제를 정량적으로 추정하여 수치화하는 과정이다. 어떤 프로젝트의 예상 결과를 수치화하는 데 도움이 되는 훈련인데, 다음 챕터에서 더 자세히 설명할 예정이다.

예를 들어, 음식점에 가서 밥을 먹더라도 하루 매출액, 한 달 매출액이 얼마 정도 나오겠다 등을 추측해 보며 계산하는 것을 말한다.

▶ 게스티메이션 예시
- **우리 테이블에서 결제한 금액**: 3만 원
- **우리 테이블 사람 수**: 2명 → 1명당 1만 5,000원 객단가 가정
- **테이블에 앉아 있는 사람 수**: 2~4명 → 평균 3명으로 가정 → 1테이블당 4만 5,000원 객단가 가정
- **총 테이블 개수**: 6개
- **1테이블당 식사에 걸리는 시간**: 30분 → 1시간당 테이블 회전율: 2회
- **운영시간**: 하루 총 10시간 운영
- **1일 매출액 추정**: 4만 5,000원×6개×10시간×2회 = 540만 원

이 게스티메이션은 최소한의 가정으로 진행한 것인데, 더 디테일하게 요소들을 추가하면서 생각하는 힘을 키울 수 있다. 한 달 매출액을 계산해 볼 때, 이곳이 회사 주변의 음식점이라면, '평일 5일은 매출액이 비슷하게 높게 나오고 주말

2일은 적게 나오겠다', '10시간 운영을 한다고 해서 매시간 테이블이 꽉 찰 수는 없으니 시간당 가정을 다르게 해 본다' 등등 여러 가정을 생각할수록 실력이 는다. 이 훈련은 나중에 우리가 프로젝트를 진행할 때 예상 매출액이 얼마나 나올지 등을 계산하는 데 도움이 된다.

■ 다른 브랜드에서 진행하는 프로젝트 관찰하기

다른 브랜드들에서 하는 행사, 이벤트 등에 참여할 기회가 생기면, 면밀히 관찰하는 것 또한 도움이 된다. 다양한 레퍼런스들을 확보할 수 있고, 내가 이 프로젝트의 기획자라고 가정하면서 다양한 것들을 생각해 볼 수 있다. 만약에 어떤 브랜드에서 오프라인 팝업을 진행하면서, 자사 브랜드 SNS를 팔로우할 시 선물을 주는 이벤트를 한다고 가정해 보자.

- **프로젝트 목적**: '이 브랜드는 왜 이 프로젝트를 할까?', '오프라인 팝업을 통해 고객에게 브랜드 인지를 쌓는 것일까?' 등을 질문 이 프로젝트의 목적을 유추해 볼 수 있다.
- **프로젝트 목표**^{KPI}: 하지만 오프라인 팝업을 통해 얼마나 브랜드 인지가 쌓이는지는 트랙킹하기 어렵다. 그러면 이 프로젝트의 목표를 어떻게 설정했을까? 고민해 보면 오프라인 팝업에 몇 명이 방문했는지를 목표로 세웠을 것이라 유추해 볼 수 있다. 그리고 추가로 오프라인 쇼룸에서 'SNS 팔로우' 이벤트를 진행하는 이유는, 팝업을 방문한 고객 대상, 우리 브랜드의 소식을 지속적으로 알리면서, 이후 자사몰 등에 유입 전환을 기대한다는 것을 유추할 수 있다. 그래서 이 프로젝트의 목표로는 1) 몇 명이 팝업에 방문했는지 그리고 2) SNS 팔로워 수를 몇 명 모객하는지를 성공 지표로 본다고 유추할 수 있다.
- **A to Z 그려 보기**: 팝업에 갔을 때 SNS 팔로우 시 포장지에 선물을 담아서 준다면, 이를 위해서 몇 명이 오는지 미리 계산도 해보고, 바코드 처리는 했을까 등등 그 뒷부분의 프로세스를 고민해 볼 수 있다.

무엇보다도 프로젝트 기획서를 작성함에 있어 가장 중요한 것은 많이 쓰고 많이 피드백 받는 것이다. 매니저에게 많은 피드백을 받을수록 회사가 어떤 지향점을 가지고 있는지, 회사의 가장 큰 고민이 무엇인지에 대해 잘 이해하게 된다. 회사의 방향을 잘 이해할수록 무슨 프로젝트를 진행해야 할지가 명확해지고, 자연스레 기획서는 쓰기 쉬워진다. 피드백 받는 것을 두려워하지 말고, 자주 부딪혔으면 좋겠다.

프로젝트 기획서는 모든 활동의 기본이 되기 때문에 반드시 연습이 필요하다. 그래서 파트 2의 마지막에, 배운 내용을 직접 적용해 볼 수 있는 프로젝트 기획서 실습 챕터를 마련했다. 연간 계획과 분기 계획 등 더 큰 맥락을 모두 이해한 뒤 다시 프로젝트 기획서를 작성해 보면, 단순히 틀을 익히는 수준을 넘어 프로젝트의 의미가 훨씬 설명해질 것이다.

이번 챕터에서 사용한 예시 템플릿은 아래 QR코드로 제공한다. 이제 이어서, 프로젝트 기획의 정확도를 높이는 게스티메이션에 대해 알아보자!

> 프로젝트 기획서 템플릿 보러가기

- 템플릿을 사용하기 위해 구글 계정으로 로그인
- 로그인 후 템플릿 QR코드에 접속
- 구글 스프레드 시트의 [사본만들기] 클릭
- 개인 구글 드라이브에 복사된 시트를 수정하여 원하는 대로 사용 가능

프로젝트 성공 확률을 높이는
게스티메이션

    이제 수치적으로 프로젝트의 달성 목표 및 필요한 리소스를 계산할 때 필요한, 게스티메이션을 더 자세히 알아보자. 게스티메이션 Guesstimation이란 추측 Guess과 추정 Estimation의 합성어로 특정한 주제를 정량적으로 추정해 수치화하는 과정을 말한다. 프로젝트의 예상 결과 및 필요한 리소스를 수치상으로 계산하는 데 도움이 되는 훈련법이다.

이 챕터에서 다루는 게스티메이션의 범위

구글링으로 알 수 있는 게스티메이션의 예시는 다음과 같다.

- 서울 시내에 있는 영화관은 몇 개일까?
- 비행기를 탁구공으로 채운다면 몇 개가 들어갈까?

게스티메이션은 보통 컨설턴트 RA Research Assistant 면접에서 많이 물어보는데,

이를 구하기 위한 데이터 예: 탁구공의 지름은 몇인지, 비행기의 면적은 몇인지 등는 주어지지 않는다. 게스티메이션을 통해 보고자 하는 것은 얼마나 정확하게 답을 맞히는지가 아니다. 면접관도 실제로 비행기에 탁구공에 몇 개 들어가는지는 알지 못한다. 대답하는 사람이 가설을 기반으로 구조화해서 생각할 수 있는지, 즉 논리적 사고력이 있는지를 확인하기 위해서 묻는 질문이다.

물론 이런 케이스들을 연습해도 논리적 사고력이 향상되겠지만, 여기서는 게스티메이션 예시가 아닌, 실제 비즈니스 현장에서 볼 수 있는 케이스에 집중해 설명할 예정이다.

■ 비즈니스에서 쓰이는 게스티메이션

비즈니스에서 쓰이는 게스티메이션이 RA 면접에서 언급되는 게스티메이션과 다른 포인트는 다음 2가지다.

> ▶ **비즈니스를 리드하는 사람은 아무런 데이터 히스토리가 없는 상태에서 계획을 세우지 않는다**

우리 회사의 데이터를 참고하거나, 우리 회사에 데이터가 없다면 업계의 다른 사람을 만나면서 데이터를 확보할 수 있다. 탁구공 지름이 얼마인지 모르지만 5cm로 가정하고서 계산하는 것이 아니라 과거 비슷한 케이스에 따른 유입, 전환율 등의 숫자를 참고해 계획을 세울 수 있다. 우리가 가지고 있는 데이터에 기반해 새로운 프로젝트의 예상 매출액 및 필요한 리소스 등을 **계**산하는 것이므로, 이번 챕터에서는 우리가 갖고 있는 숫자를 활용해 계획을 잘하는 것에 집중해 설명하려 한다.

> ▶ **비즈니스를 리드하는 사람에게는 게스티메이션의 결과물** 예상 매출액, 필요한 리소스에 대한 결괏값**을 직접 실제 결과로 만들어 내는 것이 더 중요하다**

그래서 각 가정의 요소 값 또한 중요하다. 결괏값을 달성하기 위해 고려한 각 요소들은 실행할 때 우리의 인풋이 된다. 우리는 직접 실행해야 하고, 각 값들이 가정대로 나올 때 전체 목표를 달성할 수 있게 된다. 우리는 실제값이 가정 대비 높은지 낮은지 확인하고 개선해 나가면서 프로젝트의 성공 확률을 높여야 한다.

예시를 들어 보자. 게스티메이션이 필요한 다양한 상황들이 있을 수 있다.

- 우리는 물건을 판매하는 이커머스 플랫폼이고, 평소에 10% 할인 쿠폰만 발행하고 있었다. 20% 할인 쿠폰을 발행하면 쿠폰 사용 고객이 얼마나 늘어날까?
- 우리는 물건을 판매하는 이커머스 플랫폼이고, 전체 카테고리_{패션, 의류, 뷰티 등}가 참여하는 대규모 기획전은 진행해 봤으나 특정 카테고리_{예를 들면 뷰티만 진행}만 진행하는 대규모 기획전은 처음이다. 이때 매출 목표를 어떻게 설정할 수 있을까? 매출 목표를 달성하기 위해 어떤 계획을 세워야 할까?
- 우리는 화장품 브랜드인데, '향'을 강조하는 신규 라인업을 낸다고 가정해 보자. 매출 목표를 어떻게 세울 수 있을까?

먼저 아래 케이스를 통해 탑다운, 바텀업 가정의 차이를 알아보려 한다.

> 🔍 **화장품 신규 라인업의 매출 목표 계산하기**
>
> 우리는 화장품 브랜드이고, 현재 기초 라인인 베이스라인만 판매하고 있었는데, 향을 강조한 라인업을 새로 출시한다고 하자. 매출 목표를 어떻게 설정할 수 있을까? 매출 목표를 달성하기 위해 어떤 계획을 세워야 할까?

■ 탑다운Top-down과 바텀업Bottom-up, 두 방향의 숫자 이해하기

▶ 탑다운Top-down

탑다운은 우리가 목표 달성을 위해 붓는 투자_{인풋}와는 별개로, **전사 차원에서 필요한 숫자를 계산하는 방식**이다. 예를 들어, 신규 라인업의 매출 목표를 구해야 한다면, 다음과 같은 방식으로 접근할 수 있다.

- MOQ^{Minimum Order Quantity, 최소 발주 수량} 때문에 최소 10만 개는 만들어야 하는데, 우리의 현금 흐름을 생각했을 때 MOQ를 3개월 내에 판매해야 한다면, 이 숫자에 기반해 매출 목표를 세울 수 있다.
- 또는 우리가 신규 라인업을 만드는데 10억 원을 투자했는데, 현금 흐름을 생각했을 때 1년 이내에 BEP^{Break Even Point, 손익분기점}를 넘겨야 한다고 가정해 보자. 그러면 1년간 매월 8,400만 원 정도의 매출 목표를 달성해야 한다는 가정을 할 수도 있다.
- 또는 전사적으로 연간 100억 원을 벌고 있는데 이 라인업을 통해 추가로 20억 원을 벌어야 투자자들로부터 추가 투자를 받을 수 있다든지, 주주들에게 약속한 배당금을 배분할 수 있다든지 등의 가정이 있을 수도 있다.

이 탑다운 방식은 우리가 어떤 인풋을 부어야 이 목표를 달성할 수 있는지 검토하는 것과 별개로, **회사가 지속적으로 성장하기 위해, 이 프로젝트를 통해 달성해줘야 하는 매출 목표를 계산하는 방식**이다.

보통 탑다운 계산은 회사 차원에서 이루어진다. 예를 들어, 신규 라인업이 전체 회사를 위해 적어도 월에 1억은 벌어야 한다는 것은 이미 계산된 상황에서, 실무자에게 이 라인업으로 1억을 벌기 위해 필요한 계획을 세우도록 프로젝트가 주어진다. 그리고 이를 계산하는 것이 곧 설명할 바텀업이다.

▶ **바텀업**^{Bottom-up}

바텀업은 실무자에게 더 중요하다. 예를 들어, 신규 라인업으로 월에 1억 원을 벌어야 한다면 1) 이 매출액을 달성하기 위해 우리 홈페이지에 몇 명의 유입자를 모객해야 하며 2) 구매 전환율을 어떻게 가정하고, 3) 객단가^{고객이 하나만 살 것인지 여러 개를 살 것인지 등}의 계획을 세우는 것이 바텀업 가정이다. 물론 화장품이기 때문에 자사몰 판매보다 여러 유통 채널에 대한 가설부터 시작해야겠지만, 단순하게 바텀업을 설명하기 위해 자사몰을 기준으로 설명했다.

실무자는 직접 실행하는 역할이므로, 바텀업으로 접근하게 된다. 그래서 이 챕터에서는 바텀업 게스티메이션에 관해 더 자세히 설명할 예정이다.

게스티메이션 훈련법: 쪼개고, 가정하고, 참조한다

> **대규모 기획전 예상 매출액 계산하기**
>
> 물건을 판매하는 이커머스 플랫폼이라고 가정해 보자. 전체 카테고리가 참여하는 대규모 기획전은 진행해 본 적이 있다. 그러나 특정 카테고리(예를 들면 뷰티)만 참여하는 대규모 기획전은 이번이 처음이다. 이 경우 매출 목표를 어떻게 설정할 수 있을까? 매출 목표를 달성하기 위해 어떤 계획을 세워야 할까?

이 기획전으로 7일간 45억을 달성해야 하는 목표는 이미 탑다운으로 정해졌다고 가정한다. 우리가 해야 할 일은 1) 요소를 쪼개고, 2) 목표 달성 확률을 높이는 인풋 가정을 추가로 살펴보고, 3) 레퍼런스를 찾는 것이다.

■ 먼저 인풋 요소를 쪼갠다

매출액 숫자는 결과물일 뿐이다. 어떤 요소들의 조합으로 매출액을 만들어 낼 것인지 요소를 쪼개야 한다. 그리고 요소를 잘게 쪼갤수록, 내가 컨트롤할 수 있는 레버는 늘어나고, 정확성은 오른다.

인풋을 쪼개는 프레임워크는 다양한데, 이커머스에서 많이 쓰는 것은, '매출액=유입자 수×구매 전환율×객단가'라는 프레임워크다. 45억 원을 벌기 위해, 과거 데이터 등을 참고하여 우리 기획전에 몇 명의 사람을 유입시킬 것인지, 그 사람들의 구매 전환율, 구매하는 사람들의 객단가는 어떨 것인지 가정한다.

대규모 기획전의 구성 요소별 계획

유입자 수	구매 전환율	객단가	총 매출액
1,800,000	5.0%	50,000	4,500,000,000

'유입자 수' 지표를 위한 세부 계획

광고 노출	광고 클릭	클릭률 (클릭/노출)	유입 트래픽	유입 트래픽/ 광고 클릭	유입자 수	유입자 수/ 유입 트래픽
93,600,000	4,680,000	5.0%	2,340,000	50.0%	1,800,000	76.9%

- **유입자 수**: 목표를 달성하기 위해 필요한 유입자 수를 계산할 때, 광고를 통해 유입자 수를 확보하므로 유입자 수 앞단 광고의 효과에 대해서도 가정한다. 어떤 매체에 이 기획전을 보여줄지, 우리 플랫폼 내에서는 어떻게 보여줄지를 정리하며, 광고 노출량, 클릭률, 유입자 수, 유입자의 중복값 등을 고려해 7일간 필요한 유입자 수를 계산할 수 있다. 그리고 똑같은 광고 소재를 지속해서 집행한다면, 시간이 지날수록 고객이 똑같은 소재만 보게 되고, 신선하지 않다고 생각하여 클릭하지 않아, 클릭률이 떨어질 수 있다. 그러므로 목표 클릭률을 세우고, 목표 클릭률이 유지될 수 있도록 소재를 추가로 새롭게 만드는 등의 계획이 추가된다.

- **전환율**: 전환율은 단계별로 쪼개서 보아야 한다. 유입자는 기획전으로 랜딩될 텐데, 고객이 구매하려면 상세 페이지PDP, Product Detail Page까지 가야 한다. 그래서 기획전에서 상품 상세 페이지로 넘어가는 전환율, 그리고 상세 페이지에서 구매하기 버튼을 클릭하는 구매 전환율을 생각해야 한다. 물론 기획전이 더 복잡하게 구성되어 있다면 이런 전환 요소는 늘어날 수 있다.

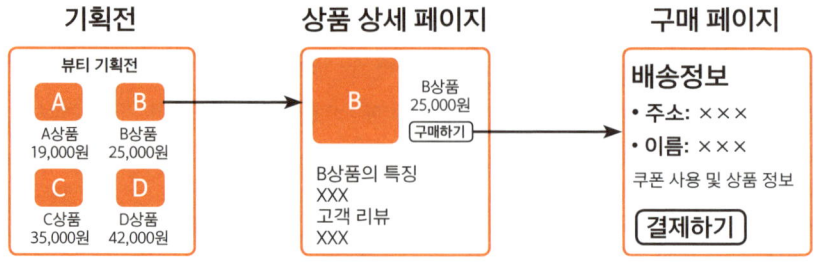

고객이 구매 페이지까지 가기 위한 퍼널

- **객단가**: 객단가를 얼마로 가정할지, 객단가를 높이기 위해 어떤 상품들을 더 상단에 노출할지, 어떤 상품들을 함께 보여줄지 계획을 세울 수 있다.

■ 인풋 가정을 추가하기

기본 프레임워크 위에, 인풋 가정을 추가할수록 내가 관리하는 레버는 늘어나고, 목표를 달성할 수 있는 확률은 오른다.

▶ 인풋 가정 추가 1. 요일별 트렌드

7일간 매출 목표 달성을 위해 7일 전체로 유입, 전환율, 객단가를 계산할 수도 있지만, 일자별로 매출 목표를 쪼갤 수도 있다. 7일간 진행되는 기획전의 하루 매출 목표를 7분의 1 14.3%로 쪼갤 수도 있지만, 이커머스 플랫폼은 요일별 트렌드가 분명 존재한다. 요일별 트렌드에 기반해서 가장 트래픽이 높은 요일의 목표를 더 높게 잡아야 전체 프로젝트의 성공 확률이 높아진다.

예를 들어, 월요일의 트래픽이 다른 요일보다 높다면, 월요일에 7분의 1에 해당하는 목표를 달성했다고 좋아하면 전체 7일 치의 목표를 달성할 확률은 낮아진다. 월요일에 요일별 트렌드에 맞춰 14.3%가 아니라, 이후 트래픽이 낮아지는 요일의 매출까지 커버하기 위해 20.0%는 달성해 줘야 할 수도 있다. 특정 요일에 트래픽이 떨어지는 트렌드까지 고려해야 전체 기간 100.0%를 달성할 수 있다.

▶ 인풋 가정 추가 2. 중복 유입 비율

앞에서 언급하기는 했지만, 유입자 수를 목표로 하다 보니 고객 수의 중복값도 고려해야 한다. 예를 들어, 7일 동안 필요한 유입자 수가 180만 명인데, 일자별 유입자 수를 계산할 때 7분의 1로 나눠 25만 7,000명으로 목표를 세운다면 이는 고객의 중복 방문을 고려하지 못하는 것이다.

월요일에 유입된 고객이 수요일에도 유입될 수 있다. 이 경우 월요일에 1명, 수요일에 1명으로 일자별 달성에는 카운팅되지만, 7일을 통으로 보면 2명이 아니라 1명이 된다. 이 중복값을 고려하지 않으면, 일자별로 25만 7,000명이라는 목표를 달성할지는 몰라도 7일을 통으로 보면 중복값을 제하므로 180만 명 목표에 미달할 수 있다. 그리고 월요일에 들어왔다가 수요일에도 들어온 고객이 매번 들어올 때마다 구매할 리는 없다.

그래서 고객의 중복 유입을 고려해 일자별 목표는 25만 7,000명이 아니라 더 많이 모객해야 7일간 전체 유입자 수, 전체 매출액을 달성할 수 있다. 과거 데이터를 보고, 고객의 중복 유입 비율을 확인해 하루 목표를 30만 명 유입 목표로 세울 수도 있는 것이다.

이렇게 기본 프레임워크 위에 실제 고객의 행동 패턴을 고려해야 한다. 여러 가정을 쌓을수록 계획은 견고해지고, 목표 달성 확률은 높아진다.

■ 레퍼런스 찾기

요소별로 수치 레퍼런스를 찾아야 한다. 물론 데이터가 없을 수도 있다. 이 경우 가정으로 목푯값을 정하고 추후 실데이터를 확인하면서 조정해야 한다.

레퍼런스로 가져올 비슷한 케이스가 없다면 어떻게 해야 할까? 위의 예시와는 다르지만, 가령 향을 강조한 화장품 라인업의 구매 전환율을 가정해 보자. 가장 기본이 되는 베이스라인의 구매 전환율은 5.0%이다. 하지만 새로 출시한 라인업은 '향'이라는 또 다른 취향 요소를 더했기 때문에 향에 민감한 고객들은 구매로 전환되지 않을 수도 있다. 따라서 레퍼런스에 상품의 특징을 고려해 기존 전환율 대비 절반50.0% 정도가 나올 것으로 가정하고, 구매 전환율을 2.5%로 잡을 수도 있다.

그리고 레퍼런스를 가져올 때, 여러 요소를 고려할수록 정확도는 높아진다. 예를 들어, 레퍼런스를 찾을 때 기획전 콘셉트의 매력도, 참여 브랜드의 네임 밸류, 과거 레퍼런스와 비교 시 최대 할인율이 비슷한지, 진행했던 월은 비슷한지, 목표하는 유입자 수와 비슷한 유입을 확보했던 기획전인지 등을 보면서 실제 값과 비슷한 값이 나올 레퍼런스 값을 가져와야 한다. 그리고 참고로, 트래픽이 늘면 전환율은 떨어지기 마련이다. 과거 대규모 트래픽을 부었을 때 전환율 레퍼런스를 찾아야 한다.

데이터를 찾을 때 주의할 점

■ 모든 요소에 대해 데이터를 찾을 수는 없다

우리는 비즈니스를 키우는 사람들이다. 모든 데이터를 다 찾아서 100% 정확하게 예측하는 것보다 더 중요한 것은 주어진 시간 내에 찾을 수 있는 데이터와 그렇지 못한 데이터를 구분하는 것이다. 그리고 빠르게 결괏값을 도출하고 이 일을 할지 말지, 한다면 얼마나 투자할지 의사결정을 내리는 것이다.

■ 정보가 적은 것은 당연하다

우리의 비즈니스는 과거 패턴대로 움직이지 않고, 또 과거에 해본 적 없는 일을 하는 경우가 더 많다. 그래서 데이터가 다 모일 때까지 의사결정을 미룬다면 아무것도 할 수 없고, 가장 중요한 리소스인 시간을 잃게 된다. 그래서 어떤 부분은 데이터가 없더라도 '이럴 것이다'라고 가정하고 의사결정을 해야 할 수도 있다. 그래서 실행한 이후 이 데이터를 다음 실행에 참고하겠다는 생각으로 우선 실행해야 할 수도 있다. 그리고 그 과정에서, 나라는 사람을 100% 데이터가 없더라도 가설을 쌓아 의사결정을 내릴 수 있는 사람으로 성장시켜야 한다. 다시 한번 강조하지만, 정확하게 게스티메이션하는 것보다 더 중요한 것은 비즈니스를 잘 키워 나가는 것이다.

■ 추정한 기록을 정리해야 한다

프로젝트의 성격에 따라 가정은 달라질 수 있어 정해진 포맷이 있지는 않지만, 나는 수식을 쓸 수 있다는 점에서 엑셀 파일을 쓴다. 그리고 엑셀은 가정 값의 변화에 따라 매출액이 어떻게 변하는지 바로 볼 수도 있다. 이렇게 목표를 달성하기 위해 쪼갠 요소들, 고려한 여러 요소들 그리고 그에 맞는 레퍼런스 숫자들을 엑셀 파일 내에서 수식으로 정리하면 매출액을 한 판에 볼 수 있는 표기 나오게 된다. 그리고 이를 일자별로도 정리해 실무에서 목표를 달성하기 위한 나침판으로 삼아야 한다.

프로젝트의 성공 확률을 높이는 게스티메이션 실무 적용법

게스티메이션을 완료해 어떤 인풋들을 부어야 할지 정리한 이후에는 어떻게 해야 할까? 거듭 강조했듯 우리가 게스티메이션을 하는 이유는, 결국 우리 프로젝트의 성공 확률을 높이기 위해서다. 그래서 프로젝트의 목표 매출액을 계산하기 위해 요소별로 고려한 내용을 어떻게 실무에 적용하는지 설명하려 한다.

■ 매출액을 계산할 때 가정했던 각 요소는 인풋이 된다

먼저 가정한 대로 인풋을 집행해야 한다. 유입자 수, 전환율, 객단가 등의 요소에서 우리가 컨트롤할 수 있는 요소, 적어도 유입자 수에 대해서 예측과 동일하게 나오도록 인풋을 붓는다. 그리고 전환율, 객단가 등의 요소가 예측과 동일하게 나오는지 혹은 다르게 나오는지 확인한다. 그리고 다르게 나오는 요소가 있다면, 이를 개선하기 위한 액션을 진행한다. 하지만 우리의 가정이 틀렸을 수도 있으므로, 더 이상 개선되지 않는다고 판단되는 요소가 있다면 이 요소 값은 있는 그대로 받아들이고 다른 인풋을 추가로 부으면서, 우리에게 주어진 매출 목표를 달성해 나간다. 예를 들어 보자.

먼저 상대적으로 컨트롤하기 쉬운 유입은 목표만큼 붓는다. 그런데 목표한 노출량, 클릭률이 나오지 않으면 유입 또한 목표대로 부을 수 없는 상황이 생긴다. 만약 클릭률이 목표만큼 나오지 않는다면 어떤 타겟, 어떤 매체, 어떤 소재에서 적게 나오는지를 확인하고 이를 개선하는 작업을 지속해야 한다.

목표한 유입자 수만큼 부어줬는데 이제는 전환율이 낮다면? 기획전에서 상세 페이지로 넘어가는 전환이 적은지, 상세 페이지에서 구매하기 버튼을 클릭하는 구매 전환율이 안 나오는지, 퍼널 상에 어디가 문제 되는지 찾아야 한다. 레퍼런스로 봤던 다른 기획전이나 다른 상세 페이지와의 차이점은 무엇인지, 개선할 방안이 있는지를 찾아 빠르게 실행한 후 전환율이 오르는지를 확인해야 한다.

그런데 여러 액션을 했음에도 불구하고 전환율이 레퍼런스 숫자만큼 높아지지 않는다면, 우리의 가정이 틀렸음을 인정해야 한다. 우리에게 중요한 것은 목표한 전환율이 나오는 것이 아니라 목표 매출액을 달성하는 것이다. 그래서 실제 나오는 전환율을 기반으로 유입자 수를 더 부을 방법을 이야기해야 한다.

최초 계획과 구매전환율을 반영한 수정계획

	유입자 수	구매 전환율	객단가	총 매출액
최초 계획	1,800,000	5.0%	50,000	4,500,000,000
구매 전환율을 반영한 수정 계획	3,600,000	2.5%	50,000	4,500,000,000

예를 들어, 7일간 유입자 수 180만 명에 전환율 5.0%로 목표를 세웠는데, 전환율이 2.5%만 나온다면? 전환율을 높이기 위한 액션을 다 했고 이 숫자가 최선이라 판단한다면, 목표 매출액 45억 원 달성이 더 중요한 과제이므로 마케팅 예산을 추가 투입해 유입자 수를 360만 명으로 더 붓는 결정을 할 수도 있다. 물론 이렇게 유입자 수를 더 늘리게 되면 전환율은 더 떨어지게 된다.

아니면 이렇게 낮은 전환율의 프로젝트에 돈을 더 붓는 것은 아니라고 판단할 수도 있다. 그러면 이번 프로젝트는 목표 미달하는 것으로 이해관계자들과 논의해야 할 수도 있다.

그리고 리뷰를 통해 러닝을 쌓아야 한다. 먼저 요소별로 실행을 완벽하게 하고, 리뷰에서는 다음 내용을 회고해야 한다. 우리가 유입자 수, 전환율, 객단가를 특정 기준 하에 가정했는데 실제값이 이와 다르다면, 어떤 요소에서 차이를 보였는지, 왜 이런 차이를 보였는지 리뷰해야 한다.

그리고 그 요소를 여러 각도로 분석해야 한다. 만약 이번 기획전이 다른 평균적인 기획전 대비 구매 전환율이 낮았다면 이를 일자별로 쪼개도 계속 낮은지, 아니면 유입된 매체별로 전환율을 쪼개 봐도 모든 매체가 낮은지 등을 살핀다. 어떤 인풋의 결과인지 분석하고, 다음 기획전을 기획할 때 어떤 요소를 개선해야 하는지 정리해야 한다. 이렇게 하면 계획은 더 탄탄해지고, 다음 계획이 성공할 확률 또한 높아지게 된다.

게스티메이션을 하는 이유는 1) 목표 숫자를 달성하기 위해 필요한 각 요소들을 쪼개고, 2) 가정들을 추가해 3) 각 인풋을 계획대로 실행하면서 성공 확률을 높일 수 있기 때문이었다. 그리고 마지막으로 한 번 더 강조하려 한다. 우리에게 정확한 예측보다 더 중요한 것은 결과를 만드는 것이다.

이렇게 프로젝트를 기획하고 게스티메이션을 통해 성공 확률을 높이는 것을 살펴보았다. 하지만 아무리 좋은 프로젝트를 기획해도, 회사 전체 프로세스를 이해하지 못하면 실행하기 어렵다. 이제는 파트 2의 세 번째 영역인 회사 전체의 관점을 살펴보자. 내가 잘 세운 프로젝트 기획을 회사라는 조직 안에서 어떻게 실행할 수 있을지 알아보자.

조직에서
내 기획을 실행하는 법

지금까지 모든 계획의 기본이 되는, 프로젝트 기획하는 법을 살펴보았다. 이제 내가 기획한 프로젝트가 전체 회사 프로세스에 탈 수 있는 법에 대해 알아보자.

꼭 알아야 하는 회사의 의사결정 프로세스

물론 많은 경우, 내가 쓴 보고서가 어떻게 회사에 적용되는지에 대한 고민 없이, 매니저의 요청으로 프로젝트 기획서를 썼을 것이다. 그래서 지금 설명하는 3가지 방식을 모르더라도 주니어 때는 문제가 없을 수도 있다. 하지만 앞으로 매니저가 된다면 곧 설명할 3가지 프로세스에 맞춰 팀의 프로젝트를 반영하고, 팀원들을 가이드해야 한다. 또 아주 소수지만 내가 겪었던 것처럼, 회사의 프로세스를 타지 못해 계획은 계획대로 했지만 회사 업무에 반영하지 못하는 경우를 경험할 수 있어서 이 부분을 정리하려 한다.

프로젝트 기획서를 아무리 잘 써도 실제 실행되지 않을 수도 있다. 내 일에 관해 좋은 아이디어를 기획하는 것과 그것을 조직 내에서 실행하는 것은 전혀 다른 문제다. '파트 2 들어가며'에서 이야기했던 것처럼, 조직의 큰 프로세스^{연간 계획 → 분기 계획 → 프로젝트 실행 → 리뷰}를 모르면, 아무리 좋은 기획을 해도 의미가 없다. 내가 P&G에서 경험한 것처럼, 의사결정 흐름을 모르면 기획은 그냥 문서로 남을 뿐이다.

내 프로젝트를 실현시키는 3가지 방법

조직 내에서 내 기획의 중요도를 높이고, 이를 실제 실행에 옮기려면 어떻게 해야 할까? 초등학교 때 단체 줄넘기를 하던 것과 비슷하다. 단체 줄넘기에 들어가야 하는 타이밍이 정확히 있듯, 회사에서도 의사결정이 이루어지는 정해진 타이밍과 프로세스가 있다. 그렇다면 내가 기획한 프로젝트를 조직 내에서 실행하게 하는 3가지 방법을 알아보자!

■ 먼저 정기 프로세스를 타야 한다

정기 프로세스를 타는 것이 1번이다. 연간 계획이든, 분기 계획이든 앞으로의 목표를 정하는 정기 프로세스에 내 업무가 함께 논의되도록 해야 한다. 그 시점이 오기 전에 미리 매니저를 포함해 담당자들을 설득하고, 내가 풀고자 하는 문제의 중요도를 높여야 한다. 그래서 매니저가 연간, 분기 계획을 수립하기 전에 실무자가 자신의 프로젝트를 어떻게 조직 내에서 실행할지 미리 고민해야 한다.

그래서 정기 프로세스를 잘 알아야 한다. 예를 들어, 이미 연간 계획이 마무리되어 곧 예산이 배분될 시점에 새로운 프로젝트를 위한 예산 요청을 한다면 반영하기 어렵다. 이런 경우 전체 목표와 관련 없는 갑작스러운 요청은 억지로 비춰질 수밖에 없다. 내가 직접 겪었던 것처럼 아무것도 얻지 못할 확률이 높다. 따라서 사전에 프로세스를 파악하고 계획을 미리 준비하는 것이 필수적이다.

그리고 계속 강조했듯, 내 업무에 대해 어떤 해결책이 필요한지, 어떤 도움이 필요한지는 내가 제일 잘 알아야 한다. 내가 정기 프로세스를 아무리 잘 알더라도, 내가 맡은 비즈니스가 어떤 상황이고 어떤 도움이 필요한지 정리하지 못한다면 아무런 요청도 할 수 없다.

■ 위에서부터 얼라인해야 한다

그런데 정기 프로세스를 놓쳤다면 끝난 걸까? 그렇지 않다. 비즈니스는 항상 변하고, 정기 프로세스 외에도 새롭게 의사결정이 필요한 순간이 많다. 이때 중요한 것은 의사결정권자들의 공감을 얻고, 그들이 투자할 가치가 있다고 생각하게 만드는 것이다.

예를 들어, 나는 연 중간에 새로운 서비스 마케팅을 맡게 된 적이 있다. 회사에서 갑자기 '선물하기'라는 서비스의 중요도가 높아졌지만, 문제는 연간 계획이 끝났다는 것이었다. 연초에 이미 마케팅 예산이 배분되었기에 예산은 없고, 어떻게 선물하기를 키워 갈 것인지 전략 또한 부재했다. 참고로 연차가 더 차면, 일을 맡게 될 때 내가 맡은 일의 목표 설정 및 예산을 확보하는 것부터 해야 할 때도 있다. 그리고 다른 서비스들이 높은 매출을 내고 있기 때문에, 이 서비스는 후순위로 밀릴 가능성 또한 높았다. 하지만 우리 플랫폼의 차별성을 만들어 내는 서비스라는 점에서 리더들이 중요성을 이미 인지하고 있었다. 그래서 내가 속한 마케팅실 실장님과 예산을 투자할 수 있는 커머스 리더분을 모시고, 선물하기 서비스의 비즈니스적 가치와 목표 그리고 어떤 실험을 통해 러닝을 쌓으려 하는지를 공유했다. 그 결과 작은 금액이지만 마케팅 예산을 추가로 확보할 수 있었다. 이후 실험을 통해 얻어 낸 러닝을 전사 발표 자리에 공유도 하면서 전사 구성원 모두가 선물하기 서비스의 중요성을 인지할 수 있도록 하였다. 또한 플랫폼에 입점한 브랜드사 관점에서도 선물하기 참여가 매출액 증가로 이어질 수 있다는 점을 전달했다. 덕분에 세일즈의 투자선물하기 전용 상품 확보 등까지 얻어 낼 수 있었다. 이처럼 사이즈는 작더라도 성과를 기반으로 회사 차원의 우선순위를 높일 수 있었다. 그 이후에는 정기 프로세스에서 선물하기가 함께 논의될 수 있도록 미리 리더들과 얼라인하여, 각 연간/분기 계획에 선물하기 내용이 포함될 수 있도록 하였다.

이처럼 의사결정을 이끌어 내기 위해서는 먼저 이 일이 왜 필요한지, 비즈니스에 어떤 임팩트가 있을지 정리해야 한다. 그리고 매니저와 방향성을 맞춘 후 유관부서 리더들과 개별적으로 이야기를 나누며 공감대를 형성해야 한다. 그 과정에서 각 리더가 중요하게 생각하는 것이 무엇인지 파악하고, 그들의 관점에서 이 투자 결정이 왜 필요한지 설명할 수 있어야 한다. 이렇게 사전 얼라인을 거친 후에야 공식 미팅에서 실질적인 의사결정을 이끌어 낼 수 있다.

■ 회사의 변화를 면밀히 이해해야 한다

회사가 현재 무엇을 중요하게 생각하고 있는지를 계속 인지해야 한다. 바뀌는 비즈니스 상황에 따라 내가 맡은 일의 중요도가 갑자기 낮아질 수도 있고, 예산이 삭감될 수도 있다. 그때마다 회사가 현재 무엇을 중요하게 생각하고 있는지를 이해하고, 내 프로젝트의 내용을 조정하여 회사가 중요하게 생각하는 내용을 반영하거나 혹은 아예 드랍하고 새로운 프로젝트를 준비하는 등의 액션을 해야 한다. 이를 위해 바뀌는 조직도나 최근의 의사결정의 방향을 잘 이해해야 한다. 이렇게 하면 회사가 최근 어떤 문제에 집중하고 있는지, 리소스가 어디로 집중되고 있는지를 읽어 낼 수 있다.

시장 상황, 투자 유치 상황 등에 따라 회사의 우선순위는 바뀔 수 있다. 예를 들어, 신규고객팀이 신설되었다면, 회사가 신규 고객 확보에 집중하고 있다는 것이다. 그리고 패션 커머스 플랫폼인데 라이프팀이 생겨난다면 라이프 카테고리의 확장 계획을 읽어 낼 수 있다. 물론 전사 공지에서 회사의 방향성을 공유했을 수도 있다. 이를 통해 지금 회사가 가장 중요하게 여기는 것은 무엇인가를 항상 염두에 두어야 한다.

회사에서 혼자 해결할 수 있는 문제는 아무것도 없다. 내가 직접 겪었던 것처럼 목표를 설정하고 예산을 확보하는 것부터 어느 것 하나 그냥 주어지는 것이 없다. 내 업무에 타 부서의 도움이 필요하다면, 유관부서가 내 고민을 함께 하도록 미리 얼라인해야 한다. 이처럼 내 아이디어를 조직에서 실행하게 하려면, 단순히 기획을 잘하는 것을 넘어 회사의 프로세스를 활용할 줄 알아야 한다. 정기 프로세스를 타고, 리더들을 얼라인하고, 항상 조직의 변화를 읽어야 한다.

이제 회사의 정기 프로세스, 그중 가장 기본이 되는 연간 계획부터 알아보자!

한 해의 중심이 되는
연간 계획

비즈니스를 리드하는 데 있어 가장 근간이 되는 '연간 계획'

팀장님*이 어떤 업무를 해야 한다고 밀어붙이거나, "그건 올해 하반기에는 계획이 없습니다"처럼 단호히 말하는 근거는 무엇일까? 그 결정은 대부분 연간 계획이라는 조직 방향 설정에서 비롯된다.

비즈니스를 리드하는 데 가장 중요한 첫걸음은 연간 계획이다. **연간 계획은 한 해 동안 회사가 어디로 가야 하는지, 어떤 목표를 달성해야 하는지 어떤 리소스를 집중적으로 투입할지 결정하는 과정이다.** 이 과정은 주로 팀장/실장 이상이 주도하며, 매출 목표, 투자 계획, 전략 방향과 같은 큰 핵심 의사결정이 이 시점에 이루어진다.

'계획-실행-리뷰, 성과를 만들기 위한 사고 구조'에서 설명했듯, 연간 계획의

■ 들어가며(7쪽)에서 언급했던 것처럼 '한해의 중심이 되는 연간 계획' 이전까지는 특정 직급이 아닌, 나보다 높은 위치에서 보고를 받는 사람, 대부분은 팀장을 설명할 때는 '매니저'라는 용어를 사용하였다. 다만 이후 이어지는 연간 계획부터는 회사의 일을 하는 팀장의 위치에서 글이 서술되므로 매니저 대신 '팀장'으로 변경해 서술하였다.

깊이는 산업마다, 회사의 상황마다 다르다. 빠르게 변화하는 산업에서는 매출 목표와 투자 계획 정도만 설정하고, 분기 계획을 더 촘촘히 설계하기도 한다. 반면 FMCG처럼 몇 달 전부터 상품 개발이 필요한 업계는 연간 계획 단계에서 세부 계획 빌딩 블록까지 미리 짜는 경우도 많다. 또한 연간 계획 시점도 산업마다 회사마다 다르다. 빠르게 변화하는 산업에서는 한 해가 시작되기 2~3개월 전에 진행되고, 미리 상품 개발이 필요한 업계는 6개월 전에 진행하기도 한다.

이처럼 구조는 다를 수 있지만 실무자에게 중요한 것은, 우리 회사의 연간 계획을 정확히 아는 것이다. **회사의 우선순위가 어떻게 설정되었는지, 그래서 팀장님이 이 업무를 왜 요청하는지** 배경을 명확히 파악하는 것이다.

이해를 돕기 위해, 이 챕터에서는 연간 계획을 직접 진행하는 팀장의 관점에서 연간 계획이 어떻게 진행되는지를 설명하겠다. 연간 계획을 세울 때는 2가지 목적에 충실해야 한다.

■ 전사 목표에 맞춰 팀 목표 세팅하기

첫 번째 목적은 전사의 목표에 맞춰 팀 목표를 세팅하는 것이다. 회사는 전체 비즈니스를 위해 탑다운으로 가야 할 목표를 제시한다. 팀장은 이 목표를 그대로 받아들이는 것이 아니라 이 목표가 달성 가능한 숫자인지 바텀업으로 확인하며 한 해 동안 달성할 팀 목표를 맞춰 나가야 한다. 그리고 해당 목표를 달성하기 위해 필요한 적정 투자에 관해 논의하고, 필요한 투자를 얻어 내야 한다.

'프로젝트 성공 확률을 높이는 게스티메이션'에서 설명했지만, 다시 탑다운 목표와 바텀업 목표의 차이를 설명해 보자면 다음과 같다.

탑다운 목표의 경우, 주주 회사라면 내년도 배당금 목표가 먼저 세워지고, 이를 위해 달성해야 할 매출 목표가 나온다. 시장 상황과 소비자도 고려하지만, 주주 배당금 목표가 더 중요하다. 그리고 스타트업의 경우는 투자 상황에 따라 방향성이 달라진다. 시장 상황, 소비자도 고려하지만, 투자 상황이 더 중요하다. 투자를 받기 위해 투자자에게 보여줘야 하는 매출 목표가 세워지게 된다.

이와 반대로 바텀업 목표는 계획을 하나씩 쌓아 가며, 실제 소비자로부터 얼마를 벌 수 있을지 계산하는 것이다. 실무자가 내년 전략에 맞춰 진행하는 활동들의 예상 매출액을 하나씩 계산하고 쌓아 가며 달성 가능한 매출 목표를 계산한다.

연간 계획을 진행해 보면, 탑다운과 바텀업 목표 간에는 간극이 생기는 경우가 많다. 대부분 탑다운 목표가 너무 높아서 바텀업으로 빌딩 블록을 아무리 쌓아도 탑다운 목표를 달성하기 어려운 경우가 대부분이다. 팀장은 이 간극을 조율하기 위해 어떤 투자가 더 필요한지, 아니면 탑다운 목표 수정이 필요한지를 논의하며, 팀의 실제 역량과 회사의 요구 사이에서 균형을 맞춰야 한다.

■ 팀 운영 의사결정 기준 만들기

두 번째 목적은 연간 계획이 팀장에게는 의사결정의 기준이 되고, 팀원에게는 가이드 역할을 하는 것이다. 연간 계획은 한 해 동안 팀의 목표와 이를 달성할 전략을 포함하기 때문에 팀장은 연간 계획을 기반으로 의사결정을 내리고, 팀원들 역시 이 자료에 기반해 비즈니스를 이끈다. 예를 들어, 내년도 방향이 매출 확대일 때와 매출은 유지한 채로 흑자 전환이 우선일 때 팀장이 내리는 의사결정은 전혀 달라질 것이다. 회사의 기조가 '매출 확대'라면 공격적인 투자와 실행이 우선되고, 반대로 '흑자 전환'이라면 효율을 높이기 위해 여러 프로젝트들 중 선택과 집중이 중요해진다. 팀장은 연간 계획을 기준으로 실행의 우선순위, 예산, 인력 투입까지 결정하게 된다. 팀원 역시 연간 계획을 알고 있어야 내 프로젝트가 어떻게 진행되어야 할지 감을 잡을 수 있다. 이처럼 연간 계획의 방향을 정확히 이해하고, 팀 운영 의사결정 기준을 만들어야 한다.

이렇게 중요한 연간 계획은 어떻게 세워야 할까?

연간 계획 세우기 실전 프로세스

회사마다 연간 계획을 세우는 프로세스는 다르겠지만, 보통은 1) 전사 차원에서 탑다운 목표와 방향을 정한 후에 2) 팀 단위로 바텀업 연간 계획을 세운다. 그 후 3) 회사의 탑다운 목표와 팀 단위의 바텀업 목표를 조율하는 프로세스가 진행된다.

전사 프로세스와 팀 내 프로세스에서 진행되는 일 그리고 팀장이 무슨 일을 하는지 자세히 살펴보자.

■ 전사 프로세스: 연간 방향성 논의

팀 연간 계획을 본격적으로 세우기에 앞서 전사 방향성이 먼저 정해진다. 아래와 같은 요소들이 먼저 정해질 것이다.

- 회사의 내년도 비즈니스 방향성은 무엇인지
- 얼마의 매출액을 달성해야 하는지 **탑다운 목표**
- 이를 위해 회사 차원에서 어떤 투자를 고려하고 있는지

비즈니스 방향성의 경우, 주주 회사라면 내년도 주주배당금 목표를 위해 달성해야 할 매출 목표가 나올 것이고, 스타트업이라면 투자 상황을 고려해 높은 매출액을 보여줄 것인지, 흑자 전환을 보여줄 것인지 등에 따라 방향성이 정해질 것이다.

전사 프로세스에서 팀장은 가교 역할을 한다. 보통 이 프로세스에는 팀장 이상만 참여하는 경우가 많기 때문이다. 팀장이 회사의 방향성과 탑다운 목표, 즉 회사의 전사적 전략 및 투자 계획을 제대로 이해해야 연간 계획을 세울 때 팀원의 이해를 도울 수 있고, 방향을 잃지 않도록 팀원에게 가이드를 제시할 수 있다.

■ 팀 내 프로세스: 연간 계획 논의

팀장은 회사의 방향성과 탑다운 목표를 이해한 상황에서 팀 단위의 내년도 전략을 세우고, 그에 맞게 팀원들과 바텀업 목표와 이를 구성하는 연간 계획을 세워야 한다.

팀 내 프로세스는 크게 3단계로 이루어지며, 이 프로세스에서 팀장은 리드하는 역할을 맡는다. 회사의 방향성을 가장 잘 이해하는 사람이자, 큰 그림을 그리는 사람이기 때문이다.

- 1단계: 전략 논의 → 바텀업 목표 계산 → 1년 로드맵 계획하기
- 2단계: 각각의 계획 구체화하기
- 3단계: 숫자 최종 점검하기

이 3단계의 과정을 통해 '연간 계획 보고서'가 나온다. 내년 비즈니스를 한눈에 볼 수 있는 연간 계획이 완성되는 것이다.

20xx년 연간 계획				
20xx년 매출액				
Top-down				
Bottom-up	0			
Gap	0			
20xx년 전략				
- 신규 유저 모집에 집중 (인지도, 회원가입 유도 집중) (예상 신규 유저 수 xxxxx명)				
- 브랜드 Key message xxx로 진행 예정				
- 신상품 xx의 성공적 런칭 (해당 신상품 매출 목표 xxxxx)				
대표님 논의사항				
- Gap 맞추기 위해, xxx 프로그램 투자 필요 (ROI 300% 예상)				
- 6월 개발 예정인 상품 추천 프로그램을 브랜드 캠페인에 앞서 2월 내 개발 요청 (추가 예상 매출액 xxxx원)				

팀 내 프로세스 3단계로 완성된 연간 계획 예시

실제 연간 계획은 매출 목표를 달성하기 위해 세부 지표 유입자 수, 구매 전환율, 객단가, 신규 구매자 수 등까지 설정되며, 엑셀 시트 형태로 정리된다. 하지만 여기서는 핵심 개념을 이해하기 쉽도록 간소화했다.

▶ **1단계: 전략 논의 → 바텀업 목표 계산 → 1년 로드맵 계획하기**

구체적인 예시를 통해 팀 내 프로세스 3단계를 자세히 살펴보려 한다. 첫 번째 단계에서 가장 먼저 할 일은 '전략 논의'다.

가장 먼저 전략 논의가 필요한 이유는, 전략 없이 일하게 되면 내년에 진행할 많은 일들 중 어떤 일을 해야 할지 말아야 할지, 어떤 일을 높은 우선순위로 진행할지, 어떤 일에 더 많은 투자를 할지 등 수많은 질문에 답할 기준이 없기 때문이다. 기준은 없고 달성해야 할 목표는 높다 보면 단순히 일의 개수만 늘어나, 팀원 모두가 운영 업무에 매몰되는 일이 생긴다. 그래서 연간 계획에 있어서 가장 중요한 것은 내년에 무엇에 집중할지 결정하는 것이다. 즉, 의사결정의 기준이 되는 전략을 세우는 것이다.

> 📌 **[예시] 브랜드 현황 및 전사 목표**
> 내년도 전사 방향성은 '매출액' 지표를 최대화하는 것이다.
> - 전사 차원에서 매출액을 키워야 한다.
> - 예를 들어, 100억 원이라는 매출 목표가 제시되었다.
> - 이를 위해 내년도 브랜드 캠페인 등 대규모 투자 계획이 논의되었다.
>
> 이 상태에서 팀 내 프로세스를 통해 연간 계획을 세워 보자.

1. 전략 논의 및 바텀업 목표 1차 계산

부서가 하는 일에 따라 전략 내용은 달라질 수 있지만 접근 방식은 비슷하다. 다음은 마케팅 팀장으로서 마케팅 전략을 세우는 예시다. 예시에 따라 내년도의 매출액을 높이는 전략에 대해 설명한다.

[예시] 전략 논의하기

전사 방향에 맞춰 우리 팀은 내년도 '매출액'을 높이는 데 집중해야 한다.

1) 브랜드 현황 기반, 전략 방향성 세우기
- 우리 브랜드'의 재구매율이 높다면 아래와 같은 전략 방향이 나올 수 있다.
    - ✓ **전략 방향**: 내년 매출액 최대화를 위해 신규 고객을 모객하고, 고객이 '한 번 경험해 보는' 모멘트를 만드는 데 집중해야 한다.
- 매출액 지표는 [매출액 = 유입자 수 × 구매 전환율 × 객단가]로 그려 볼 수 있으므로, 목표 매출액 달성을 위해 아래와 같은 전략을 세운다.
    - ✓ **전략**: 구매자 수유입자 수 × 구매 전환율를 최대화하기 위해 '신규 구매자 수'를 늘리는 데 집중한다.
- 추후 바텀업 숫자를 계산할 때, 전략 방향에 맞춰 신규 구매자 수를 몇 명이나 늘려야 탑다운 목표를 달성할 수 있는지를 계산하며 내년도 목표에 대해 감을 잡는다.

2) 전략 방향성 기반, 탑다운 목표 감잡기
- 신규 고객 모객에 집중하되, [매출액 = 유입자 수 × 구매 전환율 객단가]의 각 요소를 빠뜨리지 않고 고려하는 것도 중요하다.
- 가령 탑다운 목표 달성을 위해 필요한 신규 구매자 수를 계산했는데, 목표 달성을 위해 필요한 구매자 수가 터무니없이 높다면, 다른 요소인 '전환율'을 높이거나 '객단가'를 늘리는 방안을 함께 고려해야 한다. 이 과정에서 우리의 우선순위 가이드가 생긴다.
    - ✓ **우선순위**: 신규 고객 모객 > 전환율 유지 > 구매액 유지

3) 앞 내용을 바탕으로, 팀원들에게 가이드 제공
- 여기에 전사 차원의 전략 방향예: 브랜드 캠페인 등 대규모 투자 또한 접목해야 한다.
- 브랜드 캠페인의 목적은 회사 전략 방향에 맞춰 '신규 고객 모객'에 집중해야 한다고 정의해 팀원들에게 가이드를 제공하는 것이다.
- 고객이 브랜드를 한번 경험해 보면 재구매하는 현황에 기반하여 아래 전략이 추가된다.
    - ✓ **액션 계획**: 브랜드 캠페인은 내년 초에 진행해 초반에 신규 고객을 모으고, 이렇게 유입된 신규 고객을 기반으로 하반기 매출액 최대화
- 또한 매출액 최대화를 위해 고객이 '한번 경험해 보는' 모멘트를 만드는 것에 집중하자고 했으므로 다음과 같은 세부 계획도 논의해야 한다.

> ✓ **세부 계획**: 신규 고객을 모객하는 브랜드 캠페인과 함께 제품을 무료로 써보는 '샘플링'이나 '첫 달 무료' 프로모션 준비

이런 전략은 각 회사가 처한 상황과 지향하는 바에 따라 달라지겠지만, 현황을 분석하고 목표와의 간극을 줄이는 데 집중하는 접근 방식은 동일하다. 이렇게 나온 전략 틀 안에서 팀장은 다음과 같은 역할을 수행한다.

- 올해 진행한 액션 중 효과적이어서 확대할 것, 유지할 것, 비효과적이어서 제거할 것을 판단한다.
- 내년도 방향성에 맞게 새롭게 추가할 계획을 팀원과 논의한다.
- 그 후 팀원이 각각의 계획으로 만들어 올 수 있도록 가이드를 제공한다.

2. 바텀업 목표 계산

이제 해당 전략을 바탕으로 바텀업 목표를 계산해야 한다. 회사의 내년도 투자 내용과 전략에 맞춰 내년에 진행할 활동들을 하나씩 쌓았을 때 매출액이 얼마나 나오는지 계산하는 것이다.

계산한 매출액이 탑다운 매출액과 일치한다면 바로 대표의 컨펌을 받는 것이고, 부족하다면 어떤 계획이 더 있어야 탑다운 매출액을 달성할 수 있을지 논의가 필요하다.

> **[예시] 바텀업 목표 계산하기**
> - 아무런 활동을 하지 않아도 자연적으로 Organic 벌어들이는 기본 매출액을 베이스로 계산
> - 내년도 전략 방향인 '신규 고객 모객'에 맞춰 올해 활동 중 유지할 활동 혹은 더 확대할 계획의 매출액 계산
> - 내년도 방향에 맞춰 새롭게 진행할 브랜드 캠페인의 예상 매출액 계산

여기서 기본 매출액과 올해 했던 활동의 매출액은 그동안 했던 리뷰를 바탕으로 계산한다. 월 단위 활동의 내용과 매출액, 비용 등에 대한 결과물이 보고서로 기록돼 있으므로 이를 활용한다. 이때 모든 숫자는 비즈니스 트렌드를 반영해야 한다. 매출액이 계속 늘고 있다면 올해 활동을 그대로 한다고 가정할 때도 예상 매출액은 성장세만큼 높여서 반영한다. 내년에 새롭게 하는 활동은 가장 비슷했던 활동의 매출액을 찾아 반영한다든지, 업계 평균 자료를 활용하는 것도 방법이다.

여기까지 진행하고 나면 바텀업으로 계산한 대략적인 매출액이 나오고 어떤 전략하에 어떤 계획들이 필요한지 파악할 수 있다. 여기서 중요한 것은 대략적인 숫자를 쌓으면서 탑다운 목표가 전사 투자 계획으로 달성 가능한지, 아니면 추가 투자가 필요한지 감을 잡는 것이다

3. 1년 로드맵 계획

전략과 바텀업 목표는 1년 로드맵처럼 월 단위 스케줄까지 표현할 수 있다. 전략 방향과 각각의 계획들이 유기적으로 연결될 수 있도록 전체 그림을 그리는 것이다.

1년 로드맵 예시

예시라 숫자는 없지만, 실제 1년 로드맵은 모든 계획이 숫자로 기록된다. 이렇게 하면 연간 목표와 그 달성 경로가 한눈에 보인다.

각각의 계획은 '빌딩 블록'이라 불리며, 팀원들이 작성한 프로젝트 기획서가 하나의 빌딩 블록이 된다. 각 기획서에는 예상 매출이 포함되며, 이를 바탕으로 연간 목표 달성 가능성을 검토한다.

- 바텀업 매출액이 총 얼마인지
- 월별로 어떻게 배분돼 있는지, 특정 월에 너무 치중되어 있지는 않은지
- 어떤 계획이 매출에 가장 많이 기여할 것으로 예상되는지

물론 트렌드는 계속 변하므로, 나중에 분기 계획/월간 계획을 통해 다시 트렌드를 반영해야 한다. 하지만 1년 로드맵은 전체 방향성을 제시하는 좋은 자료다. 새로운 계획을 만들 때도 어떤 목적하에 진행되며, 다른 프로그램과의 관련성 등을 확인할 수 있어 계획을 개발하는 과정에서 길을 잃지 않도록 돕는다.

[예시] 1년 로드맵 계획

1) 바텀업으로 계산한 매출액 표시
성수기, 비수기 시즌처럼 월별로 고객의 행동 패턴이 다르다. 월별 트렌드를 반영한 기본 매출액과 올해 활동을 내년에 어떻게 진행할지 1년 로드맵에 표기한다.

2) 각 프로젝트 빌딩 블록 기재
팀원들이 작성한 프로젝트 기획서가 하나의 빌딩 블록이 된다고 했다. 각각의 프로젝트를 디벨롭할 때 아래 내용을 확인한다.

- 해당 프로젝트를 왜 진행하는지
- 그 프로젝트가 브랜드 목적과 부합하는지
- 누구를 타겟으로 하는지
- 어떤 메시지를 전달할 것인지
- 프로젝트를 진행했을 때 예상 매출액이 목표 달성에 도움이 되는지

3) 전사 프로젝트 표기
회사 차원에서 선보이는 신제품이나 새로운 프로그램 개발, 신사업 등의 큰 프로젝트 또한 포함한다.

그리고 앞에서 언급했듯, 회사마다 계획의 깊이가 다르다. 연간 계획을 할 때 월 단위의 계획 배분까지 하지 않는 경우도 있다. 대신 그런 경우에는 연간 계획 이후 분기 계획, 월간 계획을 모두 진행한다. 하지만 나의 경우 스타트업에서 일할 때 분기 계획을 다시 세울 여유가 없어, 앞의 1년 로드맵을 그리면서 연간과 월간 계획을 한 번에 정리했다.

▶ **2단계: 각각의 빌딩 블록 디벨롭하기**

이렇게 계산한 목표를 회사와 논의하겠다고 결정하면, 이제 팀장과 팀원들은 각각의 계획을 더 자세히 발전시켜야 한다.

1단계에서는 올해 활동을 기반으로 대략적인 계산만 했기 때문에 각각의 계획이 현실 가능한 선에서 예상 매출액이 얼마인지, 어떤 투자가 필요한지 등을 계산하는 것이다. 이제는 큰 전략 틀 안에서 어떤 계획을 진행할지 팀원들 모두 동일하게 이해하고 있으므로, 각 팀원의 R&R^{Role and Responsibilities, 조직 구성원이 수행할 역할과 책임}에 맞게 어떤 계획을 디벨롭할지 배분한다.

전략 논의와 바텀업 목표 계산 과정을 통해 브랜드 캠페인의 목적과 목표, 대략적인 예상 매출액을 논의했으니, 이제 실무자가 더욱 구체적인 데이터에 기반해 계획을 발전시킬 차례다.

> **[예시] 캠페인 진행 계획 점검 및 예상 매출액 계산**
>
> 앞서 설명했던 '프로젝트 기획서'가 각각의 빌딩 블록이 된다. '프로젝트 기획서' 부분에서 깊게 다루었기 때문에 여기서는 예시만 들고자 한다. 회사 차원에서 브랜드 캠페인에 2억 원 정도의 예산을 고려하고 있을 때 예상되는 활동을 그려 보자.
>
> **1) 목적-목표-진행 계획**
> 브랜드 캠페인의 목표에 맞게 캠페인 전략을 우선 논의한다. 논의를 통해 목표를 가장 잘 달성할 수 있는 형태의 캠페인을 정의한다.

- **캠페인 목적**: 브랜드 인지도 강화 및 신규 고객 모객
- **캠페인 목표**: 2030 여성 Reach 75%[■] 목표 및 신규 회원 가입자 수 10,000명 모객[■■]
- **캠페인 진행 방식**: 성수기 시즌 2주 앞서, OOO 메시지를 전달하는 영상 제작 및 라이브를 통해 신규 회원 가입자 수 최대화 전략

2) 계획 디벨롭

*아래 예시는 이해를 돕기 위한 임의의 숫자로 실제와 차이가 있을 수 있다.

- **에이전시 확인 결과 영상 제작에 필요한 최소 비용**: 1억 원
- **목표 달성을 위해 광고비로 집행 필요한 금액**: 1억 원
    - ✓ 1억 원으로 광고 집행 가정 시, 2030 여성 Reach 75% 목표 및 신규 회원 가입자 수 10,000명 모객 가능한지 확인
- Reach 75% 달성을 위해, 해당 영상을 유튜브/인스타그램 View를 최대화할 수 있도록 광고 집행
- 회원 가입자 수 10,000명을 위해, 해당 영상을 보고 홈페이지로 유입된 유입자 대상 회원 가입 유도 프로그램 진행 예정
- 현재 우리 브랜드 일 광고비 100만 원 집행 시, 일 100명 가입
    - ✓ 유입자 수 1,000명 × 회원 가입 전환율 10% = 일 회원 가입자 수 100명
- 2주간 1억 집행 시 일 광고비 700만 원이므로, 기존 예산 대비 7배 해당, 7일 간 9,800명 가입 예상
    - ✓ 예상 일 유입자 수 7,000명 × 회원 가입 전환율 10% = 예상 일 회원 가입자 수 700명
    - ✓ 2주간 집행 시 700명 × 14일 = 9,800명
- 이 경우 a) 10,000명 목표 달성을 위해 비용 추가 요청 혹은 b) 회원 가입 전환율을 높일 방안 프로덕트 팀과 논의 필요

*실제로는 돈을 쓰는 만큼 결괏값이 정비례하여 증가하지 않으므로 유입자 수가 얼마나 늘어날지, 회원 가입 전환율이 몇 % 떨어질지 등 디테일한 값을 팀과 논의하여 계산해야 한다.

대략 흐름만 그렸지만, 모든 계획은 이렇게 우리가 가지고 있는 과거 데이터를 활용해 각각의 계획에 대한 내용, 매출액, 비용, 세부 계획 등을 정한다.

[■] 2030 여성의 75%가 이 광고를 보게 하겠다는 목표를 나타낸다.
[■■] 탑다운 목표 달성을 위해 해당 계획이 달성해야 하는 목표를 우선 설정한 후 계획 디벨롭 과정에서 가능 여부 확인

그리고 연간 계획을 정교하게 하는 회사에서는, 이렇게 실무자들이 계획을 만들면 재무팀이 각 빌딩 블록 간의 자기 잠식Cannibalization까지 계산했다. 계획끼리 서로 영향을 끼치므로, A 계획을 단독으로 진행할 때보다 A와 B 계획을 동시에 진행할 때 A 계획에서 기대되는 매출액은 후자가 떨어질 수밖에 없기 때문이다. 이를 반영해 전체 매출액을 계산하고, 자기 잠식으로 빠지는 매출을 보완하기 위해 추가 프로젝트를 기획했었다.

▶ **3단계: 숫자 점검**

세부 계획까지 고려한 후에는 계산한 예상 매출액 숫자를 다시 쌓는다. 계획을 디벨롭하기 전, 전년과 비슷한 활동을 고려해 대략 채워 넣었던 숫자를 이제 팀원들이 새롭게 계산한 예상 매출액으로 바꾸는 것이다. 실제 계산한 숫자로 바꿨을 때 큰 차이가 생긴다면 이유가 무엇인지, 이를 메우기 위해 어떤 계획을 더 만들어야 할지, 그러기 위해 무엇이 더 필요한지 찾아야 한다. 그리고 이 과정에서 팀장은 팀원과 적극 토론하게 된다.

- 팀원들의 계획이 적정한지
- 너무 보수적으로 숫자를 예측한 것은 없는지
- 더 시도해 볼 수 있는 것은 없는지 등

이런 내용을 피드백하고 적극적으로 논의하려면, 팀장은 그동안 진행한 활동 히스토리를 모두 알고 있어야 한다. 어떤 조건으로 해당 활동을 진행했는지도 알아야 한다. 또한 팀원이 가져온 계획에서 팀원이 고려하지 않은 것은 무엇인지 빠르게 캐치할 수 있어야 한다.

이렇게 계획을 제대로 했음에도 탑다운 목표와 바텀업 목표 간에 차이가 생길 수 있다. 그럴 때는 이 간극을 메꾸기 위해 어떤 추가 투자를 요청할지에 대해 논의해야 한다. 이 과정까지 끝나면 위 내용을 모두 포함하는 '연간 계획 보고서'를 작성한다.

P&G 같은 대기업에서는 따로 보고서를 작성했지만, 스타트업에서는 서류 작업보다는 일이 되도록 하는 것 자체가 중요하다 보니, 매출액 목표를 요소별로 쪼갠 엑셀 시트, 1년 로드맵 자료를 가공해 연간 계획 보고서로 갈음했다.

■ 전사 논의하기: 보고서를 통한 목표 얼라인

이제 완성한 연간 계획 보고서를 바탕으로 전사 목표와 얼라인하는 과정을 진행해야 한다. 전사 논의는 연간 계획을 세운 후 진행하는 가장 중요한 미팅이다. 이 미팅의 목적은 의사결정권자 대표의 컨펌이다.

- 바텀업으로 계산한 목표와 팀의 전략을 공유하며 전사 목표와 얼라인한다.
- 목표를 달성하기 위해 필요한 적정 투자를 컨펌받는다.

이 과정에서 팀장은 팀의 의견을 관철하는 데 집중해야 한다. 예를 들어, 회사가 제시한 탑다운 숫자가 너무 높아 아무리 계획을 쌓아도 달성할 수 없는 상황이라면? 이 숫자를 그대로 받아들이면 목표 달성도 하지 못하고 팀원들만 고생하게 된다. 따라서 실무 경험에 기반해 논리적으로 계산한 우리의 목표와 전략을 잘 이해시키고 투자가 필요하다면 투자를 이끌어야 한다. 팀장이 잘 논의하는 만큼 내년에 팀원들이 비즈니스에만 집중할 수 있다.

전사 논의가 성공적으로 끝나 회사의 목표와 얼라인되면, 이제 우리 팀은 목표 달성을 위해 본격적으로 달릴 수 있다. 계획을 실제 액션으로 만드는 일을 시작하는 것이다.

하지만 만약 이 미팅에서 목표가 얼라인되지 않았다면, 바텀업 목표를 더 높이기 위해 무엇을 할 수 있을지 추가 전략과 계획을 세우고 다시 숫자를 계산하는 과정을 거쳐야 한다.

보고서의 핵심 구성 요소

이 챕터에서는 1년 로드맵 자료를 보완한 연간 계획 보고서 포맷을 사용했다. 미팅에서 대표님과 논의하는 내용은 보고서 중 써머리Summary에 해당하지만, 팀 내 프로세스에서 논의한 모든 자료는 엑셀을 활용하여 숫자 데이터로 제작해야 한다. 위의 각 계획에 대한 내용이 모두 숫자 기반의 가정이기 때문이다. 앞선 프로세스 과정에서 계산법을 공유했으니, 보고서의 구성에 관해 조금 더 설명해 보겠다.

■ [구성요소 1] 목표

보고서를 구성하는 첫 번째 요소는 목표다. 즉, 매출 목표와 필요한 투자다. 탑다운으로 받은 숫자와 바텀업으로 계산한 숫자 사이의 차이를 표기해, 내년에 집중해야 할 지표와 매출액에 대한 계획 현황이 어떤지를 집중해서 보여줘야 한다. 의사결정권자가 그 표만 봐도 내년도 매출 목표 달성에 문제가 있는지, 없는지 빠르게 파악할 수 있어야 한다.

■ [구성요소 2] 전략 요약

현재 우리가 풀어야 하는 문제를 정의하고, 이에 기반하여 우리가 내년에 어떤 전략으로 비즈니스를 할 것인지 공유한다. 그리고 탑다운 매출 목표 달성을 위해 무엇이 더 필요한지, 추가로 제안하는 이 계획이 투자할 가치가 있다는 것을 설명해야 한다.

■ [구성요소 3] 의사결정권자 논의 사항

이 요소가 중요하다. 대표님과 같은 의사결정권자가 위 자료를 보면서 우리 팀이 어떤 전략을 그렸고, 그래서 회사가 달성해야 하는 탑다운 매출액 대비 얼마의 차이가 있는지 인지한 상황에서, 이를 메우기 위해 팀이 제안하는 것이 무엇인지, 즉 어떤 투자가 필요한지 확인하는 파트다.

대표님이 이 계획에 투자하겠다고 결정하면, 바텀업 매출액은 그만큼 높여진 상태에서 논의가 되는 것이고, 회사가 신규 투자가 어렵다고 판단하면 처음에 제안한 바텀업 목표로 마무리할지 등을 논의한다.

■ **[구성요소 4] 각 계획**

여기서는 1년 로드맵 정도만 보여준다. 위 전략에 기반한 계획이 무엇이 있는지 정도만 보여주는 것이다. 혹시 개별 내용에 대해 의사결정권자가 더 궁금해 한다면, 그때 부록에 해당하는 각 계획의 엑셀 파일을 보여주면 된다.

연간 계획 보고서로 한 해의 중심 잡기

이렇게 연간 계획의 전체 프로세스와 보고서에 대해 알아보았다. 연간 계획의 경우, 논의할 대상도 많고 내용도 방대하다 보니, 최소 한 달 이상의 시간이 소요된다. 1년 비즈니스에 있어 가장 긴 호흡이자, 가장 어렵게 느껴지는 과정이다. 실제로 이 시즌에는 매일 새벽 3~4시까지 일하며 내년 계획을 세우느라 고생했던 기억이 크다. 하지만 이 연간 계획은 한 해 동안 매출액 달성 압박을 받을 때나, 매번 마주하는 의사결정 과정에서 중심을 잡는 데 큰 도움이 되므로, 지치더라도 모두 잘 마무리했으면 좋겠다.

> 연간 계획 템플릿 보러가기

이제 연간 계획을 기반으로, 여러 유관부서와 협업을 이끄는 분기 계획을 알아보자.

목표를 실행 계획으로 구체화하는 분기 계획

 연간 계획이 큰 숫자를 정하는 작업이라면, 분기 계획은 그 숫자를 현실로 만들기 위한 구체화의 단계다. 연간 목표 달성을 위해 이번 분기에 우리가 달성해야 할 목표를 확인하고, 집중해야 할 업무^{연간 계획에서 빌딩 블록}를 정하고, 이를 달성하기 위해 여러 팀과의 협업을 이끌어 내는 것이 분기 계획의 핵심이다.

이해관계 조율이 중요한 분기 계획

 연간 계획을 진행할 때는 회사의 탑다운 목표와 바텀업 목표 간의 조율이 중요했다. 그런데 분기 계획을 진행할 때는 팀 간의 '이해관계' 조율이 추가된다. 회사마다 상황은 다르지만, 예를 들어 보자.

 첫 번째 예시로 FMCG 회사에서, 섬유유연제 브랜드 A나 위생용품 브랜드 B처럼 특정 브랜드를 맡은 마케팅팀이 연간 계획을 진행했다고 해보자. 연간 계획은 브랜드별로 내년에 얼마를 벌 것인지, 얼마를 투자할 것인지를 정한 계획이다. 이 목표는 마케팅팀 혼자 달성할 수 없다. 유통 채널을 담당하는 세일즈팀과의 협업이 필수다. 세일즈팀은 쿠팡, 이마트 등 커스터머 단위로 팀이 구성되어 있는데, 각 커스터머팀이 A 브랜드의 분기 전략을 이해하고 그 분기에 A 브랜드에 집중해야 목표가 달성될 수 있다. 이처럼 분기 계획은 협업 부서를 움직이고 이해관계를 정렬시키는 설계도가 되는 것이다.

이와 같은 예시는 마케팅, 세일즈 크게 두 개 부서가 협업하는 구조일 때의 분기 계획이었고, 두 번째 예시로 더 복잡한 구조의 회사를 보자. 예를 들어, 마케팅, 세일즈, 프로덕트, 디자인처럼 다양한 부서가 각자 분기 목표를 세우는 구조라면 더 복잡하게 느껴진다. 협업부서와 이해관계 조율이 핵심이라는 것은 같지만, 이 경우 우리 팀의 분기 계획을 공유하는 미팅 이전에 반드시 선행되어야 할 작업이 있다. 바로 타 부서의 목표를 미리 이해하고, 그 목표와 우리 목표를 연결해 '공동 목표Shared Goal'를 설정하는 것이다. 이렇게 해야만 단순히 우리 팀의 계획을 '공유'하는 수준을 넘어서, 타 부서도 리소스를 투입해 함께 달성하는 목표로 만들 수 있게 된다. 이처럼 다양한 부서가 함께 움직이는 구조에서는 분기 계획이 단순한 업무 공유가 아니라 협업을 설계하고 조직의 리소스를 재조정하는 전략 수립의 장이 된다.

분기 계획의 핵심 요소

연간 계획을 단순히 4분의 1로 나눈 것이 분기 계획은 아니다. 연간 계획은 크게 목표와 투자 방향을 설정하는 고레벨 전략이라면, 분기 계획은 그 전략을 실행 가능하게 구체화하는 과정이다. 실제 목표를 달성하려면, 연간 계획에 없던 구체적인 실행 지표를 보완하고, 실행 방안을 정제하며, 다른 팀과의 협업 구조를 설계해야 한다.

이제 분기 계획에서 반드시 포함되어야 할 세 가지 핵심 요소를 살펴보자.

■ 세부 지표와 목표 설정

분기 계획에서는 1) 연간 목표를 구체적인 실행 지표로 분해하며 2) 세부 목표별 우선순위를 정하게 된다. 연간 계획에서는 탑다운 목표 달성을 위해, 달성해야 하는 목표 매출액, 이를 달성하기 위해 필요한 구매자 수, 신규 구매자 수, 회원 가입자 수 등이 로직에 의해 계산되었다. 이와 다르게 분기 계획에서는 해당 숫자를 달성하기 위해 관리해야 하는 세부 지표에 대해 정의하게 된다.

예를 들어, 연간 계획에서 얼라인한 신규 구매자 수를 달성하기 위해서는, 바깥에서부터 우리 브랜드를 인지하는 고객 수를 늘려야 한다. 퍼널 단위로 1) 네이버/구글 등 외부 검색 매체에서 우리 브랜드를 검색하는 검색량, 2) 우리 플랫폼으로 유입되는 트래픽, 3) 신규 가입자 수, 4) 신규 구매자 수 이렇게 단계별로 나누어 볼 수 있다. 신규 구매자 수를 달성하기 위해 앞단에서부터 달성해야 하는 세부 지표를 정의하는 것이다. 또는 우리 브랜드의 주 연령대의 신규 가입자 수 목표를 더 높게 세우는 등, 연간 목표로 정했던 신규 구매자 수를 달성하기 위해 필요한 구체적인 세부 지표들과 목표가 정해지게 된다. 그리고 이렇게 정의한 세부 목표들 중에 우선순위를 정하게 된다.

■ 실행 계획 수립

실행 계획을 보다 구체적으로 세운다. 예를 들어, 연간 계획을 세울 당시에 '5월 신제품 런칭' 계획이 있었다고 가정해 보자. 연간 계획 당시에 5월의 신제품에 대한 정보들^{어떤 상품이고, 얼마에 판매할 것인지} 등은 확정되었겠지만, 분기 계획에서 이를 어떻게 런칭할지에 대한 계획이 추가된다. 이 신제품을 어느 커스터머^{쿠팡, 이마트 등}에 선런칭할지, 커스터머 단위로 어떤 프로모션을 붙여야 할지 등을 분기 계획에서 논의하게 되는 것이다. 그리고 신제품 런칭을 극대화하기 위해 '타 브랜드와 콜라보 협업'이라는 계획이 있었다면, 연간 계획을 할 당시에는 대략 '어느 브랜드와 협업을 고려한다' 정도로만 계획해도 충분했을 것이다. 하지만 분기 계획을 할 때는 적어도 몇 개 브랜드와 컨택을 해보고, 진행 가능성이 있는지 가시화하면서 계획을 구체화하게 된다. 예를 들어, 생각보다 다른 브랜드들에서 콜라보에 소극적이라면 해당 계획을 드랍할 수도 있다. 그 경우 새로운 계획을 대체 제안해야 한다. 하지만 만약에 우리의 예상보다 더 많은 브랜드들에서 협업을 긍정적으로 본다면 해당 계획을 더 키우는 등의 조정이 이루어진다. 이렇게 분기 계획 과정에서 실행 계획이 조정되면, 연간 계획 당시 월별로 나누었던 목표나 예산도 함께 조정된다. 계획의 크기나 타이밍에 따라 예산을 앞뒤로 일부 이관하면서, 월별 목표의 실현 가능성을 높이는 방향으로 조율하게 된다.

■ 이해관계 조율

이제 마지막으로 분기 계획의 핵심인 이해관계 조율을 살펴보자. 앞서 설명했듯, 아무리 정교한 계획도 다른 팀이 함께 움직이지 않으면 실행될 수 없다. 그래서 이해관계를 맞추고 타 팀의 리소스^{시간 등}를 확보하는 작업은 분기 계획의 실행을 결정짓는다. 연간 계획의 경우는 우리가 내년도에 얼마를 목표하고 얼마를 투자할 것인가 정하는 것이 주요 목적이었다면, 분기 계획은 우리 팀이 세운 계획을 실현하기 위해 각 유관부서의 이해관계를 이해하고, 유관부서에서 함께 달성해야 하는 과제를 얼라인하는 것이 주요 목적이다.

그래서 분기 계획의 참석자는 우리 팀과 관련된 다양한 유관부서이고, 논의 역시 상대 팀의 관점에서 1) 상대 팀이 궁금해할 내용^{상대 팀의 목표에 맞게 우리가 어떤 업무에 집중할 계획인지 설명}과 2) 상대 팀에게 도움을 요청하는 내용이 주를 이루게 된다. 이처럼 분기 계획은 단순히 목표를 세우는 것을 넘어, 여러 팀의 목표와 일정을 조율하고, 리소스를 효율적으로 배분하는 과정이다. 하지만 이러한 과정을 통해 각 팀이 전체 비즈니스 맥락을 이해하고, 더 효과적으로 협업할 수 있는 기반이 마련된다.

[예시 1] 브랜드 중심 구조^{FMCG 등}

브랜드별 마케팅팀과 커스터머별 세일즈팀이 분리된 구조에서는, 마케팅팀이 연간 계획에서 세운 브랜드 전략을 커스터머 단위로 나누어 세일즈팀과 공유해야 한다. 세일즈팀은 이 정보를 바탕으로 각 유통 채널에 맞는 실행 전략을 수립하게 된다. 이때 각 세일즈팀은 다음과 같은 정보를 궁금해한다. 이번 분기 목표 달성을 위해, 브랜드별로 아래 내용이 얼마나 준비되어 있는지가 궁금하다.

- 어떤 마케팅 캠페인이 준비되었는지
- 신제품은 언제 런칭되는지
- 신제품 런칭 마케팅이 있는지^{자신이 맡고 있는 커스터머에 선런칭하거나 전용 프로모션이 준비되어 있는지 등}
- 그에 맞춰 얼마의 프로모션 예산이 지원 가능한지

분기 계획에서는 상대 팀이 궁금해할 내용, 우리 팀이 도움을 요청하는 내용을 공유해야 한다. 그리고 마케팅팀일 경우 세일즈팀에 도움을 요청하는 것은, 예를 들면 A 브랜드로 달성하길 기대하는 매출 목표일 것이다. 그리고 세일즈팀은 목표가 과도하게 높다고 판단할 경우, 우리가 연간 계획에서 진행했듯, 목표 조정이나 리소스 확대를 요청할 것이다. 그래서 분기 계획에서는 상대 팀이 필요로 하는 정보 전달, 상대 팀과 분기별 목표에 대한 얼라인이 주요 과제이며, 유관 부서의 피드백을 받고 계획을 수정하는 과정을 거쳐, 최종 분기 계획을 정하게 된다.

 [예시 2] 기능 중심 구조^{IT 플랫폼 회사}

마케팅, 프로덕트, 디자인, 테크 등 각 기능 조직이 독립적인 KPI를 가진 경우, 분기 계획에서는 목표 공유뿐 아니라 우선순위 조율이 중요해진다. 마케팅팀에서는 '구매 고객 수'라는 지표 달성을 위해 마케팅 캠페인 계획을 세운다. 그리고 프로덕트팀에서는 '전환율'이라는 지표를 위해 제품 로드맵 계획을 세운다. 세일즈팀에서는 '판매 상품 수'와 같이 입점 브랜드와 관련된 전략 카테고리 및 상품 전략을 세운다. 각 팀의 주요 지표와 과제에 대해 서로에게 공유하고, 함께 상정해야 하는 공동 목표를 정리해야 한다.

예를 들어, 마케팅팀이 구매 고객 수 달성을 위해 리브랜딩 캠페인을 계획했다면, 이는 프로덕트팀의 UI/UX 변경, 디자인팀의 시각 요소, 테크팀의 개발 리소스를 필요로 한다. 이때 마케팅팀은 다른 팀에게 '왜 이 프로젝트가 중요한가'를 설득해야 하며, 각 팀은 리브랜딩 캠페인이 자신의 KPI에도 도움이 되는지 판단하게 된다. 프로덕트팀에서는 '전환율'이, 테크팀에서는 '시스템 안정성'이 핵심 지표라면, 리브랜딩을 통해 각 팀의 핵심 지표가 얼마나 개선될 수 있을지를 함께 논의해야 한다. 이를 통해 각 팀의 목표에 리브랜딩 과제가 우선순위를 가지고 포함될 수 있도록, 분기 계획 수립 전에 공동 목표로 만드는 과정이 선행되어야 했다.

각 팀은 자신들의 고유 목표도 있기 때문에, 어떤 과제를 공동 목표로 가져갈지, 어떤 우선순위로 진행할지를 합의하는 과정이 필요했다. 때로는 한 팀의 핵심 과제가 다른 팀의 우선순위와 충돌하기도 했는데, 이럴 때는 데이터를 기반으로 한 우선순위 조정이 필요했다.

회사 상황에 따라 달라지는 분기 계획의 시점

분기 계획은 일반적으로 한 분기가 시작되기 1~3개월 전에 진행된다. 회사가 속한 산업군, 내부 협업 방식 등에 따라 시점과 디테일이 달라진다.

■ 빠르게 변화하는 산업 예: 테크 스타트업, 이커머스

이런 산업은 외부 환경이 자주 바뀌기 때문에, 분기 직전 1개월 내 계획을 수립하며, 그 시점까지 시장 상황이나 경쟁사 변화를 반영해 조정하는 경우가 많다.

■ 상품을 미리 개발해야 하는 산업 예: FMCG, 패션 리테일

제품 개발과 생산 주기가 길기 때문에, 계획 수립은 분기 시작 최소 3개월 전에 완료되어야 한다. 예를 들어, 신제품에 대한 정보는 이미 연간 계획에서 정해졌지만, 커스터머별로 포장지를 다르게 하거나, 프로모션을 따로 준비하는 경우 이를 분기 계획에서 미리 논의해야 했다.

■ 단일 부서 중심의 회사

초기 스타트업 등에서는 한 부서가 중심이 되어 움직이는 경우도 있는데, 이

때는 별도의 분기 계획 없이 월 단위로 조정만 하기도 한다. 다른 부서는 요청 사항을 받아 실행하기 때문에 분기 계획 자체가 생략되기도 한다.

이처럼 분기 계획을 통해 연간 계획이 어떻게 구체화하는지를 보았다. 계획을 정했다면 이제 남은 일은 '잘 실행하는 것'이다. 실행이 잘 되는지 수시로 성과를 점검하며, 구체화한 계획을 실행으로 만드는 과정을 보자. 이를 위해 다음 챕터에서는 가장 기본 단위인 '주간 팀 미팅'을 활용해 계획을 실행에 옮기는 방법을 설명하겠다.

실행력을 높이는
주간 팀 미팅

앞에서 연간/분기 계획을 정교하게 수립했지만, 계획만으로는 성과를 만들 수 없다. 실행이 제대로 이루어지지 않으면, 계획은 문서 속 숫자로만 남는다.

계획을 바탕으로 어떻게 실행을 잘할 수 있을까?

주 단위로 실행을 점검하는 주간 팀 미팅을 설명하려 하는데, 이 미팅의 경우도 팀장이 리드하는 경우가 많아서, 팀장의 관점에서 주간 팀 미팅이 어떻게 진행되는지 설명하려 한다. 팀장의 실행은 단순히 내가 맡은 일만 실행하던 개인의 업무 처리와 달라진다. 팀장이 되면 직접 일을 실행하지 않는다. 대신 **팀장은 우리 팀의 숫자 달성에 집중하며, 팀원들이 팀의 계획을 실행할 수 있도록 관리하고 조율하는 역할**을 하게 된다. 세부적으로 보면 다음과 같다.

1. 전체 관점에서 팀의 목표 숫자가 달성되고 있는지 관리한다.
2. 이를 달성하기 위해 각 팀원의 업무가 잘 진행되는지 관리하며, 팀원이 각 일을 잘 할 수 있도록 지속적인 피드백을 주고, 어려움을 개선할 수 있도록 돕는다.

3. 숫자 미달이 예상될 시, 추가 계획을 만들고 이를 실행 전략에 추가한다.

즉, 각각의 일 단위의 실행이 아니라 전체 관점에서의 관리와 지속적인 피드백 및 조정이 필요하다.

그래서 팀장의 실행에서 중요한 것은 단순히 '일을 했다'가 아니라 '목표 숫자를 달성했다'이다. 우리가 각각의 빌딩 블록별로 계획을 세운 것도, 여러 빌딩 블록을 쌓아서 전체 숫자 달성이 되는지 지속해서 확인한 것도, 결국 목표 숫자를 달성하기 위해서였다. 그래서 만약 목표가 미달하였을 때, 계획한 일을 모두 다 진행했다고 답하는 것은 목표 미달에 대한 변명이 될 수 없다. 목표 달성이 어려워질 경우 추가 계획을 수립하고, 실행 전략을 조정하는 것까지가 팀장의 실행이다.

이번 챕터에서 주간 팀 미팅을 활용한, 팀장의 실행 관리와 목표 달성을 위한 프로젝트 구조화를 알아보자!

주간 팀 미팅을 활용한 팀장의 실행 관리

연간 및 분기 목표가 정해졌다면, 이를 현실화하는 과정이 필요하다. 주간 팀 미팅은 월간 목표를 달성하기 위해 실행력을 높이는 핵심 프로세스다. 주간 팀 미팅을 통해 월별 목표 달성 현황을 점검하고, 실행 속도를 높이며, 문제를 빠르게 해결할 수 있다. 단순히 현황을 확인하는 자리가 아니라 목표를 현실화하는 핵심 과정인 것이다. 이를 효과적으로 운영하기 위해 팀 미팅은 주별 목표 관리와 트랙킹, 프로젝트 관리라는 두 가지 역할을 수행해야 한다.

■ 첫 번째 역할, 주별 목표 관리와 트래킹

주간 미팅을 통해 월간 목표를 실질적인 성과로 전환한다. 분기 계획 수립 시 주 차별/일자별 목표도 함께 정의되지만, 이는 가이드라인 성격이 강하다. 전사 차원에서는 월 단위 목표 달성에 집중하고, 주 차별 달성은 상대적으로 팀의 자율적 판단과 대응에 맡긴다. 예를 들어, 6월 1주 차 목표가 미달하더라도, 2~3주 차에 주요 계획예. 기획전 등이 집중되어 월 전체 목표 달성이 가능하다면 문제없다. 따라서 팀은 아래 지표 및 이슈를 데일리로 점검하지만, 주간으로 논의하고 대응책을 논의한다.

- **대시보드를 통한 주요 지표매출액, 구매 고객 수 등 점검을 통해, 전주 목표 달성 여부 및 원인 파악**: 전주 목표비 달성했는지 성과를 분석하고, 달성/미달 원인이 무엇이고, 이를 어떻게 대응하고 있는지 점검한다.
    - ✓ 원인을 찾기 위해서는, 세부 지표신규 가입 수, 앱 설치 수, 연령대별 실적 등 또한 관리해야 한다. 예를 들어, 신규 구매자 수가 지표라면 방문, 앱 설치, 신규 가입처럼 앞단의 퍼널을 관리하고, 특정 연령대의 신규 가입이 문제없는지 확인해야 한다. 또 신규 구매자가 구매한 브랜드/상품 등을 쪼개 보며 달성 및 미달의 원인을 파악한다.
- **금주 목표 달성을 위한 계획과 필요한 액션 점검**: 이미 분기 계획 및 프로젝트 단위 계획을 통해 금주에 해야 하는 계획은 있으나, 최신 트렌드 확인 시 목표 미달이 예상될 경우 추가 액션이 논의된다.
- **주요 계획의 효과성 검토**: 우리가 진행한 계획의 효과를 빠르게 리뷰해서, 해당 액션을 더 진행할 것인지, 드랍할 것인지도 결정한다.

가장 주요한 내용은 위 3가지처럼 1) 목표 달성 여부 확인과 2) 목표 달성을 위해 현재 논의된 계획을 점검하고, 3) 추가 계획을 세우는 것이다.

목표 대비 미달할 경우, 숫자를 쪼개 보면서 원인을 찾아야 한다. 신규 구매자 수가 목표비 미달이라면, 퍼널 단위의 문제인지, 특정 연령대의 문제인지, 특정 카테고리/상품의 문제인지 등을 쪼개 보아야 한다. 그리고 그 원인을 해결할 수 있는 추가 계획을 논의해야 한다. 만약 이 과정에서 다른 팀의 도움이 필요하다면 팀 간에 도움을 요청해야 했다.

단순히 '목표를 달성하지 못했다'를 확인하는 것에서 끝나는 것이 아니라, 목표 미달 시, 원인 분석 → 추가 액션 결정 → 타 부서 협업까지 진행해야 한다.

▶ 그 과정에서 주의할 점은 다음과 같다

1) 지표의 성격에 따라, 주 차별 목표를 잘 세워야 한다.

'프로젝트의 성공 확률을 높이는 게스티메이션'에서 설명했듯, 지표의 성격을 잘 이해하고 목표를 세워야 한다. 월 목표 달성을 위해 주 차별 목표를 세운다고 할 때, 단순히 주어진 월별 목표를 4분의 1로 계산하는 것으로는 제대로 된 주 차별 목표를 세울 수 없다.

- **계획의 집중 시기를 고려하기**: 주 차별 목표를 단순히 4분의 1로 나누는 것이 아니라 우리의 시즈널리티* 및 계획 집중 시기를 고려해서 나누어야 한다. 예를 들어, 1주 차에 큰 프로젝트들이 집중되어 있어 월 목표의 30%를 달성해야 했는데 4분의 1로, 즉 25% 목표를 세워 놓고 1주 차 목표를 달성했다고 좋아하면 전체 한 달 치 목표를 달성할 확률은 낮아진다. 2, 3, 4 주차 계획의 부재를 확인하고, 트렌드 하락을 미리 고려해서, 1주 차에는 더 많이 달성해야 했던 것이다.

- **중복값이 발생하는 경우 고려하기**: 중복값이 발생하는 지표의 경우, 주 차별 중복값까지 고려해서 주 차별로 목표를 높게 잡아야만 월별 목표가 달성된다. 매출액의 경우 단순 합산값이므로 중복 고려가 필요 없지만, 유입자 수나 구매자 수 같은 사용자 기반 지표는 중복을 고려해야 한다. '프로젝트의 성공 확률을 높이는 게스티메이션'에서 설명했듯 예를 들어, 주간 유입자 목표가 180만 명이라면 단순히 하루

■   '계절성' 혹은 '주기적 패턴'으로, 비즈니스에서 특정 시기나 주기에 따라 매출, 고객 반응, 고객 행동 등이 반복적으로 변하는 현상을 말한다.

25.7만 명^{180만 명÷7일}으로 나누는 것은 월 목표 미달 위험이 높아진다. 월요일에 유입한 고객이 수요일에도 유입할 수도 있는데, 그러면 일자별로 25.7만 명이라는 목표는 달성했을지는 몰라도 7일을 통으로 보면 180만 명에 미달한다. 과거 데이터의 중복 방문율을 고려해 일일 목표를 상향 설정해야 7일 기준 방문자 목표를 달성할 수 있다.

2) 전주 목표 미달이 새로운 뉴스여서는 안 된다. 전주 목표 달성 여부는 데일리 모니터링을 통해 이미 예측되므로, 주간 미팅에서 갑작스럽게 발견된 이슈여서는 안 된다. 이미 전주에 목표 미달을 예상해서 추가 인풋을 지난주 목요일, 금요일에 부었고, 주말 간 트렌드 확인 시 결국 목표 미달이 되었는지, 아니면 목표를 달성 Make-up했는지 등을 확인해야 한다.

▶ 주간 미팅은 언제 하는 게 좋을까?

위의 두 번째 주의 사항을 위해, 주간 미팅은 언제 하는 게 좋을까?

'실행' 단계에서는 과거 리뷰와 미래 대응이 모두 중요하다. 실행 관점에서 주간 미팅은 단순히 한 번의 회의가 아니라 지난 주 결과 데이터 리뷰와 액션 계획을 위한 두 단계의 과정이다. 이를 위해 나는 월요일과 목요일, 일주일에 두 번 팀 미팅을 했었다. 월요일 미팅에서는 전주 데이터를 정리하고 액션을 리뷰하며 이번 주 개선점을 논의한다. 목요일 미팅에서는 월-수 3일간의 데이터로 이번 주 목표 달성 여부를 예측하고, 미달이 예상되면 추가 액션을 결정한다. 이렇게 과거 리뷰와 미래 대응 두 가지를 균형 있게 다루는 것이 중요했다.

■ 두 번째 역할, 프로젝트 단위별 현황 파악

팀 목표는 여러 개의 프로젝트들이 모여 달성된다. 따라서 주간 팀 미팅에서는 지표 관리뿐만 아니라 프로젝트 진행 상황을 체계적으로 관리하는 역할도 수행해야 한다.

- **이 프로젝트를 우리 팀이 하는 것이 맞는지 점검**: 연간 계획에서는 논의되지 않

았던 새로운 일은 지속해서 생겨나는데, 팀장은 이 일이 우리 팀의 목적과 목표에 부합하는지 체크하여 문지기처럼 우리 팀이 해야 하는 일에만 집중할 수 있도록 해야 한다.

- **프로젝트 그룹핑**: 목표 달성에 필요한 일들을 연관된 프로젝트들끼리 그룹핑하여 큰 단위로 관리해야 한다.
- **우선순위 점검**: 여러 개의 프로젝트들 간의 우선순위를 세워야 한다. 1) 목표에 큰 영향을 끼치는 순서로 프로젝트의 우선순위를 정하고, 2) 예상 목표가 작을지라도 전사적으로 중요한 과제와 연결되거나, 회사의 미래 먹거리와 관련된 프로젝트 또한 우선순위를 높여야 한다.
- **프로젝트별 진행 현황 점검**: 이렇게 우선순위까지 정한 프로젝트에 대해서, 팀 내 R&R에 맞춰 담당자를 정하고, 전체 프로젝트가 문제없이 진행되는지 여부를 확인하며 적절한 가이드를 주어야 한다.
- **선제적Look-forward 관점의 리스크 관리**: 프로젝트 진행 시 일이 터진 뒤에 수습하는 게 아니라 문제가 생기기 전에 미리 감지하고 대응책을 준비하도록 해야 한다. 그래서 각 프로젝트 준비 과정에서 팀원이 놓친 것이 있다면, 이에 대한 대응 방안 또한 논의를 해야 한다.
- **협업 및 지원 사항 논의**: 유관부서 협업이 필요한 부분이 있다면 이를 팀 간에 요청해야 한다.

▶ 프로젝트 간 우선순위

프로젝트 개수도 많다 보니, 프로젝트 간 우선순위를 정하는 기준이 필요했다. 물론 회사 상황마다 이 기준이 달라질 수는 있으나, '매출액'이 가장 중요하므로 1) 매출액에 큰 영향이 끼치는 순서로 프로젝트의 우선순위를 정했다. 그래서 각 프로젝트 진행 시 목표 비즈니스 사이즈를 계산한 후 우선순위를 결정했다. 2) 그 외 매출액 영향이 적을지라도, 전사적으로 '신규 고객 확보'나, '신규 카테고리 확장', 그리고 회사의 미래 먹거리와 관련된 프로젝트 또한 우선순위를 높였다. 그리고 각 프로젝트 간 우선순위를 정한 후에는, 내가 이해하고 있는 우선순위와 회사가 생각하는 우선순위가 같은지 체크해야 했다.

그리고 팀 단위에서는 '운영'보다 '성장'을 위한 프로젝트에 집중해야 한다. 프로젝트 관리에 있어서, 데일리로 진행되는 단순한 운영 업무_{예: 광고 효과 모니터링}는 개별 팀원이 자율적으로 처리하도록 두고, 팀 단위에서는 목표 달성에 핵심적인 프로젝트와 새로운 시도_{예: 신규 고객 모객 프로젝트, 신규 프로그램 개발 등}에 집중해야 한다.

이러한 프로젝트 관리와 우선순위 결정을 통해 팀은 핵심 업무에 집중할 수 있었다.

■ 주간 팀 미팅의 운영 방식

그러면 팀 미팅을 어떻게 운영하면 좋을까? 연간/분기 계획에서 논의했던 각 지표와 목표, 프로젝트를 팀 단위로 실행하기 위해, 팀원이 제대로 이해하고 있는지, 새로운 이슈는 없는지 지속적으로 확인해야 한다.

대시보드로 데일리 매출액이 목표 달성하는지 확인하는 것과 별개로, 매주 월요일에 아래와 같은 주간 스케줄 시트를 활용하여 각 업무들이 일정대로 진행되고 있는지 확인했다. 여러 경험했던 회사들을 보면 포맷은 모두 다르지만, 공통점은 목표 달성 여부의 확인과 우선순위 순서로 프로젝트를 점검하는 것이었다.

주간 스케줄 시트 예시

주 단위 미팅은 지난주에 있었던 이슈를 확인하고, 이번 주에 팀원들이 집중해야 할 부분의 합을 다시 맞추고, 겪고 있는 어려움에 관해 공유하는 자리이다. 그리고 신규 업무가 발생했을 경우, 이 미팅에서는 R&R에 맞춰 업무를 새로 배분하기도 했다.

매주 주간 미팅을 하니 모든 팀원은 우리 팀이 지켜야 할 원칙과 연간 방향성 그리고 이번 달 목표가 얼마인지, 몇 % 달성되고 있는지 잘 인지하고 있었다. 또한 각자 맡은 목표와 그 목표를 달성하기 위해서 자신이 어떤 업무를 진행해야 하는지도 잘 알게 되었다.

트래킹의 다양한 단위

이처럼 월별 목표 달성을 위해, 기본적으로 주 단위로 목표 숫자를 관리하지만, 중요한 프로젝트는 별도 TF팀을 구성해 일 단위로 트래킹했던 경우도 있다. 특히 대형 기획전이나 신규 브랜드 런칭 같이 회사의 핵심 지표에 큰 영향을 미치는 프로젝트의 경우, 주간 미팅만으로는 빠른 대응이 어려울 수 있다. 그래서 TF팀은 매일 아침 프로젝트의 핵심 지표를 점검했다. 이렇게 트래킹을 일별로 하는 이유는 빠른 의사결정과 실행을 위해서였다. 오전에 주요 지표를 확인하고 의사결정을 하면, 오후에는 바로 실행으로 옮길 수 있는 체계를 갖췄다.

다만 모든 프로젝트를 일별로 트래킹하는 것은 현실적으로 어렵고 효율적이지도 않다. 트래킹의 단위는 프로젝트의 중요도와 시급성 그리고 팀의 리소스를 고려하여 적절히 선택해야 한다. 기본이 되는 주간 트래킹을 중심으로, 상황에 따라 일별 트래킹을 추가하는 방식으로 유연하게 운영하는 것이 바람직하다. 이렇게 상황에 맞는 트래킹 체계를 갖추면서, 계획했던 목표를 실제 결과물로 만들어 낼 수 있었다.

실행의 성패는 결국 피드백과 조정에 달려 있다

　아무리 철저하게 계획을 세워도, 현실에서는 끊임없이 변수가 발생한다. 중요한 것은 빠르게 실행하고 효과를 점검한 후 즉각적으로 인풋을 조정하는 사이클을 구축하는 것이다. 실행의 성패는 결국 변수를 지속적으로 파악하고, 계획을 조정하는 것에 달려 있기 때문이다.

　주간 팀 미팅은 단순히 업무 진행 상황을 공유하는 자리가 아니다. 목표 달성을 위한 실행력을 높이고, 어떤 실행이 효과적인지 검토하며, 빠르게 개선해 나가는 핵심 과정이다. 이를 통해 팀원들은 각자의 업무가 팀과 회사의 목표에 어떻게 기여하는지 명확히 이해할 수 있고, 예상치 못한 이슈가 생기더라도 빠르게 대응할 수 있게 된다.

　계획-실행-리뷰 프로세스에서 주간 팀 미팅이 실행의 핵심이었다면, 이제는 리뷰를 살펴볼 차례다. 아무리 많은 실행을 하더라도, 제대로 된 리뷰가 없다면 같은 실수를 반복하고, 늘 해오던 대로 일을 할 가능성이 크다. 어떤 실행이 효과적이었고, 무엇을 개선해야 할까? 주 단위에서 보지 못한 인사이트는 무엇일까?

　다음 챕터에서 프로젝트 리뷰를 통해 실행을 더 정교하게 만들고, 다음 목표를 더욱 효과적으로 세우는 법을 알아보자.

> 주간 스케줄 시트 템플릿 보러가기

다음 성장을 위한 준비,
프로젝트별 리뷰

지금까지 계획과 실행 과정을 살펴봤으니, 이제는 실행 결과를 되돌아보고 개선점을 찾는 '리뷰' 단계를 살펴보자. 모든 계획을 깊이 있게 리뷰하면 좋겠지만, 현실적으로 리뷰에 많은 시간을 쏟기란 쉽지 않다. 그래서 작은 프로젝트들은 간단히 회고하거나 월 단위 리뷰에 포함하는 경우가 많다. 하지만 중요한 프로젝트만큼은 반드시 별도의 프로젝트 리뷰를 진행해야 한다. 중요한 프로젝트가 끝나면 곧바로 리뷰 일정을 잡고, 그때그때 개선점을 놓치지 않는 것이 중요하다. 이번 챕터에서는 대형 기획전이나 신상품 런칭 같은 주요 프로젝트의 리뷰 방식을 설명하려 한다.

프로젝트별 리뷰가 필요한 이유

연간/분기/월 단위의 전체 리뷰와 별개로, 개별 프로젝트에 대한 리뷰가 필요한 경우가 있다. 예를 들면 다음과 같다.

- 대형 기획전처럼 매출 목표가 큰 단일 프로젝트

- 신상품 런칭처럼 매출 볼륨은 작더라도 회사의 전략적 중요도가 높은 프로젝트

이런 프로젝트들은 분기 계획에서 별도 목표를 세우고, 필요에 따라 데일리 트래킹까지 진행하며 목표 달성을 위해 촘촘하게 관리했다. 그만큼 리뷰도 꼼꼼하게 진행해야 한다.

리뷰의 핵심 요소

그러면 리뷰에는 어떤 내용이 들어가야 할까? 프로젝트 리뷰에는 다음 내용이 반드시 포함되어야 한다.

■ 목표 대비 달성 결과

먼저 핵심 KPI^{예를 들면 매출액}의 달성 여부를 먼저 확인한다. 하지만 단순히 달성 여부를 체크하는 것에 그치지 않고, 세부 지표별로 목표 달성 현황을 분석하며 무엇이 문제였는지를 정확히 파악해야 한다.

예를 들어, 신제품 런칭 프로젝트에서 월 매출 1억 원 목표가 5.7천만 원으로 미달했다면, 지표별로 쪼개 보아야 한다.

- **유입자 수**: 100% 달성, 목표 10만 명 중 10만 명 달성
- **전환율**: 60% 달성, 목표 5% 대비 3% 달성
- **객단가**: 95% 달성, 목표 2만 원 대비 1.9만 원 달성

이렇게 지표를 쪼개 보면 유입은 목표만큼 부었음에도 전환이 목표만큼 되지 않아 미달한 것을 알 수 있다. 그리고 구매 전환율이 낮은 원인 또한 쪼개 보면서 찾아야 한다.

'프로젝트 성공 확률을 높이는 게스티메이션'에서 예시로 들었듯 1) 유입을 부어 줬던 기획전에서 상세 페이지로 넘어가는 전환이 낮았는지, 상세 페이지까지는 목표만큼 유입되었는데 구매 전환율이 안 나온 것인지 확인하고, 레퍼런스로 봤던 다른 기획전이나 다른 상세 페이지와의 차이점은 무엇인지, 그 원인을 찾아야 한다.

그리고 2) 전환율이다 보니, 우리의 상품에 문제가 없었는지 점검해야 한다. 레퍼런스로 삼았던 다른 기획전이나 상세 페이지와 어떤 점이 달랐는지, 그 차이와 원인을 찾아야 한다. 상품 구성, 가격대, 프로모션 등 각각의 요인별로, 레퍼런스 대비 우리 신제품이 비쌌는지, 대용량처럼 너무 큰 단위로만 판매했는지, 할인 행사와 같은 프로모션이 부족했는지를 찾아야 한다.

■ 실행 액션의 평가

목표 달성을 위해 최초에 세웠던 기존 계획과 함께, 실제로 실행하면서 데일리 트래킹 과정에서 발견한 이슈에 대응하기 위해 취한 액션까지 포함하여 결과를 리뷰한다.

데일리로 TF팀이 모여 목표 달성을 위한 추가 액션을 논의했을 것이다. 위의 예시처럼 유입자 수는 목표만큼 달성하고 있는데, 낮은 전환율 때문에 목표 매출액이 나오지 않는 상황에서 어떤 논의들이 이루어졌을까? 먼저 전환율 개선 방안을 논의했을 것이다. 기획전에서 상세 페이지로 넘어가는 전환율을 높이기 위해 썸네일 이미지를 더 아이캐칭하게 변경하고, 할인을 추가했다. 여러 액션을 했음에도 불구하고 전환율이 레퍼런스 숫자만큼 높아지지 않는다면 그다음은 어떤 논의를 하게 될까? 바로 우리의 가정이 틀렸음을 인정하는 것이다. 우리에게 중요한 것은 목표한 전환율이 나오는 것이 아니라 목표 매출액을 달성하는 것이다. 따라서 실제 전환율을 기반으로 유입자 수를 더 부을 방법을 이야기해야 한다.

목표와 중간 시뮬레이션의 차이

	유입자 수	구매 전환율	객단가	매출액
목표	100,000	5%	20,000	100,000,000
중간 시뮬레이션	175,439	3%	19,000	100,000,000

목표 매출액 1억 원을 달성하기 위해 마케팅 예산을 추가 투입해 현재 구매 전환율과 객단가를 반영해 추가로 7.5만 명 정도 유입자 수를 추가로 부을 수도 있다. 물론 이렇게 유입자 수를 또 늘리면 전환율은 떨어지게 되지만 이해를 돕기 위해 이 부분까지는 계산하지 않았다.

아니면 이렇게 낮은 전환율의 프로젝트에 돈을 더 붓는 것이 맞지 않다고 판단할 수도 있다. 그러면 이번 프로젝트의 매출 목표 미달 위험을 관련 부서 전체에 공유하고, 추가로 돈을 투자하지 않는 것을 논의해야 한다. 그렇게 추가 인풋을 부을지 말지, 추가로 인풋을 붓는다고 얼라인했다면 추가 인풋을 부으면서 프로젝트의 성공 확률을 높여 나가야 한다.

▶ 일자별로 추가한 액션을 기록해 두어야 한다

그렇지 않으면 원래 계획이 충분해서 달성한 것인지, 아니면 추가로 진행했던 액션 덕분에 달성한 것인지 구분하지 못하고, 다음 계획에 반영하지 못할 위험이 있다. 그래서 우리의 기존 계획에 더해 추가된 액션까지 기록해 두어야 하는데, 예시를 들어 보면 다음과 같다.

- **1일 차**: 유입 목표 달성을 위해, 카카오톡 플러스친구 CRM 메시지 발송, 기획전에서 상세 페이지로의 전환율이 낮아 썸네일 이미지 변경 진행
- **2일 차**: 구매 전환율 높이기 위해 할인 행사 추가로 진행
- **3일 차**: 현재 구매 전환율이 3% 수준으로 낮은데, 단기간에 이를 높일 방법이 없어 매출 목표 미달 위험이 있음. 추가적인 유입 확보에 비용을 더 투입할지 여부를 논의했으나, 최종적으로 추가 비용을 투입하지 않기로 결정함.

▶ 다음 계획 시에 반영할 내용을 정리해 두어야 한다

최초에 세웠던 기본 계획과 프로젝트 진행 과정에서 추가로 논의된 계획 등을 가지고, 아래처럼 다음 계획 시에 반영할 내용에 대해 정리해 두어야 한다.

- **강화할 것**_{효과가 좋았던 액션}: 유입 극대화를 위해, 적은 예산을 여러 매체에 나누어 집행하는 것보다 A 매체에 예산 집중이 효과적이었다.
- **유지할 것**_{기본적으로 필요한 액션}
- **제거할 것**_{리소스 대비 효과가 낮았던 액션}: 전환율이 목표비 낮아 유입을 추가로 부을지 예산 증액 논의가 있었으나, 이번 신상품이 내추럴한 무드로 클릭률이 타 상품 대비 낮게 나오고 있어 광고액을 증액하지 않기로 논의했다. 다음에도 낮은 전환율 확인 시 추가 유입을 붓지 않기로 얼라인했다.
- **보완할 것**
  - ✓ A 매체 광고 집중이 효과적이었으나, 예산 증액 시에는 다른 매체도 같이 테스트해 볼 필요가 있다. 특히 이번에는 시도하지 않은 B, C 매체의 경우 내추럴한 무드의 상품과 더 잘 맞았을 수 있다.
  - ✓ 목표로 했던 구매 전환율 5%는 높은 목표였다. 레퍼런스로 A 상품을 고려하였으나, A 상품은 비비드한 컬러로 아이캐칭한 상품이었다. 이번 신상품은 무드가 내추럴한 느낌이라 전환율이 낮았다 판단한다. 앞으로 내추럴한 무드의 상품 런칭 시에는 구매 전환율 3%를 레퍼런스로 삼는다.
  - ✓ 런칭 초기 구매 전환율을 높이기 위해서는 고객의 후기가 중요하다. 이를 위해, 미리 체험단을 진행하여 리뷰를 쌓기로 했는데 이 과정이 누락되었고, 이는 낮은 구매 전환율의 원인 중 하나다. 상품 사용감이나 향에 대한 구체적인 설명이 부족하다는 VOC[■]가 있었다.

이처럼 리뷰 시 단순히 결과 달성 여부만 보는 것이 아니라 우리가 세웠던 가

■ Voice of Customer, 고객의 목소리, 즉 고객이 제공하는 의견, 피드백, 요구사항 등을 통칭하는 말

설과 실제 결과 간의 차이를 분석하는 것이 중요하다. 1) 목표 설정의 경우, 전체 매출 목표 외에도 각 세부 지표에 대해 지표를 잘 설정했는지, 각 목표가 너무 공격적이지는 않았는지(예를 들면 구매 전환율 5%는 너무 높은 목표였다)., 그리고 2) 각 실행이 계획대로 진행은 되었는지 점검한다. 그리고 3) 실행은 계획대로 진행하였으나 예상했던 결과와 어떻게 달랐는지 단계별로 개선할 점을 찾아 나가야 한다.

■ 협업 부서와의 공동 리뷰

마지막으로 프로젝트 리뷰는 우리 팀만의 것이 아니다. 프로젝트에 참여했던 모든 부서가 함께 모여 각 팀의 관점에서 성공/실패 요인을 분석하고, 개선점을 도출해야 한다. 동일한 프로젝트에 대해서 팀별로 다른 관점을 제시하다 보니 여러 팀과 협업할수록 리뷰의 완성도는 높아진다.

- **마케팅팀**: 특히 유입 관점에서 타겟 고객층의 반응, 광고 매체별 효율에 대한 리뷰
- **상품기획팀**: 전환율 관점에서 상품의 구성, 프로모션 등에 대한 리뷰
- **세일즈팀**: 채널별 판매 현황, 재고 소진율 리뷰
- **CS팀**: 고객 문의 유형, 불만 사항 분석 리뷰

각 팀의 관점을 종합적으로 반영해야 프로젝트의 전체 결과를 제대로 파악할 수 있다. 이를 위해 리뷰 문서를 작성하여 공유하고, 관련 부서들의 피드백과 질문을 받아 기록하며, 차기 프로젝트를 위한 개선 포인트를 정리한다.

리뷰, 성장을 위한 기록

계획-실행-리뷰 프로세스가 잘 잡힌 곳에서는, 대형 기획전 같은 큰 프로젝트가 끝나고 나면 바로 리뷰 미팅이 잡힌다. 그리고 새로운 대형 기획전이나 큰 프로젝트 단위의 계획을 세울 때 가장 먼저 하는 것은, 지난 리뷰를 다시 읽고 계

획을 세우는 것이다. 이처럼 프로젝트 리뷰는 단순히 지난 일을 되돌아보는 것이 아니라 우리의 성공 확률을 높이기 위한 중요한 데이터베이스가 된다. 리뷰는 목표 설정의 적정성, 실행 과정의 개선점, 예상치 못했던 변수까지 체계적으로 정리하게 한다. 그리고 이 데이터는 팀의 역량으로 쌓여 더 큰 성장을 이끌어낸다. 즉, 리뷰는 단순한 회고가 아니라 다음 성장을 준비하는 팀의 자산이다.

지금까지 실행 단계와 그에 따른 개별 프로젝트의 리뷰 방식에 관해 알아보았다. 이제는 리뷰의 기본 단위로 가장 많이 쓰이는 월간 리뷰를 통해, 팀 단위의 보고서에 관해 알아보도록 하자.

월간 리뷰를 통해 보는, 팀을 리드하는 보고서

월간 리뷰뿐만 아니라 연간 리뷰, 분기 리뷰에 어떤 내용이 필요할까? 사실 리뷰에 필요한 내용 자체는 프로젝트 리뷰와 크게 다르지 않다. 목표 대비 얼마나 달성했는지, 달성/미달 원인이 무엇인지, 그래서 앞으로 무엇을 보완해 나갈지를 정리한다는 점은 동일하다.

리뷰가 중요한 이유는 '다음 성장을 위한 준비, 프로젝트별 리뷰'에서 다루었고, 이제 리뷰 프로세스를 통해 팀이 어떻게 운영되는지, 리뷰했던 내용이 데이터화될 수 있도록 보고서는 어떻게 써야 하는지를 다루려 한다. 그리고 이 과정은 팀 단위로 진행되다 보니, 팀장 중심으로 팀 운영 및 보고서 작성에 관해 설명하려 한다.

자신이 주니어여서 팀장 이야기가 먼 이야기처럼 느껴질 수도 있다. 하지만 팀장이 아니더라도 팀의 프로세스를 이해하고 그 과정에서 팀장은 어떤 일을 하는지 아는 것만으로도, 내 일을 더 넓게 보며 성장할 수 있다. 그 관점에서 이 챕터를 읽었으면 한다. 이제 팀을 리드하는 보고서 및 프로세스를 보자!

팀장이 되어서야 '팀장의 보고서'는 다르다는 걸 알게 된다

팀장이 되면 팀장의 보고서는 예전에 쓰던 '개인의' 보고서가 아니라는 것을 알게 된다. 혼자서 처음부터 끝까지 작성하던 보고서가 아니라 팀 운영의 결과로써 팀 메시지가 도출되는 '팀 단위'의 보고서가 되어야 하는 것이다.

팀장이 되어서도 예전처럼 개인의 보고서를 쓰려고 일하다 보면 팀장은 야근하느라 바쁜데, 팀원들은 팀장이 무슨 일을 하는지 모른 채 팀장으로부터 받아야 할 다른 업무들의 가이드를 받지 못해 대기하는 상황이 그려질 수도 있다. 따라서 팀장은 팀이 잘 운영될 수 있는 체계를 갖추고 이를 탄탄하게 만드는 것 자체에 더 많은 시간을 할애해야 한다.

회사가 비즈니스를 키우는 것은 크게 2가지 관점의 일로 이루어진다. 1) 비즈니스 차원_{우리 브랜드를 어떻게 성장시킬까?} 2) 조직 차원_{우리 팀과 팀원들을 어떻게 성장시킬까?}이다. 개인으로 일할 때는 비즈니스 차원에서도 목적, 목표가 모두 정해진 상태에서 당장 해야 하는 업무 단위로 일이 내려왔었다. 하지만 팀장이 되면 1) 비즈니스 차원에서는 회사와 함께 목적과 목표를 세우고, 팀원들이 그 목표를 달성할 수 있도록 의사 결정의 원칙을 세워야 한다. 2) 또 이를 팀 단위로 일할 수 있도록 R&R을 나누고 업무를 배분하며, 일할 수 있는 환경 구축, 코칭처럼 조직 차원의 일도 늘어나게 된다. 비즈시스와 조직이라는 두 개의 균형이 중요해진다. 하나만 잘 해서는 팀이 굴러갈 수 없다.

비즈니스 차원과 조직 차원의 일은 유기적으로 이루어지는데, 팀원 전체가 비즈니스에서 달성해야 할 목표를 이해하고, 각자의 역할을 파악하면서 일할 수 있도록 시스템화하는 것이 팀장의 큰 역할이다. 그 과정에서 '보고서'를 잘 활용하면 우리 팀이 목표 달성을 위해 문제없이 운영되고 있는지, 지난달보다 이번 달 현황이 더 나아지고 있는지 등을 알 수 있다. 즉, '팀장의 보고서'는 팀의 체계를 만드는 데 핵심적인 역할을 할 수 있다.

팀 단위의 보고서를 만들려고 보니, 팀 운영 프로세스가 보고서와 연결되어야 하고, 팀원들이 써온 보고서가 완벽하지 않고서는 팀 단위의 보고서 역시 좋은 보고서가 되지 못한다는 것을 알게 된다. 따라서 팀장의 보고서를 작성하다 보면 다음의 두 가지 고민을 하게 된다.

- 팀 단위의 보고서는 어떻게 취합하고, 이를 팀 운영에 활용하는 방법은 무엇일까?
- 각 팀원들이 보고서를 잘 쓸 수 있도록 어떻게 트레이닝시켜야 할까?

이번 챕터에서는 팀장의 보고서가 무엇인지 그리고 이를 작성하고 운영하는 방법에 관해 소개하려고 한다. 그리고 자신이 팀장이 아니더라도 이런 구조를 이해해야 하고, 팀 단위 리뷰나 보고서를 통해 더 넓은 관점에서 팀의 일을 바라보고 참여할 수 있다는 것을 기억하고 이 챕터를 읽었으면 한다.

팀을 리드하는 보고서의 세 가지 조건

좋은 보고서란 읽는 사람으로부터 내가 원하는 의사결정을 빠르게 얻어 내는 보고서이다. 한 마디로 '말하고자 하는 바가 명확한' 보고서인 것이다. 회사는 제한된 리소스를 활용해서 최대한의 효과를 내도록 결정하는 조직인데, 그 의사결정을 이끄는 데 필요한 핵심 자료가 '보고서'이다.

목표를 달성함에 있어 현재 상황과 문제를 알리고, 이를 해결하기 위해 필요한 것이 무엇인지를 간결하고 빠르게 전할수록 의사결정 속도는 빨라지기 마련이다. 또한 나와 우리 팀이 필요로 하는 리소스를 얻을 확률도 높아지고, 목표 달성에 더욱 가까이 갈 수 있게 된다.

팀장에게 있어 보고서는 팀 단위로 말하고자 하는 바를 명확히 담은, 팀장과 팀원들이 함께 쓰는 보고서이다. 이를 위해 팀장은 팀원들이 전체 그림을 보면서 각 파트를 잘 쓸 수 있도록 '팀을 운영하는 프로세스와 가이드'를 만드는 데 집중해야 한다. 궁극적으로 팀을 리드하는 보고서에는 다음 3가지 조건이 충실히 담겨야 한다.

- 주요 과제와 KPI
- KPI 달성을 위한 의사결정 기준
- 데이터베이스 역할

■ 첫째, 팀의 주요 과제 및 KPI를 설명할 수 있어야 한다

이유 없이 작성되는 보고서는 없다. 보고서는 목표 달성을 위한 의사결정을 이끄는 자료이기 때문에, 이는 주요 과제 및 KPI와 연결되어야 한다. 누구든 보고서를 읽고 나면, 우리 팀이 주력하고 있는 핵심 업무가 무엇인지, 달성해야 할 KPI가 무엇인지를 쉽게 파악할 수 있어야 한다.

■ 둘째, 팀의 KPI 달성을 위해 어떤 '의사결정 기준'을 가지고 있는지 설명해야 한다

보고서에는 KPI 달성을 위한 계획-실행-리뷰 프로세스가 잘 담겨 있어야 한다. 이러한 전체 흐름은 팀장의 평소 의사결정 흐름과 동일해야 하며, 프로세스별 기준은 논리적 사고를 바탕으로 팀원 모두가 오해 없이 이해할 수 있도록 일관적으로 작성되어야 한다.

■ 셋째, 팀의 과거 액션과 결과를 지속적으로 기록함으로써 히스토리를 쌓는 데이터베이스 역할을 해야 한다

팀이 꾸준한 성과를 이루려면, 그동안 진행했던 실행과 결과, 그 과정에서 얻은 러닝들을 기록으로 남겨야 한다. 이렇게 해야 관련 업무를 새롭게 맡은 팀원이라도 빠르게 업무를 파악하고 적용할 수 있기 때문이다.

팀을 리드하는 보고서 가이드

보고서도 '쓰는 목적'에 따라 여러 가지 종류가 있는데, 이 챕터에서는 팀 운영의 근간이 되는 주기적인 보고서 중 '월간 보고서'를 중심으로 설명하고자 한다.

월간 보고서는 팀 운영을 위해 왜 중요할까? 월간 보고서는 팀을 하나의 유기체처럼 시스템화하는 작업인 팀 구조화의 마지막 단계에 해당한다. 팀을 시스템화하려면 목표를 달성하기 위한 계획을 세우고, 실행한 후 이를 리뷰하면서 다음 달 계획을 더 강화하는 프로세스가 필요하다. 그리고 월간 보고서는 이 중 마지막 '리뷰' 단계에서 중요한 역할을 한다. 리뷰하면서 처음 세운 계획이 충분했는지 여부를 회고하고 앞으로 필요한 부분을 보강해 다음 달 목표 달성에 도움이 되는 실질적인 계획을 세울 수 있기 때문이다.

월간 보고서로 리뷰한다는 것은 다음 세 가지 액션이 가능함을 의미한다.

- 최초 계획 대비 성과 측정 비교 **목표 대비 OO%**
- 작년 동기간 및 전월 결과 대비 결과 비교 **전년 대비 OO%, 전월 대비 OO%**
- 실제 실행 결과를 쌓아 가는 데이터베이스화

예를 들어, 다음 페이지의 '월간 보고서 작성 흐름' 스케줄로 월별 계획 및 리뷰를 진행한다고 가정해 보자.

3월 첫째 주에 2월 리뷰를 진행할 때, 1월에 계획했던 [2월 계획]과의 비교를 통해 목표 대비 몇 %를 달성했는지를 확인하고, 실제 2월에 실행한 액션과 비교하면서 계획대로 진행됐는지, 달랐던 부분이 있다면 무엇이었고 왜 그렇게 했는지 살펴본다. 또한 작년 동기간 데이터와의 비교를 통해 전년 대비 진척 상황을 비교하고, 전월 데이터와의 비교를 통해 전월 대비 진척 상황을 비교하면서 이를 종합해 다가오는 4월에 어떻게 적용해야 할지 판단한다.

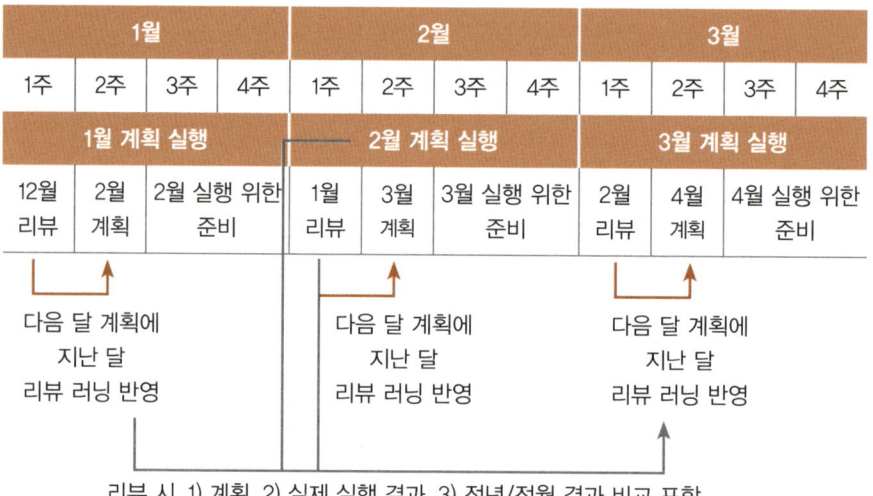

월간 보고서 작성 흐름

이런 흐름으로 업무를 진행하면서 보고서가 쌓이면, 우리 팀이 매월 얼마나 어떤 방향으로 나아지는지 숫자를 통해 직접 확인할 수 있고, 이것이 곧 데이터가 되어 이후 더 효과적인 계획을 세우는 데 도움이 된다.

월간 보고서 작성 과정에서 팀장의 역할은 보고서를 통해 KPI 목표 달성을 위한 우리 팀만의 효율적인 의사결정 프로세스를 만들고, 각 팀원이 자신이 맡은 파트를 원활하게 완성할 수 있도록 R&R을 명확히 세우는 것이다. 이때 팀장은 팀원들이 자신의 파트에만 매몰되는 것이 아니라 전체 목표를 이해하면서 작성할 수 있도록 명확한 가이드를 주는 것이 필요하다.

팀장의 보고서에 필요한 '팀장의 스킬'

지금부터 팀장이 되면 직접 활용할 수 있는 팀장의 보고서 스킬을 설명하고자 한다. 이를 위해 다음 세 가지를 먼저 기억하자.

- 목적을 분명히 하기
- 숫자를 잘게 분석하기
- 문제에 대한 해결 방안 포함하기

■ 첫째, 팀장은 보고서의 목적을 명확히 하고, 이를 팀원에게 공유해야 한다

좋은 보고서는 '말하고자 하는 바가 명확한' 보고서라는 점을 기억하고, 보고서를 작성할 때는 항상 '내가 무엇을 말하고자 하는지'를 생각해야 한다.

이 내용은 보고서의 가장 첫 부분에 '써머리와 전체 지표' 파트로 들어가게 된다. 여기에서 이 보고서의 목적이 무엇이고, 이 보고서가 업무 프로세스와 어떻게 연결되는지를 설명해야 한다. 그리고 팀원들에게는 이 보고서의 목적에 맞게 꼭 다루어야 하는 내용이 무엇인지를 설명해야 한다. 다음 월간 보고서 예시를 보자.

20xx년 3월 월간 보고서
*보고서의 데이터는 모두 예시 데이터입니다.

1. 써머리(Summary)
*보고서를 읽는 사람이, 써머리 내용만 읽고도 '원하는 액션을 할 수 있는지'를 확인해야 합니다.
*월간 리뷰의 목적에 맞는 내용 - 1) 지난 달의 결과와 2) 다음 달의 플랜에 반영할 수 있는 액션 플랜에 대한 내용이 써머리에 꼭 포함되어야 합니다.

1.3월 목표 대비 90% 달성
- 카테고리 1에서 목표 대비 10,000,000만원 gap 발생하였으며, 카테고리 1의 PSKU인 상품 1,2의 판매 하락 원인 확인함
  - 상품 1의 경우 재고 품절 이슈 발생하여, 오퍼레이션 팀과 논의하여 재고 발주 시스템 이슈 수정 완료함
  - 상품 2의 경우, 캠페인 A의 XXX 메시지가 워킹하지 않음. OOO 메시지로 변경하여 매출액 회복 확인함.

2. 5월 반영될, 액션 플랜
- 재고 발주 시스템 이슈 수정 완료하여 재발 방지
- 캠페인 A OOO 메시지 활용하여 캠페인 A 기획전 재진행 예정

2. 전체 지표
*해당 표를 통해, 회사의 KPI (매출액) 이해 및 현재 KPI에 문제가 있는지 없는지를 빠르게 확인할 수 있습니다.

목표	100,000,000
실제	90,000,000
목표 대비	90%
전월 대비	
전년 대비	

4월에 작성하는 3월 월간 보고서 써머리와 지표 예시

월간 보고서의 목적은 지난달 진행한 업무의 결과<u>목표 대비 달성 여부, 전년 및 전월 대비 수치 비교</u>와 주요 액션이 계획대로 진행되었는지, 아니라면 왜 그런 것인지<u>계획이 잘 세워졌는데 실행을 잘 못 한 것인지, 처음부터 계획이 부족했는지 등</u>, 그리고 새롭게 발생한 비즈니스 이슈는 없었는지 등을 리뷰해야 한다. 그리고 다음 달 목표를 달성하기 위해 계획을 더 잘 세우려면 무엇이 필요한지 정리하는 역할을 한다.

이렇게 했을 때의 장점은 지난 한 달간 우리 팀이 실행한 업무의 '방향'을 파악하고 잘못된 부분이 있다면 무엇인지 팀원과 주기적으로 공유할 수 있다는 점이다. 각자의 파트에만 몰두하다 보면 잊거나 상대적으로 중요하지 않다고 생각하는 부분도 '팀 관점'에서 함께 리뷰하면 성과를 내는 데 도움이 된다. 또한 팀에 새로운 인원이 합류했을 때 해당 써머리 파트만 읽어도 무슨 일을 해왔는지 빠르게 업무를 파악하고, 경험을 공유받을 수 있다.

■ 둘째, '숫자'에 기반한 명확한 메시지를 전달해야 한다

숫자는 앞서 써머리에 전달된 핵심 메시지의 근거를 만드는 과정이고, 이는 팀이 의사결정을 내리는 데 있어 명확한 기준이 된다.

다음 예시를 통해 숫자로 메시지를 도출하는 과정을 함께 살펴보자. 가령 이번 달 매출액이 너무 떨어져서 원인을 찾아야 한다고 해보자. 이런 분석을 할 때는 큰 그림을 먼저 보고 점차 세부로 가면서 문제의 원인을 찾아야 한다.

3. By category
*2. 지표의 원인을 찾기 위해서, 숫자를 카테고리로 쪼개는 파트입니다.

전체 매출액	목표 대비				전년 대비	
	목표	25년 3월	달성율	원인 분석	24년 3월	YoY
전체 매출액	100,000,000	90,000,000	90.0%		90,000,000	0%
카테고리 1	60,000,000	50,000,000	83.3%	*원인 분석도 데이터 기반으로 진행됨/ 활동 기반으로 진행	55,000,000	-9%
카테고리 2	20,000,000	20,000,000	100.0%		15,000,000	33%
카테고리 3	15,000,000	15,000,000	100.0%		15,000,000	0%
카테고리 4	5,000,000	5,000,000	100.0%		5,000,000	0%

4. By product
*3. By category에서, 카테고리 1이 목표대비 gap이 생긴(전월보다 떨어진) 데이터이므로, 카테고리 1에 대한 by product 분석을 추가합니다.
*해당 내용에서는 어떤 액션이 워킹했는지, 워킹하지 않았는지 분석해야 하며, 이는 다음달 플래닝에 반영합니다.

카테고리 1 상품 분석	목표 대비				전년 대비			
	목표	25년 3월	달성율	원인 분석	24년 3월	YoY	CTC	원인 분석
카테고리 1 매출액	60,000,000	50,000,000	83.3%		55,000,000	-9.1%	-9.1%	
상품 1	25,000,000	20,000,000	80.0%	*원인 분석도 데이터 기반으로 진행됨/ 활동 기반으로 진행	22,000,000	-9.1%	-3.6%	*원인 분석도 데이터 기반으로 진행됨/ 활동 기반으로 진행
상품 2	20,000,000	15,000,000	75.0%	*원인 분석도 데이터 기반으로 진행됨/ 활동 기반으로 진행	18,000,000	-16.7%	-5.5%	*원인 분석도 데이터 기반으로 진행됨/ 활동 기반으로 진행
상품 3	10,000,000	10,000,000	100.0%		10,000,000	0.0%	0.0%	
상품 4	5,000,000	5,000,000	100.0%		5,000,000	0.0%	0.0%	

월별 카테고리, 상품별 매출에 증감을 뜯어볼 수 있는 분석 예시

우선 이번 달 매출액이 전달 매출액 대비 얼마나 차이가 있는지 살펴보고, 그다음에는 매출액을 구성하고 있는 카테고리별 매출액을 확인해서 어느 카테고리에서 매출액이 떨어졌는지를 본다. 이후 카테고리별 매출액 안에서도 상품 단위로 매출액을 보면서 원인이 무엇인지를 찾다 보면, 자연스레 어느 카테고리, 어느 상품에 집중해야 할지 보이게 된다. 그리고 이것은 핵심 메시지의 근거가 된다. 따라서 모든 숫자는 카테고리별로, 상품별로 쪼개며 원인을 찾아야 한다.

좀 더 쉬운 예시를 들어 보자.

구분		DAY 1		DAY 2	
상품	판매가	판매 개수	매출액	판매 개수	매출액
A	20,000	20	400,000	10	200,000
B	10,000	10	100,000	80	800,000
합계		30	500,000	90	1,000,000

지표 숫자를 쪼개서 보아야 하는 이유 예시

일별 매출로 보면 이튿날의 총매출이 2배가 되어 전체적으로 상승한 것처럼 보일 수 있다. 하지만 작게 쪼개서 보면 A 상품은 첫째 날보다 절반만 팔렸고, B 상품은 첫째 날 대비 8배가 넘게 팔렸다는 것을 알 수 있다. A 상품의 담당자는 왜 판매량이 감소했는지 원인을 분석해야 한다. 만약 A 상품이 첫째 날 만큼 팔렸다면, 이튿날에는 120만 원의 매출을 올릴 수 있었기 때문이다. 이처럼 팀 차원에서 주요 KPI 지표를 최대한 쪼개 분석하는 것은 가장 쉽고 직관적으로 팀원들을 설득할 수 있는 방법이다.

그리고 예시 보고서에서는 매출액을 카테고리별, 상품별로 쪼갰지만, 우리 팀의 지표에 따라 트랙킹되어야 하는 지표는 달라질 수 있다. 만약 우리가 구매 고객 수를 집중적으로 보고 있다면, 구매 고객 수 중에서 신규 고객 수, 신규 고객 수 중에서도 우리가 집중하는 카테고리로 모객한 신규 고객 수처럼 우리 팀이 집중하는 지표를 분석해야 한다.

■ 셋째, 문제에 대한 해결 방안을 포함해야 한다

우리가 앞서 보고서의 목적을 분명히 하고, 숫자를 쪼개서 보았던 이유는 문제를 정의하고 이를 해결하기 위해서였다. 팀장은 우리가 할 수 있는 것과 할 수 없는 것을 명확히 구분하여 할 수 있는 것부터, 그리고 그중에서도 가장 효과가 좋을 것으로 예상되는 것부터 하겠다고 제시할 수 있어야 한다. 그리고 이 액션 계획은 써머리에 한 번 더 언급해서 다음 달 계획에 반영되도록 해야 한다.

7. 다음 달 액션 플랜			
* 새로운 비즈니스 이슈는 없는지, 실행에 있어서 얻은 러닝은 무엇인지			
* 다음 달 액션 플랜에 추가/수정 되어야 할 내용을 실제 '실행'할 수 있는 단위로 기록하여 마무리합니다.			
1) 캠페인 A OOO 메시지 활용하여 캠페인 A 기획전 재진행 예정			

다음 달 수행해야 할 액션 계획 작성 예시

팀장의 팀원 가이드하는 법

팀장은 팀원들의 일을 합하여 전체 팀 단위의 목표를 달성하는 사람이다. 직접 실무를 하지는 않지만, 팀원들이 각자 자기 일에 집중하고 결과를 낼 수 있도록 환경을 조성하고, 가이드를 주는 사람이다. 팀장은 팀원이 일을 더 잘할 수 있도록 가이드를 주기 위해 어떤 방식을 쓰게 될까?

■ 첫째, 주어진다고 일을 바로 하는 것이 아니라 '왜 이 일을 해야 하는지?'를 상기시켜야 한다

왜를 묻지 않고 일하면 단순하게 질문에 대한 답을 찾는 방식으로만 일하게 된다.

보통 팀원은 보고서를 쓴다고 하면, 팀장이 쓴 보고서나 선배들이 쓴 보고서를 보고 포맷을 그대로 차용하는 경우가 많다. 보고서를 쓰는 목적, 핵심 메시지 등은 고민하지 않은 채 포맷의 빈칸만 채워 놓고 그다음에 메시지가 무엇인지 생각하면, 애써 채워 놓은 숫자들과 분석 및 해결 방안이 동떨어져 있는 경우가 많았다. 현황 분석은 현황 분석대로, 해결책은 해결책대로 뚝뚝 끊어지면서 근거 없는 보고서가 만들어지게 된다.

 포맷을 보고 나면 빈칸을 채우는 데 급급한데 '내가 무엇을 말하고자 하는지'를 생각하는 것이 우선이다. 모두 채워야만 하는 포맷도 없고, 정답인 포맷도 없다. 그래서 나의 경우는 포맷을 먼저 주기보다는 일단 써보라고 한 후 해당 팀원이 왜 이렇게 썼는지 묻고, 그 친구가 생각하지 못했던 질문들을 던져 주며 발전시켰다.

 팀원이 '보고서를 쓰는 목적'에 대해 스스로 생각할 수 있게 된 후에는 공용 포맷을 만들어서 운영하는 것이 속도 면에서 빠르고 좋지만, 처음부터 포맷에 의존하는 것은 경계해야 했다.

■ 둘째, '시야'를 넓힐 수 있도록 피드백을 주자

 팀원은 자기 일을 '업무 단위'로 보고 있을 확률이 높기에, 보고서를 쓰기 전에 팀원의 시야를 넓혀 줘야 한다. 보통 팀원은 자신의 업무를 작게 파악하는 경우가 많아서 팀원이 작성하는 보고서도 너무 작은 범위만 커버하기도 한다.

목적	신규 고객 모객		
목표	브랜드 침투율을 ○○%로 높이기 위해, 신규 고객 ○○○○명 모객		
업무	앱 푸시	샘플링	기타

목적-목표-업무 표 예시

 이 책에서 계속 반복하는 '목적-목표-업무' 표를 그려 보는 것이 필요하다. 팀장인 자신은 팀원에게 '신규 고객 모객'이라는 목적으로 업무를 지시하였는데, 팀원이 가져온 월간 보고서에는 팀원이 루틴하게 진행하는 업무인 '앱 푸시를 어떻게 잘 보낼지, 앱 푸시 결과가 어땠는지'에 해당하는 내용만 가져올 수 있다. 사전에 구체적으로 팀원이 해야 할 일의 '목적과 목표'가 '신규 고객 모객'이라는 것을 알려주고, 그 측면에서 지난달 결과가 어땠는지 보고서를 쓸 수 있도록 미리 가이드를 주어야 한다. 팀원이 더 큰 그림을 그리며 일할 수 있도록 해야 한다.

그리고 팀원이 가져온 보고서가 MECE■한지를 체크한다. 이를 체크해야 빠지는 부분 없이 탄탄하게 분석할 수 있기 때문이다. 예를 들어, 앱 푸시 분석 내용에 앱 푸시 매출액을 높이기 위해서 더 많은 고객군에 푸시하겠다는 내용만 있다면 '매출액 = 유입자 수×구매 전환율×객단가'처럼 MECE하게 본 후에 팀원이 놓친 부분을 일깨워 주면 된다. 팀원의 보고서는 이 수식 중에 더 많은 고객군 즉, '유입자 수' 파트만 고민한 것이기 때문에 앱 푸시의 메시지를 개선해서 전환율을 높일 방안은 고민했는지, 고객에게 푸시하는 상품을 좀 더 객단가 높은 상품으로 푸시해 볼 고민을 해보았는지 등을 피드백하는 것이다.

■ 셋째, 팀원 스스로 보고서를 잘 썼나 점검하도록 하자

팀원이 작성한 보고서를 바로 팀장에게 가져오기 전에 스스로 내가 이 보고서를 보고 받게 될 팀장이라고 생각한 후에 'So what?그래서 뭐?'을 물어보며 내용을 점검하도록 하게 하자. 보고서 내용이 그저 의미 없는 결과 나열이 되지 않도록 문제와 해결 방안 그리고 이후 액션 계획까지 명확하게 잘 담겨 있는지 점검하는 데 도움이 된다.

■ MECE(Mutually Exclusive Collectively Exhaustive): 상호 배제와 전체 포괄. 항목들이 상호 배타적이면서 모였을 때는 완전히 전체를 이루는 것을 의미

■ 넷째, 효율적인 커뮤니케이션을 위해 용어와 숫자에 오해가 없도록 하자

사람마다 이해하는 용어의 뜻이 다를 수 있기 때문에, 자주 사용하지 않거나 처음 등장하는 용어라면 해당 뜻이 무엇인지 명확한 정의와 부가 설명을 덧붙이도록 알려주면 좋다. 또한 숫자 오류와 같은 기본적인 실수는 하지 않도록 특히 더 유의해야 한다. 엑셀 또는 구글 스프레드시트처럼 각자 사용하는 양식이 있다면 걸려 있는 수식을 한 번쯤 공유하면서 왜 이렇게 되었고, 어떤 점을 유의해야 하는지에 대한 기본적인 사항을 설명하는 것도 좋다. 보고서의 숫자를 기반으로 의사결정을 내리는데, 이 숫자에 오류가 있다면 더 이상 보고서를 신뢰할 수 없게 되기 때문이다.

■ 다섯째, 보고서의 양이 아니라 질을 중심으로 팀원들을 트레이닝시키자

보고서 작성은 팀원의 논리력을 키우고, 팀의 의사결정 속도를 더 빠르고 효율적으로 만들기 위함이므로 팀 운영 차원에서 보고서 개수가 느는 것, 보고서의 양이 늘어나는 것, 팀원들이 보고서 작성에 과도하게 시간을 쓰는 것을 경계해야 한다. 처음에는 트레이닝 목적으로 보고서에 시간을 쏟더라도, 나중에 팀원들이 논리적인 사고가 체화되었다고 판단되면 보고서의 '핵심 메시지'만 확인 후 팀원들이 보고서 작성에 시간을 줄여주는 등 유연함을 갖출 수 있어야 한다.

> **Tip. 팀원의 각기 다른 보고서 취합법**
>
> 각 팀원이 자신의 R&R에 맞춰 보고서를 써오면, 팀장은 각 보고서를 확인하고 취합해야 한다. 이때 다음과 같은 단계로 진행하면 좋다.
>
> - **보고서의 목적에 맞춰 핵심 메시지가 하나의 스토리로 연결되는지 확인**: 각 팀원이 가져온 보고서의 메시지를 확인하고, 같은 현상을 다르게 보고 있는 경우는 없는지를 확인하며 하나의 스토리로 나오는지 확인해야 한다. 이때 세부 목차만 두고 봤을 때도 전달이 된다면 잘 정리된 보고서라 할 수 있다.
> - **이를 뒷받침하는 숫자 근거가 명확한지 확인**: 팀원의 논리 비약이나 개인적인 사견으로 메시지를 도출한 것이 없는지, 숫자가 이를 정확히 설명하고 있는지 확인한다.
> - **이 보고서를 읽을 의사결정권자가 취할 액션 계획이 담겨있는지를 확인**: 팀장 선에서 해결할 수 있는 액션 계획은 빠르게 취해서 다음 달에 반영하고, 더 상단의 의사결정까지 필요한 내용이 있다면 구분하여 정리한다.

지금까지 보고서를 통해 팀이 어떻게 운영되는지를 살펴보았다. 단순히 겉으로 보이는 보고서 작성이 아니라 그 밑단에서 팀이 목표를 달성하기 위해 어떤 프로세스와 원칙으로 움직이는지를 이해하는 것이 중요하다. 주니어인 지금, 내 팀의 구조와 운영 방식을 이해하고 내가 맡은 보고서가 그 안에서 어떤 의미를 가지는지 고민해 보는 것만으로도 큰 성장을 이룰 수 있다. 그리고 이 경험은 언젠가 팀장이 되었을 때, 훨씬 빠르게 팀을 이끌 수 있는 든든한 기반이 될 것이다.

> 월간 보고서 템플릿 보러가기

모든 계획의 근간,
프로젝트 기획서 실습하기

지금까지 회사 안에서 성과를 만드는 법을 보았다. 파트 2를 마치기 전에, 모든 계획의 근간이 되는 프로젝트 기획서를 실습해 보자.

1. 신입 온보딩 프로그램 개선 프로젝트

- **목적**: 신규 입사자가 2주 내 업무에 적응하도록 돕는 온보딩 프로세스 개선
- **KPI**: 온보딩 만족도 80점 이상, 1개월 내 기본 업무 독립 수행 비율 90% 달성
- **개요**: 기존 온보딩 자료 개편, 멘토링 매칭, 사전 과제 설계
- **논의 사항**: 부서 리소스 할당, 자료 제작 예산, 멘토 인센티브 여부
- **도움 요청 사항**: 교육 예산 300만 원 승인, 멘토 참여 독려

● 직접 실습해 보세요.

프로젝트명	
목적	
목표	
KPI (프로젝트의 성공 여부)	
프로젝트 개요	
팀장님 논의 사항	
팀장님 도움 요청 사항	

● **신입 온보딩 프로그램 개선 프로젝트 기획서**

프로젝트명	신입 온보딩 프로그램 개선 프로젝트
목적	• 신규 입사자가 빠르게 조직에 적응하고 업무 독립성을 확보하도록 지원 • 조직 전반의 생산성 향상 및 초기 이탈률 감소 • 온보딩 프로세스를 표준화하여 부서별 편차를 줄이고 일관된 경험 제공
목표	• 온보딩 만족도 평균 80점 이상 • 입사 1개월 내 기본업무 독립 수행 비율 90% 이상
KPI (프로젝트의 성공 여부)	• KPI 1: 온보딩 만족도 평균 80점 이상 달성 (온보딩 종료 설문 기준) • KPI 2: 입사 1개월 내 독립 수행 비율 90% 이상 (멘토 피드백 기준) • KPI 3: 3개월 내 신규 입사자 퇴사율 5% 이하

프로젝트 개요	1. 온보딩 자료 개편
	  • 기존 부서별 자료를 통합하여 표준 온보딩 매뉴얼 제작
	  • 첫 2주간 공통 교육 (회사 소개, 업무 프로세스, 필수 툴 교육) 진행
	2. 멘토링 제도 운영
	  • 입사 즉시 동일 부서 선임과 1:1 매칭
	  • 첫 한 달간 주 1회 미팅 진행
	3. 사전 과제 도입
	  • 입사 전 이메일로 기본 교육 자료 전달
	  • 입사 첫날 사전 과제 제출 및 리뷰 진행
	4. 일정
	  • ~9/10: 자료 통합 및 개편 완료
	  • 9/15: 시범 온보딩 진행 (신입 5명)
	  • 10/1: 전사 적용 시작

팀장님
논의 사항
	1. 멘토 인센티브 제공 여부
	  • 멘토의 추가 업무 부담에 대한 보상 필요 여부 논의
	  • 인센티브 미제공 시 참여 의지 저하 가능성
	2. 부서별 온보딩 내용 통일 범위
	  • 필수 공통 교육 외 부서별 커스터마이징 허용 범위 결정 필요

팀장님 도움 요청 사항	1. 교육 자료 제작비 200만 원 승인 요청 (디자인, 인쇄 포함) 2. 멘토 인센티브 예산 100만 원 승인 요청 3. 온보딩 전담 담당자 배정 요청 (프로젝트 기간 한정)

2. 사내 문서 템플릿 표준화 프로젝트

- **목적**: 모든 팀이 동일한 보고서·회의록·기획서 템플릿을 사용하여 커뮤니케이션 효율 향상
- **KPI**: 표준 템플릿 사용률 100%, 문서 작성 소요 시간 20% 절감
- **개요**: 표준안 제작, 시범 운영 후 피드백 반영, 전사 배포
- **논의사항**: 기존 문서 호환성, 전사 교육 필요 여부
- **도움 요청 사항**: 템플릿 디자인 외주비 승인, 교육 일정 조율

● 직접 실습해 보세요.

프로젝트명	
목적	
목표	
KPI (프로젝트의 성공 여부)	
프로젝트 개요	
팀장님 논의 사항	
팀장님 도움 요청 사항	

● 사내 문서 템플릿 표준화 프로젝트 기획서

프로젝트명	사내 문서 템플릿 표준화 프로젝트
목적	• 부서별 문서 작성 방식의 차이로 인한 혼란과 수정 작업 최소화 • 공통 템플릿 도입으로 업무 효율성 및 가독성 향상 • 문서 작성 시간 절감 및 사내 보고 품질 향상
목표	• 모든 부서에서 표준 템플릿 100% 사용 • 문서 작성 평균 소요 시간 20% 단축
KPI (프로젝트의 성공 여부)	• KPI 1: 프로젝트 시작 2개월 내 표준 템플릿 도입률 100% 달성 • KPI 2: 사내 보고서 오류율 30% 감소 (팀장 피드백 건수 기준) • KPI 3: 설문조사 만족도 80점 이상 달성 (가독성/활용성 항목) • 해당 설문조사에서 평균 소요시간 감축 확인 예정
프로젝트 개요	1. 현행 문서 분석 　• 각 부서에서 주로 사용하는 보고서 · 제안서 · 회의록 샘플 수집 　• 중복 및 불필요 항목 정리 2. 표준 템플릿 제작 　• 필수 요소 (제목, 작성일, 작성자, 목차 등) 통일 　• 브랜드 가이드 반영 (서체, 컬러, 로고) 3. 사용 가이드 배포 및 교육 　• 템플릿 사용 방법 및 예시 교육 진행 　• 사내 드라이브에 최신 버전 업로드 및 접근 경로 안내 4. 일정 　• ~9/20: 부서별 샘플 수집 및 분석 　• 9/25: 시안 제작 및 피드백 　• 10/1: 전사 배포 및 교육 진행
팀장님 논의 사항	1. 필수 항목 강제 여부 　• 부서별 필요 없는 항목 삭제 허용 여부 결정 2. 기존 문서 호환성 문제 　• 과거 문서와의 형식 차이로 인한 이슈 관리 방안 논의
팀장님 도움 요청 사항	• 전사 교육 시간 확보 (30분~1시간) • 사내 드라이브 접근 권한 부여 요청

3. 현재 회사의 프로젝트를 직접 기획서로 작성해 보기

● 직접 실습해 보세요.

프로젝트명	
목적	
목표	
KPI (프로젝트의 성공 여부)	
프로젝트 개요	
팀장님 논의 사항	
팀장님 도움 요청 사항	

PART 03

회사를 넘어,
나의 성과를 만드는 법

지금 하는 일이 나에게 어떤 의미인지, 어떤 커리어를 만들고 싶은지 스스로 묻는 커리어 점검법을 담았습니다. 성장 과정에서 만나게 되는 고민들에 대해 설명합니다.

- 파트 3 들어가며
- 내 커리어의 방향을 설계하는 법
- 분기마다 쓰는 이력서, 커리어 점검의 나침반
- 일하면 꼭 만나게 되는 성장 관련 질문들
- 팀장 꼭 해야만 할까
- 성장이고 뭐고, 사람 때문에 그만두고 싶을 때
- 무엇을 더 배워야 할지 스스로 점검하는 공부법

파트 3
들어가며

나만의 스토리 만들기

   지금까지 내용을 정리해 보면, 파트 1은 일의 기본기, 파트 2는 일을 회사라는 큰 구조 안에서 만들어가는 방법을 설명했다. 이제 파트 3에서는 회사를 넘어, 내 지향점에 맞게 회사와 독립적인 나만의 성과를 만들어가는 법에 대해 이야기하려 한다. 우리가 지금까지 성장하며 일하는 법을 고민해 온 이유는 단순히 회사 안에서만 잘하기 위해서가 아니었다. 결국 어느 회사에 다니든 경쟁력 있게 일하며, 회사 밖에서도 '나는 이런 걸 좋아하고 잘하는 사람'이라는 스토리를 만들기 위해서였다.

   주니어를 거쳐 3~4년 차를 돌이켜 보면 커리어에 대한 고민이 커지던 시점이었다. 회사에서 하는 일들은 손에 익어가고, 그와 반대로 내가 속한 산업 특성상, 회사 구조상, 더 하고 싶었지만 하지 못했던 영역들이 보이기 시작했다. 그리고 지금 내가 잘한다고 평가받더라도 이 회사에서만 유효한 것은 아닐지, 시장에서도 잘하는 것은 맞을지 또한 궁금했다. 연차가 쌓이면 고민이 줄어들 줄 알았지만 고민은 더 커졌다. 이직뿐 아니라 언제까지 성장해야 하는지, 팀장은 언제 해야 하는지, 이 일을 언제까지 할 수 있을지 등 고민의 범위도 넓어졌다. 그 과정에서 알 것 같던 것들도 다시 낯설게 느껴지고, 혼란스러웠던 것 같다.

이 파트에서는 그 고민의 순간에 내 커리어를 어떻게 정의하고 방향을 세우며, 길을 잃지 않고 나아갈지에 대한 방법을 담았다. 커리어 골을 점검하고, 나만의 성장 방향을 만들며, 회사와 독립된 나의 일을 어떻게 그려갈지 고민해 보자. 이제 회사 안의 성과를 넘어, 나만의 성과를 만드는 일을 시작해 보자.

내 커리어의 방향을 설계하는 법

그러면 내 커리어는 어떻게 만들 수 있을까? 그리고 좋은 커리어를 쌓는다는 것은 어떤 뜻일까?

나만의 기준을 만들어가는 과정

주니어 때 나만의 기준이 없을 때는 남들이 인정하는 대기업에 입사하는 것이 커리어를 잘 쌓는 것이라고 생각했었다. 하지만 몇 번의 이직을 통해 다양한 성격의 일을 경험하면서 그 생각이 바뀌었다. 커리어를 잘 쌓는다는 것은 나만의 기준을 가지고, 내가 잘하고 좋아하는 일을 찾고 그 일을 하는 것임을 알게 되었다. 커리어를 쌓아 가며 나를 더 잘 이해하고 회사 밖에서의 나에 대한 스토리가 생기기 시작했다.

커리어 방향을 설계하기 위해서는 지금의 경험을 이해하고 커리어 골Career Goal에 대한 고민을 통해 '업에 대한 기준'을 만들어야 한다. 이 챕터에서는 내가 이직 과정에서 깨달은 기준을 예시로 설명하고, 커리어를 쌓아 가는 과정에서 나에게 도움이 되었던 질문들을 중점적으로 설명하려 한다. 이를 통해 앞으로 커리어를 어떻게 그려 나가야 할지 점검해 보면 좋을 것 같다.

내 경험을 되돌아보면, 취업 준비생일 때는 '마케터로 일하고 싶다'라는 생각만 있었고, 아직 경험이 없다 보니 어떤 산업군의 마케터로 일해야 할지 정할 수 없었다. 그래서 좋아하는 일을 해야 한다는 이야기를 조언 삼아, 평소 관심 분야였던 법과 관련된 법률 IT 스타트업에서 마케터 경력을 시작하게 되었다. 처음엔 업무가 흥미로웠고 많은 것을 배울 수 있었지만, 마케터라면 당연히 할 수 있을 거라 기대했던 '우리 브랜드는 이런 곳이에요. 우리 서비스 한 번 써보세요.' 같이 니즈를 일깨우는 메시지로 TV 광고, 옥외 광고 등 브랜드 캠페인을 하지 못하는 상황이 답답했다. 하지만 이건 1) 내가 속한 산업군 특성상 당연한 것이었다. '지금' 법률문제를 겪고 있는 사람이 아니고서는 니즈를 일깨우는 메시지에 반응하기 어려웠다. 하지만 이와 반대로, FMCG처럼 누구나 쓰는 생필품이라면, '샴푸 필요하지 않나요? 새로운 제품이 나왔어요.'처럼 니즈를 일깨우는 광고가 가능하다. 그리고 자연스레 FMCG 회사에서는 언제, 어떻게, 어떤 메시지로 이를 전달하는 것이 효과적인지에 대한 러닝도 많이 쌓여 있기 마련이다.

그리고 2) 고객의 반응률이 낮더라도, 자본력을 바탕으로 계속해서 '법률 상담이 필요할 때는 이 서비스를 써보세요'라는 메시지로 광고를 집행하면 사람들의 머릿속에 남는 것도 맞다. 하지만 그 당시 회사는 스타트업이었고, PLC*로 보면 도입기 단계였다. 이 단계에서는 당장의 생존이 중요하기 때문에, 적은 자원으로 당장 고객을 유치하고 실질적 매출로 이어지는 결과를 내는 것이 중요했다. 그래서 효과를 바로 볼 수 없는 사람들의 인식을 바꿔서 장기적으로 영향을 끼치는 마케팅 캠페인에 돈을 집행할 수 없었다. 그러므로 즉각적으로 법률문제

▪ Product Life Cycle, 기업이 거치는 생애주기로, '도입기-성장기-성숙기-쇠퇴기' 순서로 진행

를 겪고 있는 사람을 데려오는 데 집중할 수밖에 없었다.

그 당시 내가 마케터로서 해보고 싶던 브랜드 마케팅 활동은 산업군과 PLC 특성상 재직 중인 회사에서는 해보기 어렵다는 것을 깨달았다. 그래서 다음 이직은 FMCG와 같이 소비자의 니즈를 일깨우기 쉬운 산업군으로 가서 브랜드 마케팅을 제대로 배워 보자는 생각을 했고, 그 결과 선택한 곳이 P&G였다.

이런 과정을 거치며, 회사에서 내가 어떤 갈증을 느끼고 있었는지 명확히 깨달았고, 그것을 해결해 줄 수 있는 산업군이나 회사가 있다는 것도 알게 되었다. 그리고 처음 이직할 때는 '산업군'이라는 하나의 기준만을 가지고 움직였지만, 이후 다양한 마케팅 경험을 거치면서 나에게 맞는 일을 정교하게 찾아 나갔다. 그 결과 지금은 직무, 산업군, PLC, 조직문화, 직책이라는 5가지 기준을 가지고 커리어를 설계하고 있다.

참고로 더 자세한 이야기는 전작인 《그렇게 진짜 마케터가 된다》에 담았다. 이 책에서는 각 이직 단계마다 내가 무엇을 배웠고 어떤 갈증을 느껴서 이직했는지, 그 과정에서 내가 발견한 커리어의 최종 기준이 무엇인지까지 구체적으로 설명했다.

커리어를 쌓는 과정에서 깨닫게 된 3가지

비즈니스를 키우는 것처럼, 커리어를 쌓는 것도 As is를 정확히 파악하고, To be를 설정한 뒤, 이를 달성하기 위해 필요한 What needs to be true를 해 나가는 과정이라는 점은 동일하다. 하지만 처음부터 커리어 목표가 명확하고 내게 맞는 일의 모든 조건을 알고서 일을 시작하는 것은 쉽지 않다. 일을 처음 시작하는 시점에는 아직 내가 어떤 사람인지도 모르는 경우가 많고, 직접 일을 해보면서 이 일이 맞다/아니다를 판단하며 나를 알게 되기 때문이다. 그래서 나는 As is라는 현재 상황을 기준으로, 바로 눈앞에 보이는 To be만 설정하는 것을 선택했었다. 지금 회사에서 갈증을 느끼고 있다면, 내가 왜 이런 갈증을 느끼고 있는지 그리고 그 갈증의 요소가 무엇인지_{나의 경우 산업군이었다}, 그러면 이걸 해결하기 위해 어디로 이직해야 하는지만 찾으려 했다. 그 과정에서 내가 알게 된 것들은 다음과 같다.

■ 나의 업 가치관이 '성장'이라는 것을 깨닫게 되었다

사람들이 일에 추구하는 여러 가치관이 있는데, 성장, 의미, 재미, 돈, 워라밸 등 그 요소가 다양하다. 내 업 가치관을 찾았던 방법 역시, '내가 무엇이 충족되지 않을 때 가장 괴로워했는가'를 보는 것이었다. 주니어 때 돈도 적게 받을 수밖에 없고, 야근은 많고, 그럼에도 내가 마케터로서 무언가를 배우고 있다는 것이 내게는 보상이었다. 그러다 성장이 둔화되거나, 했던 일을 계속 반복해야 하는 상황이 왔을 때 도태될까 두려워하며 이직을 고민하는 나를 발견했다. 물론 돈/워라밸 등이 충족되지 않을 때도 괴로워했던 건 맞지만, 성장이 충족되지 않을 때에 내 스스로가 가장 불만족스러워한다는 것을 깨달았다.

그리고 시간이 지나며 나의 가치관 역시 조금씩 바뀌고 있다. 여전히 성장도 중요하지만, '이 일이 나와 세상에 어떤 의미가 있는가?'라는 질문 또한 들기 시작했다. 이커머스에서 더 많은 사람이 더 자주, 더 많이 구매하도록 하는 일이 내가 생각하는 의미 추구와 맞닿아 있는지 고민하게 되었다. 데이터를 분석하고, 로지컬 씽킹을 배우며 성장하는 것은 분명하지만, 앞으로는 성장과 함께 내가 의미 있다고 믿는 일을 찾아가는 것도 중요하다고 생각하게 되었다.

■ 내게 맞는 일의 성격을 알게 되었다

몇 번의 이직을 통해, 내게 맞는 직무/산업군/PLC/조직 문화 등이 무엇인지 알게 되었다. 주니어 때는 '마케터를 하고 싶다'라는 '직무'라는 조건값만 있었다. 하지만 내게 맞는 일을 찾으면서, 내가 재미있게 일할 수 있는 다양한 조건값을 알게 되었다. 나의 경우, 마케터라는 직무, 그중에서도 IT 관련 산업군, PLC의 경우 도입기 또는 성장기에 속하는 스타트업에서 내 역량을 더 잘 발휘할 수 있다는 것을 알게 되었다. 나는 마케터라는 직무는 그대로 둔 채 산업을 바꿔 가며 내게 맞는 일을 찾았지만, 직무부터 다양하게 경험하며 자신에게 맞는 직무를 찾는 사람도 많다.

■ 나를 소개할 수 있는 나만의 문장을 만들 수 있게 되었다

예를 들면 '이커머스와 브랜드를 모두 경험해 본 브랜드 마케터'처럼 내 경험을 요약하는 단어를 스스로 정의할 수 있게 되었다. 그 과정에서 내 경험의 핵심을 강약 조절하며 설명하는 법을 배웠다. 매출 목표를 달성하고 브랜드를 키워 가는 일이 내게 맞다는 것을 알게 되었고, 첫 커리어였던 법률 IT 스타트업에서의 경험은 브랜드의 매출액을 키우는 활동과는 거리가 있었기에 지금은 크게 강조하지 않는다. 이제는 회사 밖에서도 나를 설명하는 문장을 주도적으로 만들고, 내 커리어 점검을 통해 내가 강조하고 싶은 모습에 맞게 회사를 선택하며 나를 그려 나가고 있다.

그리고 이렇게 As is를 보완하면서 나를 알게 된 시점이 되자 조금은 먼 미래의 방향성, To be에 대해서도 그려지기 시작했다. 처음 일을 시작할 때는 경험이 없다 보니, 방향성이 '마케터가 되면 좋겠다' 정도로 모호했고, 그 또한 회사 내에서만 이룰 수 있는 한정된 목표만 세울 수 있었다. 하지만 지금은 '나'의 지향점도 그려 볼 수 있게 되었다. 어느 순간부터 회사 일을 하면서 깨달은 것들을 글로 남기기 시작했는데, 이 글이 도움이 되었다는 사람들의 이야기를 들을 때마다 보람을 느꼈다. 그래서 이제는 1) 여전히 마케터로서는 계속해서 브랜드를 키워 가는 일을 하되, 2) 그 과정에서 얻은 깨달음을 '글로 남기는 사람이 되고 싶다'라는 방향성이 있다.

그리고 또 내가 아는 것은, To be 목표를 명확히 세운다 하더라도, 내가 오늘의 경험에서 다른 것을 배우고 깨닫게 되면, 꿈꾸는 미래가 달라질 수도 있다는 것이다. 그래서 내가 생각한 미래에 나를 너무 가두지 않고 나침반 정도로만 생각하고 있다. 그래서 '내가 의미 있는 브랜드를 키우고 싶어하는구나, 내가 계속 경험으로 배운 것을 글로 남기고 싶어하는구나' 정도의 방향성만 가지고, 오늘 하루를 열심히 사는 것에 집중하고 있다.

그런 방향성을 달성하기 위해 무엇을 해야 할지 What needs to be true를 생각해 보면 조금은 명쾌해진다. 회사 일에 지쳐 그냥 그만두고 싶은 감정이 드는 날에도, 한 발짝 떨어져 나침반을 보면서 내 목표에 맞는 방향으로 가기 위한 힘듦이라면 오늘은 참아 보자는 결정을 할 수 있는 것이다. 내 목적지는 무엇이며, 내가 이 조직에서 얻고자 했던 것은 무엇인지, 그것을 다 얻었는지 등을 점검하며 객관적으로 내 상황을 볼 수 있게 된다. 그래서 오늘 할 일은 회사 일을 열심히 하는 것 그리고 글을 쓰는 것 이렇게 단순명료해진다.

자신의 커리어 점검에 도움이 되는 질문

여기까지 읽고 나면, 자신의 As is 경험을 바탕으로, 어떻게 커리어를 점검해야 할지 궁금할 것이다. 이 질문에 도움이 될 체크리스트를 담았다. 하나씩 답해 보면서 내게 맞는 일에 대해 생각해 보자.

■ [As is] 나의 현황 파악하기

나의 직업가치관에 영향을 끼친 요소를 고민해야 한다. 계속 강조했듯 머릿속으로 생각만해서는 내게 무엇이 중요한지 찾기 어렵다. 다음에 이어지는 질문에 답하면서 나의 직업 가치관을 찾아보자.

1. 여러 직업 가치관 성장, 의미, 재미, 인간관계, 연봉, 워라밸 등 중 내 직업 가치관이 무엇인지 찾기
    - 무엇이 충족되지 않았을 때 괴로웠는지
    - 무엇이 충족되면 가장 만족하면서 회사에 다녔는지
    - 내가 과거 이직을 고민하거나, 이직 의사결정을 내릴 때 어떤 이유로 결정하게 되었는지
    - 그 과정에서 나의 직업 가치관은 무엇이라고 생각하는지
2. 어떤 요소 때문이었는지, 이를 바탕으로 내게 맞는 요소 정리해 보기
    - 직무, 산업군, PLC, 조직 문화, 직책 등

■ [To be] 내가 원하는 미래 모습 그려 보기

오늘의 나를 기준으로만 생각하면, 생각이 매몰될 수 있다. 그래서 지금 내가 무엇을 잘하고 못하는지를 떠나서 앞으로 어떤 모습으로 살고 싶은지 생각해 보는 것이 필요하다.

- 요소별 직무, 산업군, PLC 등 내가 원하는 모습 그려 보기
- 내가 부러운 사람을 그려 보기

■ [What needs to be true] 이를 바탕으로 오늘의 내가 해야 할 일 정리하기

내 직업 가치관 및 내가 원하는 모습에 기반하여, 오늘 내가 무엇에 집중해야 할지 정리해야 한다.

- 내가 생각한 직무, 산업군, PLC, 조직문화, 직책 등을 기반으로, 이직이 필요할지 고민하고, 필요하다면 다음 이직할 회사를 정리하기
- 오늘의 내가 해야 할 일 정리하기

이렇게 내 커리어를 점검하고 설계하는 법을 설명했는데, 이 질문들에 대한

답은 나에 대한 소중한 데이터가 된다. 그리고 커리어 점검은 한 번 하고 마는 일이 아니다. 일상에 치이기 전에, 지금 내가 어디에 있는지, 어디로 가고 싶은지를 스스로 묻는 습관을 들이자.

그리고 잊지 말자. 고민보다 경험이 결국 나를 성장시킨다. 경험 속에서 나만의 기준을 세우며, 나를 만들어 가자.

분기마다 쓰는 이력서,
커리어 점검의 나침반

이제는 내가 설계한 커리어 방향에 맞춰, 이력서를 쓰고 점검하는 법을 설명하려 한다. 이력서를 잘 쓰는 법에 대해서는 이미 콘텐츠가 많아, 여기서는 '왜 이력서 쓰는 것이 막막한지'에 대한 이야기에서 출발하려 한다. 나도 주니어 때 그리고 처음 이직할 때, 이력서에 나의 경험을 어떻게 표현해야 할지가 늘 막막했다.

이력서는 커리어 점검 툴

이력서 쓰는 게 어려웠던 이유 중 하나는, 이력서가 이직할 때만 필요하다고 잘못 생각했던 것이었다. 이직을 결심한 시점은 이미 심적으로 부담이 큰 상황이다. 그런 상황에서 몇 년간의 경험을 한 번에 정리하려 하니 당연히 막막할 수밖에 없다.

이제 나는 이력서를 나의 As is를 파악하고 점검하는 도구로 쓰고 있다. 그래서 한 프로젝트가 끝날 때마다, 프로젝트 단위의 업무를 하지 않을 때는 3개월 분기 단위로 업데이트하고 있다. 그러다 보니 3가지 장점이 있었다.

■ 먼저 이력서를 채우는 것이 상대적으로 쉬워졌다는 장점이 있다

이미 3개월 전의 이력서가 채워져 있다 보니, 기존의 경험을 바탕으로 무엇을 더 채워야 할지 혹은 채우지 말아야 할지 비교할 수 있게 되었다. 예를 들어, 지금 하고 있는 업무가 내용 자체는 다르지만, 지난 업데이트 내용과 유사한 성격의 일이어서 '업데이트하기 어렵겠다' 등의 판단이 되는 것이다. 그래서 이력서를 업데이트하는 것이 처음부터 채우는 것보다는 상대적으로 쉬워졌다.

■ 이력서를 채우는 것과 별개로 자신을 점검할 수 있게 되었다

이번 분기 동안 바쁘게 지냈지만 막상 이력서를 쓰려고 보니, 지난 분기와 크게 다르지 않은 일의 반복이어서 새롭게 적을 내용이 없었던 적이 있다. 그때 비로소 내가 바쁘기는 했지만, 커리어적으로 새로운 시도를 하지 않았다는 사실을 깨달았던 적이 있다.

■ 더 나아가면, 이력서에 좋은 내용을 업데이트하기 위해 지금 회사에서 어떤 일을 더 해야겠다는 생각을 3개월마다 할 수 있게 된다

분기가 끝나고서 새로운 경험이 없었다고 아쉬워하는 것이 아니라 그동안의 경험을 바탕으로 '다음 분기에는 무엇을 다르게 해야 할까?'라는 생각으로 발전하게 된다. 그래서 나는 지난 분기를 업데이트한 이후 이번 분기에는 어떤 일을 더 새롭게 해야 할지, 아니면 지금 하고 있는 일들을 어떻게 키울지에 대해 고민한다. '내 일을 키우면서, 업무 역량을 강화하는 법'에서 설명했듯, 지금 하고 있는 일을 1) 내 기존 일을 더 넓게 볼 수 있는 일, 2) 내가 기존에 해오던 일이지만 더 깊이 있게 볼 수 있는 일, 아니면 3) 아예 새로운 불렛 포인트로 뽑을 수 있게,

차원을 달리하는 일이 있는지 나눠 본다. 내게 주어진 일 자체는 이렇게 나누어서 오지는 않는다. 예를 들어, 내가 마케터이고 평소에도 기획전과 기획전을 위한 구매 전환 목적의 광고만 진행하고 있었다면, 이번에는 유입을 강화하기 위해 광고 외의 다른 수단을 테스트해 보겠다고 결정할 수 있다. 이는 내 기존 일보다 넓게 보는 시도를 해보자고 결정하는 것이다. 이렇게 다음 분기에 무엇을 할지 의도적으로 고민해야, 다음 3개월이 달라지기 시작한다.

그래서 이력서를 이직할 때만 업데이트하는 것이 아니라 나의 As is 점검 도구로서 3개월에 한 번씩 업데이트하는 것을 고려해 보면 좋겠다. 이제는 이력서를 어떻게 업데이트해야 하는지, 분기 단위로 어떤 작업을 하는지 알아보자.

CAR 구조로 이력서 스토리 만들기

먼저 이력서를 업데이트하기 전에 이력서 포맷을 걱정한다면 좋은 포맷은 많다. 원티드 같은 채용 플랫폼에서는 업무 내용만 업데이트하면 가독성 높은 포맷으로 정리해 준다. 그래서 여기에서는 이력서 안에 어떤 내용을 담아야 하는지에 집중해서 설명하려 한다.

3개월이라는 시간도 길다 보니, 너무 많은 일을 했고, 기억은 가물거려 머리가 멈추는 순간이 꼭 있다. 그럴 때 나는 프로젝트나 업무 단위로 다음의 질문을 한다.

- 이 프로젝트는 어떤 문제에서 시작된 일이었지? ^{문제 정의}
- 이 일에서 내가 주도한 결정은 뭐였지? 왜 그런 결정을 내렸지? ^{행동의 주체성}
- 결과는 어땠지? 이 경험을 다시 돌아봤을 때 내가 배운 건 뭐지? ^{결과와 러닝}

이 세 가지 질문을 떠올려 보면 막막함이 조금은 덜해진다. 이력서에 단순히 '○○ 프로젝트를 진행했다', '운영을 담당했다'라는 식의 나열은 내가 한 일을 설명하지 못한다. 위에서 고민한 것처럼, 내가 '이 일을 왜 했고, 어떻게 했고, 무슨 결과를 냈는지'가 드러나야 한다. 이를 설명하는 대표적인 구조가 바로 CAR^{Context-Action-Result}이다.

- **Context**: 어떤 상황이었는지|회사/조직/시장/문제 상황 등
- **Action**: 내가 무엇을 했는지|판단, 실행, 기획 등
- **Result**: 그 결과 어떤 변화가 있었는지|수치/피드백/성과 등

이 세 가지가 담겨 있으면 하나의 업무에도, 내가 무엇을 기여하고 성과를 냈는지 이야기가 들어간다. 그리고 모든 프로젝트를 성공시킬 필요는 없지만, 그 안에서 어떤 고민을 했고 어떤 러닝을 얻었는지는 반드시 기록해야 한다. 예시를 들어 보면 다음과 같다.

신규 유입 경로 확보를 위한 제휴 마케팅 전략 수립 및 실행
3개 제휴처와의 공동 프로모션을 통해 월 유입 2.5배 확대
월 고객 획득 비용 CPA^{Cost per Acquisition} 27% 절감

독자를 생각하자

이력서를 As is 점검 툴로 쓴다고는 했지만, 이력서의 독자는 면접관이라는 것을 잊어서는 안 된다. 면접관은 이미 나와 비슷한 커리어를 쌓아 온 수십 장의 이력서를 빠르게 검토하면서 JD^{Job Description}, 채용 공고에 맞는 사람을 찾고 있다. 그래서 이력서를 쓸 때는, '면접관이 궁금해할 이야기'를 중심으로, JD와 연결된 경험/키워드가 이력서 안에 드러나야 한다.

그러기 위해서는 이력서를 평소에 써둘 때도, 내 다음 커리어 To be에 대한

고민을 해두면 좋다. 내 다음 커리어로 어떤 성격의 회사에 가고 싶은지, 어떤 직무를 하고 싶은지 정리해 두어야 한다. 지난 분기의 경험을 그 직무 성격에 맞춰 정리할 수도 있고, 다음 분기에 어떤 일을 해야 할지 고민할 때도 이 기준을 활용할 수 있다. 즉, 내가 하는 일이 더 넓고 깊어지거나 차원이 달라질 때, 그것이 다음 커리어와 관련된 일인지 점검할 수 있는 것이다. 그래서 평소에 관심있던 회사의 JD를 보면서, 면접관이 어떤 역량과 경험을 기대하는지 파악하고, 그 기준으로 내 경험을 쇼아 볼 수 있는지, 다음 분기에 어떤 경험을 더 해야 하는지 찾는 것이다.

그리고 이력서를 쓸 때는 대부분의 지원자가 이미 JD에 있는 키워드를 넣기 때문에, 결국 나를 돋보이게 하는 건 앞의 CAR에서 설명한, '내가 이 일을 어떤 방식으로 했는지'이다. 즉, 나만의 경험, 내가 직접 했던 고민, 시행착오를 녹여야 한다. 예를 들어, CRM 마케터에 지원한다고 했을 때, 단순히 'CRM 마케팅 경험 있음'이 아니라 '가입 후 7일 이내 첫 구매 유도 CRM 프로그램 기획 → 일자별/메시지별 실험 → 해당 전략 반영'과 같은 흐름이 있어야 한다. 사용 툴^{예: 브레이즈}도 함께 표기하면 좋고, 이를 통해 'CRM 프로그램 세팅 및 고도화에 강점 있음'이라는 USP^{Unique Selling Point, 나만의 강점}를 드러낼 수 있다.

> 앱 가입 후 7일 이내 첫 구매 유도 CRM 프로그램 기획 및 운영
> A/B 테스트를 통해 D+1 시점에 고객이 방문한 상세 페이지 기반
> 구매 전환 메시지가 전환율이 가장 높다는 인사이트 도출
> 전체 캠페인 전환율 3.2% → 5.6%로 개선

그리고 독자를 생각해서 쉽게 써야 한다. 이 업무가 왜 시작된 것인지, 많은 옵션들 중에 왜 이 방식으로 진행한 것인지, 회사 내에서는 당연해서 설명할 필요가 없었던 일도, 면접관에게는 모두 낯선 것들이다. CAR 방식으로 맥락부터 결과까지 설명하고, 또 우리 회사에서만 쓰는 용어가 있다면 이를 풀어쓰는 등

의 노력 또한 필요하다.

지금까지 이력서를 쓰는 두 가지 역할에 대해 설명했다. 1) 나의 커리어를 점검하는 차원과 2) 이직을 위해 면접관을 고려하는 차원이다. 성장을 잘해서 '일을 잘하는' 것과, 내가 일을 잘하는 것을 '보여주는' 것은 또 다른 일이다. 이력서는 결국 '나를 소개하는 제안서'다. '내 커리어의 방향을 설계하는 법'에서 설명한 커리어 점검 질문들에 답하며, 앞으로 어떤 일을 하고 싶은지를 정리하는 작업을 해 보자. 오늘의 내가 남긴 한 줄의 경험이, 나중에 커리어를 이어가는 중요한 재료가 된다.

이제 성장과 관련하여 만나게 되는 질문들에 대해 점검해 보자.

일하면 꼭 만나게 되는 성장 관련 질문들

지금까지 커리어 방향을 설정하고 이력서를 점검하며, 내 일을 만들어가는 방법에 대해 설명했다. 이제부터는 일을 키우고 성장하는 과정에서 마주하게 되는 고민에 대해 다루려 한다. 일을 하다 보면 성장의 방향과 방법에 대해 크고 작은 의문이 생긴다. 나 또한 "이게 맞을까?" 하는 고민을 수없이 반복했다. 이 챕터에는 내가 고민 끝에 찾은 답들을 담았다. 비슷한 고민을 하는 사람에게 이 경험이 힘이 되길 바란다.

성장에 대한 5가지 질문

■ 성장해야만 할까? 왜 이렇게 계속 성장해야 할까?

주니어 때는 일을 배워야만 하다 보니 성장에 대해 의구심을 품을 일이 없었다. 하지만 연차가 쌓이면 내가 지금 가지고 있는 능력을 가지고서 편하게 다닐 수 있는 회사도 충분히 있다는 것을 알게 된다. 그러다 보니 굳이 해보지 않았던 일에 도전하고 부딪히는 성장을 계속해야 하는지 의구심이 들 때도 있다.

하지만 내가 어떤 회사를 편하게 다닌다는 생각이 든다면, 그건 이미 내가 알고 있는 것을 반복하고 있을 확률이 높다. 예를 들어, 매출액 규모가 100억 원인 회사를 기반으로 커리어를 쌓아 왔다면, 매출액 100억 원 이내의 회사에 다닐 때는 앞으로 어떻게 해야 할지 방법이 훤히 보이다 보니 편하게 일할 수도 있다.

하지만 지금 다니는 회사의 매출액이 100억 원이 된 순간, 만약 내가 100억 원 그 이상을 키우는 법에 대해 모른다면, 내가 회사에 더는 도움이 되지 않기 때문에 타의로 이직해야만 한다. 주니어 때는 일을 배우는 상황이라 내가 무엇을 못한다고 해서 떠나야 하지는 않지만, 연차가 쌓이면 회사의 방향성을 같이 그려 나가는 관리자 역할을 하고 있기 때문에 떠나는 것 말고 다른 옵션은 주어지지 않는다.

그리고 이직하더라도 다시 30억 원, 40억 원 매출액 규모를 가진 회사로 이직해서 100억 원으로 만드는 일을 반복하면서 커리어를 이어 나가게 된다. 물론 틀린 선택은 아니지만, 이렇게 성장을 멈춘 채로 특정 연차를 넘기면 다음 회사를 선택하는 기준이 '내가 일하고 싶은 회사인가'라는 기준이 아니라 '내가 일할 수 있는 곳인가'처럼 소극적으로 변하게 된다.

하지만 반대로 내가 지금 편하게 일할 수 있는 회사가 있다는 것을 알지만, 해 보지 않았던 일, 예를 들면 1,000억 원 규모의 회사에 가 볼 수도 있다. 100억 원을 만드는 일과 1,000억 원을 만드는 일은 일하는 방식이 전혀 다른데, 단순히 지금 하는 일을 많이 한다고 해서 달성할 수 있는 것이 아니다. 물론 1,000억 원 이상의 비즈니스를 키우는 일을 배울 때는 괴로울 수 있다. 하지만 이런 폭넓은 경험을 하고 나면, 내 커리어의 선택권이 더 넓어진다. 이제는 100억 원 이하의 회사만 갈 수 있는 사람이 아니라 1,000억 원 이상의 회사도, 100억 원 이하의 회사도 모두 갈 수 있는 '선택권을 가진 사람'이 되는 것이다. 이렇게 되면 더 건강하고 오래 지속 가능한 커리어를 만들어 나갈 수 있다.

물론 1,000억 원인 회사를 가야만 배우는 것은 아니다. 100억 원인 회사에서 일을 할 때도 '내 일을 키우면서 업무 역량을 강화하는 법'에서 말한 것처럼, 일을 깊고 넓게 보려고 노력하면서 스스로 역량을 키울 수도 있다. 하지만 스스로 성장하는 것보다 1,000억 원 회사에서 배우는 것이 상대적으로 쉬워서, 1,000억 원 규모인 회사에 가서 일을 배운다고 설명했다.

매출액 규모로 예시를 들었지만, 넓게 보는 것 또한 예시가 될 수 있다. 내 과거 경력에 기반해서 특정 산업군에서만 커리어를 쌓아 오다가, 갑자기 그 산업군이 사장되거나, 변화가 커서 다른 산업군과 접목해야 하는 상황이 생긴다면 내 경쟁력이 사라질 수 있다. 그래서 내가 연차가 차면서 분명 편하게 일할 수 있는 곳이 있다는 것은 알지만, 지속적 성장을 고민해야 '장기적'으로 커리어를 키울 수 있다.

■ 성장은 이렇게 힘들 수밖에 없나?

위의 이유로 성장은 계속해야 한다고 생각하지만, 성장하는 과정은 대체로 괴로웠다. 잘하고 있는지도 모르겠고, 매니저에게 매번 지적만 받으니 의욕은 떨어지고 자존감은 흔들렸다. '성장은 늘 이렇게 괴로운 것인가?'라는 의문이 들었고, 나는 그 질문에 대해 조심스럽지만 '괴로운 것이 맞다'는 결론을 내렸다.

성장을 위해서는 나를 불편하게 만드는 무언가가 필요하다. 기존에 생각해 본 적 없는 과제, 쉽게 풀리지 않는 문제, 내가 찾은 답이 정말 맞는지 되묻는 날카로운 피드백이 필요하다. 그리고 그 과정에서 누군가 친절하게 알려줬던 경험보다는, '일단 해 봐'라며 던져지거나, 더 빠른 해답을 찾으라고 압박받는 경험이 더 많았다. 그래서 성장했던 때를 돌이켜 보면 불편하고 괴로웠던 기억이 더 크다. 물론 이때 많은 것을 깨닫고 배웠던 것도 맞다. 그 시간이 없었다면 지금 내가 자연스럽게 하고 있는 일들이 어렵게 느껴졌을 수도 있다고 생각한다.

똑같은 10년 차라고 해도 1년 차에 익힌 일을 10년 동안 반복하는 사람이 있는가 하면, 해마다 고민의 깊이를 더하고 방식의 폭을 넓히는 사람도 있다. 그 차이를 만드는 건 성장을 유도하는 환경에 의도적으로 들어가거나 혹은 스스로 기준을 높이려는 태도다. 물론 가장 이상적인 건 누가 시키지 않아도 스스로 일의 본질을 재정의하고 성장할 수 있는 사람이다. 하지만 그런 기준점을 스스로 설정하는 건 생각보다 어렵다. 그래서 불편한 환경이 필요하다고 생각했다.

결국 나의 성장은 의도적으로 안전지대를 벗어나는 일이고, 내가 늘 편하게 해 오던 일과 거리가 먼 일들을 하며 피드백을 받다 보니 불편할 수밖에 없다고 결론 내렸다. 그렇지만 '헤맨 만큼 내 땅이다'라는 말처럼, 내가 괴로웠던 시간이 있어야 내가 할 수 있는 일의 깊이와 넓이가 확장된다고 정리했다. 물론 그 과정에서 덜 괴로운 방법은 있었는데, 이 내용은 '나가며'에 내 경험담을 담았다.

그리고 내가 지금 성장을 위해 의도적으로 안전지대를 벗어나야 하는 시점인지 아닌지는 어떻게 알 수 있을까? 나는 보통 일이 쉬워졌다고 느껴질 때 그리고 지금 상태에 편안함을 느끼는 시점이 오히려 다시 성장의 출발점에 서야 할 때라고 생각했다. 물론 이 판단은 나의 업 가치관과도 관련이 있다. 지금의 편안함을 유지할 것인지, 아니면 다시 더 바쁘고 어렵더라도 도전할 것인지 자신의 업 가치관에 맞춰 선택하면 된다. 만약 나만의 판단이 어렵다면, 매니저와의 대화를 통해 확인해 볼 수도 있다. 내가 새롭게 해 보고 싶은 일을 제안했을 때 돌아오는 피드백이 "좋은 생각인 것 같다." 혹은 "지금 하는 일에 집중하는 게 좋겠다." 등 내 생각과 다를 수 있는데 이를 통해 방향을 점검해 볼 수도 있다.

■ 도대체 언제까지 성장해야 할까?

성장이 중요한 것은 알겠는데, 도대체 언제까지 성장해야 할까? 해 보지 않았던 일을 시도하면서 성장하는 것이 쉽지 않다 보니 나 역시 가지고 있는 고민이었다. 주니어 때는 밤늦게까지 야근해도 다르게 할 일도 없었고 그냥 일을 배운다는 생각으로 했었다. 하지만 연차가 차고 아이 엄마가 되고 보니 야근하는 것은 아이와의 시간을 포기하는 일이었기 때문에 고민이 컸다. 성장 때문에 괴로운 시간을 보내다 보면, 내가 부족한 건 아닌가 하는 의구심이 들고, 결국 '도대체 언제까지 성장해야 하나'라는 고민이 들었다. 이 부분은 나 역시 답을 찾고 있지만, 연차가 훨씬 높고 더 장기적으로 커리어를 쌓고 있는 분들이 한 이야기를 정리해 보면 다음과 같았다.

신수정 작가는 저서 ≪커넥팅≫^{신수정, 김영사, 2024}을 통해 적어도 10년은 성장을 해 보자고 한다. 내가 나중에 커리어를 어떻게 그려 나갈지 모르기 때문에, 그리고 성장을 뒤늦게 하기는 어려우니 초반 10년은 성장을 우선시하고, 이후 바뀐 가치관이나 변화에 맞춰서 선택하라는 이야기를 했다.

그리고 이커머스 산업군에 있을 때, 지금 겪는 괴로움을 끝내고 다시 내가 좋아하고 잘하는 일을 해야 하는지 고민하던 시기가 있었다. 그때 대표님께서 내게 조언을 해주셨다. 내가 지금 잘하고 못하는 것을 떠나서 어떤 일을 잘했으면 하는지, 적어도 40대 중반까지는 잘하고 싶은 것을 채워 나가는 선택을 해도 괜찮다는 조언을 해주셨었다.

물론 내가 어떤 커리어를 선택할지는 각자의 업 가치관에 달렸지만, 지속적인 성장 경험이 이후 커리어 선택지를 넓힌다는 것만 기억해 두면 좋겠다.

■ 더 배워야 하는 영역인지 적성에 맞지 않는 영역인지 어떻게 구분할 수 있을까?

또 다른 말로는, 버텨야 할 때인지 그만두어야 할 때인지 어떻게 구분할 수 있을까? 이커머스 산업군으로 온 이후에 이 고민을 많이 했었다. 그동안은 브랜드 산업군에 있었고, 브랜드는 '우리 브랜드는 이런 곳이에요'라는 메시지를 얼마나 잘 만드는지, 이를 얼마나 잘 전달하는지에 따라 우리 브랜드가 성장했었다. 하지만 이커머스 플랫폼은 다른 플랫폼에서도 판매하는 브랜드와 상품을 취급하다 보니, 우리 플랫폼에서 물건을 사는 이유가 이 플랫폼이 좋아서라기보다는, 자신이 사려는 브랜드가 여기에서 팔기 때문이었다. 그래서 '우리 플랫폼은 이런 곳이에요' 같은 자체 메시지의 중요도가 상대적으로 낮았다. 그리고 어떤 브랜드를 강조하는지에 따라 고객들이 우리 플랫폼을 인지하는 모습이 달라졌다. 다른 플랫폼보다 저렴하게 판매하는 상품을 고객에게 얼마나 잘 노출하느냐에 따라 매출이 좌우되는 걸 보면서, 기존과는 전혀 다른 마케팅 환경에 와 있음을 깨달았다. 그것이 어떤 느낌이었는지 돌이켜 보면, 마치 수영 선수가 갑자기 등산을 하게 된 듯한 느낌이었다. 나라는 사람이 어떤 사람인지 이미 잘 알고 있고, 내가 수영선수라는 사실은 바뀌지 않는다. 물론 등산하는 것이 좋은 수영 선수가 되는 데 도움이 될 수도 있지만, 내가 잘하는 것을 발휘하는 느낌은 아니라서 여기서 계속 등산하는 것이 맞느냐는 고민이 들었다. 그래서 이커머스라는 비즈니스가 더 배워야 하는 영역인지, 그래서 이 영역도 시간과 노력을 부으면 내가 브랜드에서 일했던 것만큼 능숙해지는 시기가 오는 것인지, 아니면 적성에 맞지 않아서 그만두어야 하는 영역인지가 헷갈렸다.

그때 내가 들었던 조언은, '무엇을 잘하고 싶은지'를 되묻는 것이었다. 내가 지금 잘하고 못하고 여부를 떠나서, 앞으로 되고 싶은 내 모습을 생각했을 때 지금 회사가 도움이 되느냐를 묻는 것이었다. 그 당시 이커머스 플랫폼에서 배우고 있던 데이터 기반의 의사결정이 적성에 맞는지는 모르겠지만, 내가 잘하고 싶어 하는 영역 중 하나였고, 그러면 더 배워야 하는 영역이라는 판단을 내리게 되었다.

그리고 이 주제에 대해 꼭 말하고 싶은 것은, 적성에 맞지 않다고 너무 빠르게 판단하지 않았으면 하는 것이다. 이커머스 산업군의 회사에 와서 초기에 힘들었을 때 나는 다시 이직을 고민하면서, 다음에 이직할 때는 1) 브랜드로 가야 하고, 2) 지금 회사가 구성원이 1,000명이 넘으니 나와 맞지 않는 것 같아, 구성원이 100명 미만인 회사로 가야겠다는 것처럼 나 스스로 제약을 만드는 것을 발견했다. 하지만 그로부터 시간이 지난 지금을 보면, 1) 브랜드가 여전히 나와 잘 맞는 것은 변함이 없지만, '이커머스도 나와 아예 안 맞는 것은 아니구나'라는 걸 깨닫게 되었다. 또한 2) 구성원이 1,000명 이상인 조직에서 일하는 방식도 적응되어서, 다음 이직에 '조직 구성원 수는 전혀 제약 사항이 아니구나'라는 것을 깨닫고 있다.

이처럼 누구나 기존에 해보지 않던 영역을 시작할 때는 적응의 시간이 필요하다. 만약 내가 그때 빠르게 적성의 문제라고 판단해서 그만두었다면, 지금처럼 추가로 나와 맞을 수도 있는 영역에 대해 찾지 못했을 것이다. 그래서 적응 중에 겪는 어려움인지, 적성의 문제인지 판단할 때 너무 빠르게 판단하지 않았으면 좋겠고, 판단했더라도 이를 단언하지 않았으면 좋겠다. 우리는 충분히 성장할 수 있고, 바뀔 수도 있다. 과거의 기억에만 얽매여 이 분야를 못 한다고 확언하지 않았으면 좋겠다.

■ 일의 깊이, 넓이 혹은 차원을 넓히는 일. 순서를 정한다면 무엇이 먼저일까?

여기서 차원을 넓히는 일은 관리직과 같이, 기존에 해 보지 않았던 단계의 일을 하는 것을 말한다. 팀장이 되면 기존에 내가 일했던 방식과 전혀 다른 성격의 일을 해야 한다. 기존에는 내 일만 잘하면 되었지만, 팀장이 되면 내가 직접 일하지 않고 팀원들이 일을 할 수 있도록 환경을 만들고, 가이드를 만드는 일을 해야 한다.

그렇다면 일의 깊이와 넓이 혹은 차원을 넓히는 일 중에서 순서를 정할 수 있다면 무엇이 먼저일까? 나는 가능하다면 일을 충분히 깊고, 넓게 본 뒤에 차원을 확장하는 것이 이상적이라고 생각한다. 예전에 내가 주니어였을 때, 매니저님은 대행사에 검색광고를 맡기기 전에 직접 세팅을 몇 달간 해 보라고 했다. 내가 아는 만큼 가이드를 줄 수 있다고 했다. 물론 대행사가 검색광고의 전문가도 맞지만, 내가 검색광고를 얼마나 이해하느냐에 따라 결과에 대한 피드백의 깊이가 달라진다. 단순히 결과를 받아들이는 것이 아니라 그 안에서 문제를 발견하고 방향을 제시하려면 '내가 제대로 알고 있어야' 가능하기 때문이다.

팀장 역할도 마찬가지다. 내가 실무를 넓고 깊게 본 만큼 팀원들에게도 명확한 가이드를 줄 수 있다. 물론 일의 환경은 변하고, 모든 일을 다 경험해 볼 수는 없다. 중요한 건 하나의 일을 통해 깊이와 넓이를 갖춘 사고방식을 체득하는 것이다. 그 경험을 바탕으로, 새로운 일을 맡았을 때도 같은 구조로 사고하고 문제를 풀 수 있게 된다.

이렇게 성장과 관련된 질문들을 다루어 보았다. 성장을 하다 보면 누구나 크고 작은 질문을 맞닥뜨린다. 나 역시 그 질문들 앞에서 헤매기도 했고, 더디게 답을 찾아가기도 했다. 이 챕터가 그 여정에 함께 할 수 있길 바란다.

다음 챕터에서는 마지막 질문으로 다룬 '차원의 전환', 즉 팀장이 되는 일에 대한 고민을 함께 나눠 보려 한다.

팀장 꼭
해야만 할까

연차가 차면 팀장을 해야 하는지 선택해야 하는 시점이 온다. '내 일을 키우면서, 업무 역량을 강화하는 법'에서 내 일을 더 넓고, 깊게 하면서 성장하는 법에 대해 다루었다. 이제는 팀장을 하면서, 일의 '차원'을 다르게 성장하는 것에 대해 설명하려 한다. 팀장이 되면 무엇이 달라지는지, 또 어떤 준비가 필요한지 막연한 경우가 많다. 그리고 늘어나는 책임감이 부담스러워 요새는 팀장을 맡기를 꺼려 한다는 이야기도 많이 들었다.

'팀장을 해야 하나?'에 대한 고민

기존에 해 오던 실무와 다르게, 전체 숫자를 관리하고 팀을 리딩하는 다른 성격의 일을 해야만 하는지, 그 고민에 대해 너무 공감한다. 팀장을 하겠다고 선택했던 그 당시 내 생각을 되짚어 보면, '어떤 선택이 커리어적으로 더 오래 살아남을까?'라는 고민만 했던 것 같다. 채용 공고만 보아도 팀원의 공고는 대부분은 3~10년 차이고, 그 이상 연차에 대해서 팀원 채용 공고는 보이지 않았다. 10

년 차 이상부터는 팀장 채용 공고만 보였다. 100세 시대라 돈을 벌어야 하는 기간은 늘어났는데 평생 직장은 없어지고, 회사의 피라미드 구조상 연차가 찰수록 회사에서 필요로 하는 사람 수는 줄어들다 보니, '커리어적으로 얼마나 살아남을 수 있을까'라는 고민을 많이 했던 것 같다. 그래서 '어떤 선택이 더 오래, 경쟁력 있게 일할 수 있을까'라는 생각을 했고, 내 일을 잘하는 것을 넘어, 팀 단위로 일을 잘하도록 만드는 팀장도 경험해 보자고 생각했던 것 같다.

물론 모든 사람이 팀장의 길을 가야 하는 것은 아니다. 스페셜리스트로서 전문성을 깊게 키워 나가는 길도 있다. 스페셜리스트 트랙을 선택하면 자신이 가장 잘하고 좋아하는 실무 영역에서 더 깊은 전문성을 쌓을 수 있고, 팀 관리나 행정 업무보다는 실제 비즈니스 문제 해결에 더 집중할 수 있다. 하지만 한계점도 있는데 조직의 의사결정에 미치는 영향력이 상대적으로 제한적일 수 있다. 그리고 많은 회사들이 아직 스페셜리스트 트랙을 체계적으로 운영하지 않아 성장 경로가 불명확할 수도 있다. 그래서 나는 실무에 대한 전문성을 충분히 쌓은 후에 팀장에 도전해 보는 것을 선택했고 또 다른 이들에게도 그렇게 해보기를 권한다. 팀장 경험은 비즈니스를 더 넓은 관점에서 이해하고, 조직과 사람을 이해하는 귀중한 기회가 될 수 있기 때문이다.

실무자와 팀장의 차이는 무엇일까?

그러면 실무자와 팀장의 차이는 무엇일까? 팀장을 처음 맡았을 때는 마치 직무가 완전히 바뀐 것처럼, 기존에 일하던 방식이 모두 달라졌음을 느꼈다. 실무자로 일할 때는 내 일만 잘하면 되었다. 그런데 팀장이 된 후에는 전혀 다른 차원의 일이 벌어지게 된다. 내 실력을 인정받았던 실무에서는 손을 떼야 한다. 이제는 나 혼자 잘하는 것이 중요하지 않고, 나 혼자 할 수도 없는 큰 단위의 목표가 주어진다. 내가 직접 일하기보다는 팀원들이 잘할 수 있도록 가이드하고, 일하기 좋은 환경을 만들며, 필요한 코칭과 적합한 인재 채용까지 담당하는 것이 더욱 중요해진다.

회사가 비즈니스를 키우는 것은 크게 2가지 관점의 일로 이루어진다. 1) 비즈니스 차원^{우리 브랜드를 어떻게 성장시킬까?}과 2) 조직 차원^{우리 팀과 팀원들을 어떻게 성장시킬까?}이다. 개인으로 일할 때는 비즈니스 차원에서도 목적, 목표가 모두 정해진 상태에서 당장 해야 하는 업무 단위로 일이 내려왔었다. 하지만 팀장이 되면 1) 비즈니스 차원에서는 회사와 함께 목적과 목표를 세우고, 팀원들이 그 목표를 달성할 수 있도록 의사결정의 원칙을 세워야 한다. 2) 또 이를 팀 단위로 일할 수 있도록 R&R을 나누고 업무를 배분하며, 일할 수 있는 환경 구축, 코칭처럼 조직 차원의 일도 늘어나게 된다. 비즈니스와 조직이라는 두 개의 균형이 중요해진다. 하나만 잘해서는 팀이 굴러갈 수 없다.

물론 내가 실무를 잘 이해해야만 그 이해를 바탕으로 이런 일을 할 수 있는 것은 맞지만, 완전히 새로운 역량들이 중요해지면서 새로 일을 배우는 것처럼 전혀 다른 환경에 놓이게 된다.

팀장이 된 직후에는

이렇게 전혀 다른 차원의 일을 하다 보니, 팀장이 된 직후에는 여기에 적응하기도 빠듯했다. 이제는 팀 단위의 책임을 지다 보니 내가 하지 않은 일에 대해 책임져야 할 때도 있었다. 그리고 팀원들도 내 마음 같이 움직이지 않아 내가 직접 해버리는 게 낫겠다 싶을 때도 있지만, 그럼에도 팀 단위의 일을 만드는 것이 팀장의 일이었다. 그리고 인간적으로 외롭기도 했다. 윗선에서는 미달한 목표에 대해 내게 챌린지하고, 나는 팀원들의 고충을 들어 주는데 내 고충은 어디 털어놓을 데도 없었다.

이처럼 많은 고충이 있었던 것도 사실이지만, 개인으로 일할 때보다 더 큰 범위의 일을 경험해 볼 수 있고, 조직의 관리자로서 더 많은 것을 배웠던 것도 사실이다. 그래서 커리어적으로 더 오래 살아남을 수 있겠다는 생각도 했었다.

그래서 팀장 꼭 해야 할까 고민하고 있다면, 당신이 어떤 가치를 더 중요하게 여기는지를 먼저 생각해 보면 좋겠다. 더 깊고 넓게 실무를 파고들며 전문가로 남고 싶은 사람도 있고, 더 복잡하고 큰 그림 속에서 일하며 조직과 사람을 이해하고 싶은 사람도 있다.

어떤 선택을 하든 옳고 그름은 없다. 다만 팀장의 일은 단순히 승진이 아니라 일의 방식 자체가 달라지는 전환점이라는 걸 충분히 알고 선택했으면 한다. 이 챕터가 고민의 문턱에 선 누군가에게 도움이 되는 선택의 기준이 되었으면 한다.

성장이고 뭐고,
사람 때문에 그만두고 싶을 때

성장을 중요하게 생각해 왔지만 그 가치를 붙잡기조차 버거운 순간들이 있었다. 돌이켜 보면 그런 순간 대부분은 '사람' 때문이었다. 그리고 주니어 시절 가장 힘들었던 관계는 매니저였다. 협업자와 문제가 생기면 매니저에게 도움을 요청할 수 있지만, 매니저와 문제가 생기면 도움을 요청할 곳조차 없었다. 참고로 연차가 차고 팀장이 되면, 더 많은 다양한 사람들과 협업하게 되면서 이런 관계의 어려움은 줄어들기보다 오히려 더 잦아지고 복잡해지기도 한다.

사람 때문에 힘들었던 이유

매니저와의 갈등을 되짚어 보면, 결국 내가 '이 회사에 부족한 사람'이라는 평가를 받았기 때문이었다. 회사는 실적과 수치로 운영되다 보니, 사람에 대한 판단도 빠르고 냉정하게 이루어진다. 내가 '가능성 있는 사람'으로 보이지 않는다면, 빠르게 밀려나는 구조다. 안 그래도 일 때문에 힘든 상황에서, 매니저까지 나를 그렇게 판단하고, 내게 쓸모를 증명하라 할 때는 정말 모든 걸 놓고 싶었다.

그 안에서 나를 지키고 어떤 선택을 해야 할지 끊임없이 고민했다.

연차가 낮을수록 '당장에 도움이 되는 사람'이 되긴 어렵다. 연차와 상관없이 이직하며 산업군이 바뀌거나 조직 형태가 바뀌었을 때도 마찬가지다. 이직 초기엔 언제든 '쓸모를 입증'해야 하는 상황이 찾아온다. 나는 그럴 때마다 증명해 내는 것을 선택했다. 물론 도망쳐도 된다고 생각한다. 실제로 그런 상황에서는 자존감이 바닥나고, 너무 주눅 들어 원래의 내가 아닌 것처럼 느껴진다. 하지만 그럼에도 도망치지 않았던 이유는, 이대로 피하면 비슷한 시도를 다시는 못할 것 같다는 두려움이 더 컸기 때문이었다. 죽이 되든 밥이 되든 한 번은 해보고, 정말 아니라는 판단이 설 때 물러서자고 생각했다.

이를 해결했던 4가지 방법

그때를 돌이켜 보면 4가지 방법을 썼다.

■ 먼저 도움이 되는 사람이 되기 위해 노력했다

'어떻게 하면 일 잘하는 사람처럼 될 수 있을까' 고민했고, 그런 사람들을 따라 해 보며, 무작정 부딪히며 익혀 나갔다. 물론 그렇게 한다고 하루아침에 상황이 바뀌지는 않는다. 성장은 삽질하면서 계단식으로 변화가 일어나기 때문이다.

■ 솔직하게 도움을 요청했다

나는 솔직함의 힘을 믿는다. 다만 무턱대고 "도와주세요"만 외쳐서는 안 된다. 최소한 내가 뭘 모르는지, 어떤 도움이 필요한지를 스스로 정리해야 한다. "이 부분을 잘 모르겠습니다", "이런 경우에 대해 조언을 주실 수 있나요?"와 같은 식으로 말이다. 혹시 그런 것도 모른다고 매니저가 실망할까 두려워도, 어차피 언젠가 드러날 일이라면 차라리 지금, 빠르게 알리고 배우는 것이 낫다고 생각했다. 내가 후회하지 않도록 모든 것을 해 보자고 생각했었다.

■ 피드백인지 단순 비난인지 구분했다

상대가 내게 의견을 줄 때 이것이 피드백인지 아니면 단순 비난인지 구분했다. 상대가 내게 이 말을 하는 의도가, 이런 행동을 고치고 개선하라는 것인가? 아니면 단순히 왜 이렇게 못하냐고 비난하는 것인가? 개선하라는 말이면 개선해야 할 내용만 받아들였고, 비난이라면 상대가 지금 나를 비난하고 있다는 것을 인지하는 것만으로도 거리를 둘 수 있었다.

그때는 이렇게 되물었다. "그래서 매니저님께서는 지금 제가 무엇을 개선하면 좋겠다고 말씀하시는 건가요?" 매니저 역시도 그 말을 듣고 나면 자신이 한 것이 단순 비난임을 깨닫고 말을 멈추고 개선점을 이야기하려 했다.

■ 마지막으로, 스스로 당당해지기 위해 노력했다

회사에 도움이 되지 않는다고 해서, 인간적인 존중까지 포기해야 하는 것은 아니라고 생각했다. 한 매니저는 바뀐 업무에 빠르게 적응하지 못하는 나를 보며 다소 날카로운 말을 한 적이 있다. "왜 이렇게까지 버티세요?"라는 말에 나는 조심스럽게 답했다.

"최선을 다하고 있고, 그래도 적응이 어렵다면 퇴사도 고민하고 있습니다. 다만 커리어가 중요한 만큼, 그냥 그만두기보다는 제게 맞는 자리를 찾을 때까지는 버텨보려 합니다. 그래서 매니저님께도 부탁드리고 싶습니다. 이 시간이 끝날 수도 있다고 생각하고, 조금만 더 너그러이 대해 주실 수 있을까요?" 이 말을 하는 순간만큼은 내 마음을 정리하고, 내 편에 서주려는 나 자신을 확인할 수 있었다. 그걸로 충분했다.

그렇게 버티고 견디며, 결국 맡았던 프로젝트를 성공적으로 마무리했다. 내가 회사에 도움이 되자 내 쓸모를 묻던 괴로움이 끝났다. 사실 이 점이 신기하기도 하고 씁쓸하기도 했다. 내가 도움을 줄 수 있느냐 없느냐 여부로 관계가 악화되고 회복된다. 도움이 되는 사람이 되자, 매니저의 냉정했던 태도는 어느새 사라지고, 함께 웃으며 일할 수 있는 상황으로 바뀌어 있었다.

물론 매니저 입장도 이해는 한다. 매니저 역시도 회사에 자신이 스스로 도움이 되는 존재임을 증명해야 하고, 팀원의 퍼포먼스가 좋지 않으면 결국 '정리'하라는 압박이 들어온다. 회사의 리소스는 제한적이고, 팀원들도 리소스로 관리되기 때문이다. 계속 아웃풋을 잘 내는지 경쟁하는 시스템 안에서, 결국 누구도 완전히 자유롭지 않다.

회사에서 사람 때문에 힘들다는 건, 내 능력이나 태도의 문제가 아니라 구조의 산물일 때가 많다. 그래서 '사람 때문에 회사 그만두고 싶다'라는 말은, 나약하거나 유난스러운 감정이 아니다. 그저 이 시스템 속에서 누구나 겪을 수 있는 아주 자연스러운 감정일 뿐이다. 그럴수록 우리는 자신을 지키는 연습이 필요하다. 타인에게 휘둘리지 않고, 내 가치를 정리해야 한다. 내가 선택한 결과를 후회하지 않기 위해. 감정은 지나가지만, 그때의 선택은 오래 남는다.

무엇을 더 배워야 할지
스스로 점검하는 공부법

지금까지 우리는 커리어를 점검하고, 실행 과정에서 만나는 고민과 그 해답을 찾아왔다. 이제는 내가 원하는 커리어 골을 향해, 스스로 지속 가능한 성장을 만들어 가는 방법을 이야기하려 한다.

주니어 때는 사수가 무엇이 부족한지, 무엇을 더 배워야 하는지를 알려 주곤 한다. 하지만 연차가 차면 이야기는 달라진다. 사수가 없는 경우도 많고, 있다고 해도 내 선택과 방향까지 일일이 알려 주기는 어렵다. 연차가 쌓일수록 사람마다 커리어의 갈래가 달라지기 때문이다. 이제는 스스로 내 길을 찾아야 한다. 내 일을 더 잘하기 위해, 스스로 배우고 성장할 방법을 알아야 한다.

'내 일'을 더 잘하기 위한 공부

이 챕터에서는 '내 일'을 더 잘하기 위한 공부에 대해 이야기한다. 공부의 범위는 연차에 따라 달라지는데, 주니어 때는 직무에 집중하지만 연차가 쌓일수록 회사 단위, 더 큰 그림을 공부하게 된다. 그래서 이 챕터를 읽으면서 지금 나는 어떤 단계에 있는지, 놓치고 있는 부분은 없는지 함께 점검해 보면 좋겠다.

■ 내 업을 강화하는 공부 – 직무 단위

▶ 내 직무의 관점을 만드는 공부를 했다

주니어 때는 이제 막 일을 시작했기 때문에 직무에 대한 공부를 해야 했다. 회사 업무를 통해 배운 내용을 정리하고, 부족한 부분을 추가로 공부했다. 아직 내 직무에 대한 관점이 생기기 전이었던 주니어 시절, 마케터인 나는 마케터의 관점을 만드는 공부를 했다. 예를 들어, ≪제로 투 원≫피터 틸 · 블레이크 매스터스, 한국경제신문사, 2014, ≪디퍼런트≫문영미, 살림Biz, 2011년, ≪나음보다 다름≫홍성태 · 조수용, 북스톤, 2015, ≪린 분석≫앨리스테어 크롤 · 벤저민 요스코비츠, 한빛미디어, 2014, ≪그로스 해킹≫라이언 홀리데이, 길벗, 2015과 같은 책을 읽고 블로그 포스팅을 하며 일에 접근하는 방식과 관점을 만들어 나갔다.

그리고 관점을 만들기 위해서는 '프레임워크'처럼 절대적으로 알아야만 하는 지식도 있었다. 예를 들면 해적지표*는 학교 수업에서는 배우지 못했지만, 사회에 나와 보니 회사에서 그런 단어를 쓰고 있고, 마케팅팀이 해적지표에 기반하여 업무를 나누기도 했다. 학교에서는 배우지 못했지만 업무에서는 당연하게 쓰이고 있는 지식들, 그중에도 비즈니스의 전략을 그리기 위한 프레임워크는 꼭 공부해야 했다.

▶ 기술을 익히기 위한 공부도 해야 했다

GA, 앱스플라이어 등 마케팅 업무를 하기 위해 다뤄야 하는 툴을 익혀야 했다. 단순히 사용법만 배우는 것이 아니라 ≪린 분석≫ 등의 책을 읽으며 이 툴로 얻은 데이터를 어떻게 활용할 것인지까지 공부해야 했다. 그렇게 일을 시작하

■ AARRR, 고객 증가를 최적화하기 위한 고객 행동의 다섯 가지 지표

고 어느 시점까지는 자신의 업무에 대해 전문성을 쌓아 가는 시간이 무조건 필요했다.

▶ 내가 맡고 있는 비즈니스에 대한 공부가 필요했다

나는 마케터로서 '매출 목표 달성'이라는 주요 목표를 가지고 있었을 때, 최근 몇 년 간의 주요 지표를 다 외우려고 노력했다. 구체적인 지표 예시로는 유입자 수 변화, 전체 매출액, 카테고리별 매출액, 채널별 매출액, 평균 구매자 수, 객단가, 평균 전환율 등이었다. 자신이 맡은 직무마다 핵심 지표가 다를 것이므로, 어떤 지표를 보아야 할지 모르겠다면 회사가 의사결정을 내릴 때 어떤 지표를 보고, 어떤 기준을 가지고 내리는지 관찰한 후 그에 맞는 내용을 공부하면 된다. 내 직무 관련 중요 지표가 무엇인지 그리고 중요 지표의 히스토리를 알아야 내 의견을 낼 수 있다. 경력이 늘면서 목소리에 힘이 실리는 것은, '내가 해봤는데 그 때 결과가 이랬어'처럼 자신만의 데이터가 쌓이기 때문이다. 지표를 외우는 과정은 고단할 수 있지만, 자신의 기준을 만들고, 업무 이해도를 높이는 데 꼭 필요한 과정이다.

■ 회사가 돌아가는 구조와 관련된 공부 – 회사 단위

내 직무에 대한 관점이 생기고 연차가 쌓이게 되면, 이제는 다른 직무에 대한 이해, 회사가 돌아가는 구조에 대한 공부가 필요하다.

▶ 자신과 협업하는 다른 직무에 대한 이해가 요구된다

연차가 찰수록 내 직무를 넘어서 다른 직무와 협업하는 일이 늘어나고, 팀장처럼 관리자가 되면, 타 팀과의 '커뮤니케이션'을 통해 일을 해내는 것이 중요해진다. 주니어 때는 내가 맡은 일에 집중해야 했다면 이제는 내 직무의 일은 당연히 잘하면서도, 다른 직무와 협업해서 결과를 만들어 내는 일의 비중이 커지게 된다.

협업하는 직무에 대해 이해해야 내가 원하는 것을 얻어 내기 위해 논의할 때 상대가 더 이해하기 쉬운 언어로 대화할 수 있다. 또한 상대 직무에서 궁금해하는 내용을 전달하면서 협업을 더 잘 이끌 수 있다. 그 직무와 이야기를 나누며 어떤 KPI를 가지고 일하고 있는지 이해하고, 만약 상대 직무를 이해하는 것이 어렵다면 책 등을 읽으며 이해하고자 했다.

예를 들면 나는 IT 계열 산업군의 마케터로 일하다 보니 개발자와 일할 일이 많았다. 그래서 개발자의 업무 스콥에 대해 이해하기 위해, 아주 기본적이지만 프론트엔드와 백엔드의 차이는 무엇인지, 그들은 어떤 로직에 의해 일을 하는지 등의 수업을 따로 들었던 적이 있다. 그리고 프로덕트 오너Product Owner, PO와 일할 일이 생겼을 때는 PO와 관련된 책을 읽기도 하면서, 마케터와 협업하는 다른 직무에 대해 이해하려 했다.

▶ **회사를 전체적으로 이해할 수 있는 공부가 필요했다**

회사를 이해한다는 것은 결국 돈의 흐름에 대해 이해한다는 말과도 같았다. 그래서 회계와 같이 회사가 어떻게 마진을 남겨 돈을 만드는지에 대한 공부도 필요했다. 어떤 직무든 간에 결국 연차가 차면 관리자가 되어야 하는데, 회사 전체적 관점에서 비즈니스 의사결정을 이해하지 못하는 관리자는 없었다.

우리 회사가 왜 이런 투자를 하는지, 왜 이런 의사결정을 하는지 배경에 대해 이해해야만 자신의 팀을 회사의 방향에 맞게 끌고 갈 수 있었다. 마케터를 예로 들면, 주니어 때는 우리 제품의 가격대가 어떤 로직으로 설정되었는지 잘 알지 못했다. 예산 또한 주어진 값으로 받아들인 채 마케팅 활동을 잘하는 것에만 집중했다.

그러나 연차가 차면 가격은 제대로 설정된 것인지, 마케팅 예산은 충분히 확보된 것인지 등, 기존에는 '주어진 값'으로 그냥 받아들이던 것들에 대해 제대로 설정된 것이 맞는지를 확인한다. 마케팅만 하는 마케터가 아니라 유관 부서와 논의해서 필요하다면 예산을 더 확보하기도 하며 회사가 돌아가는 것을 아는 시니어 내지 팀장이 되어야만 했다.

직장인 공부의 길: 읽고, 써먹고, 환경을 바꾸자

■ 책을 통해 스스로 커리큘럼을 만들기

무엇이든 시작하는 초기에는 책을 읽으며 학문처럼 배우기만 해도 얻을 것이 많다. 주니어 때를 생각해 봐도, 마케팅 관련 서적들을 읽는 것만으로도 관점을 쌓는 데 도움이 되었다. 하나의 책을 먼저 읽고, 그 책에서 언급한 다른 책을 찾아보며 그 분야를 깊이 있게 파보기 시작했다.

세상이 너무 빨리 변하다 보니 예전에 없던 직무가 생기기도 하고, 분야도 점차 세분화되다 보니, 직무에 대한 커리큘럼이 따로 있지 않아 책을 통해 하나씩 클루를 찾으며 커리큘럼을 만들어야 했다. 의도하지는 않았으나 지나고 보니 이렇게 배워 왔다는 걸 깨달았다.

여러 책에서 공통으로 언급되는 부분을 찾아 '아, 이런 갈래가 있구나' 하고 배우면서, 책 속에서 내 업무와 관련된 흥미로운 영역을 지속적으로 탐구해 나갔다. 이런 식으로 거미줄을 치듯 공부하며 성장할 수 있었다.

또한 주니어 때는 책 읽기에 더해 블로그 포스팅도 했다. 책 내용을 스스로 요약하며 '나라면 이렇게 했을 텐데', '우리 회사에 이렇게 적용해 보면 좋겠다'처럼 실제 업무에 적용할 방법까지 생각해 본 것이 큰 도움이 되었다.

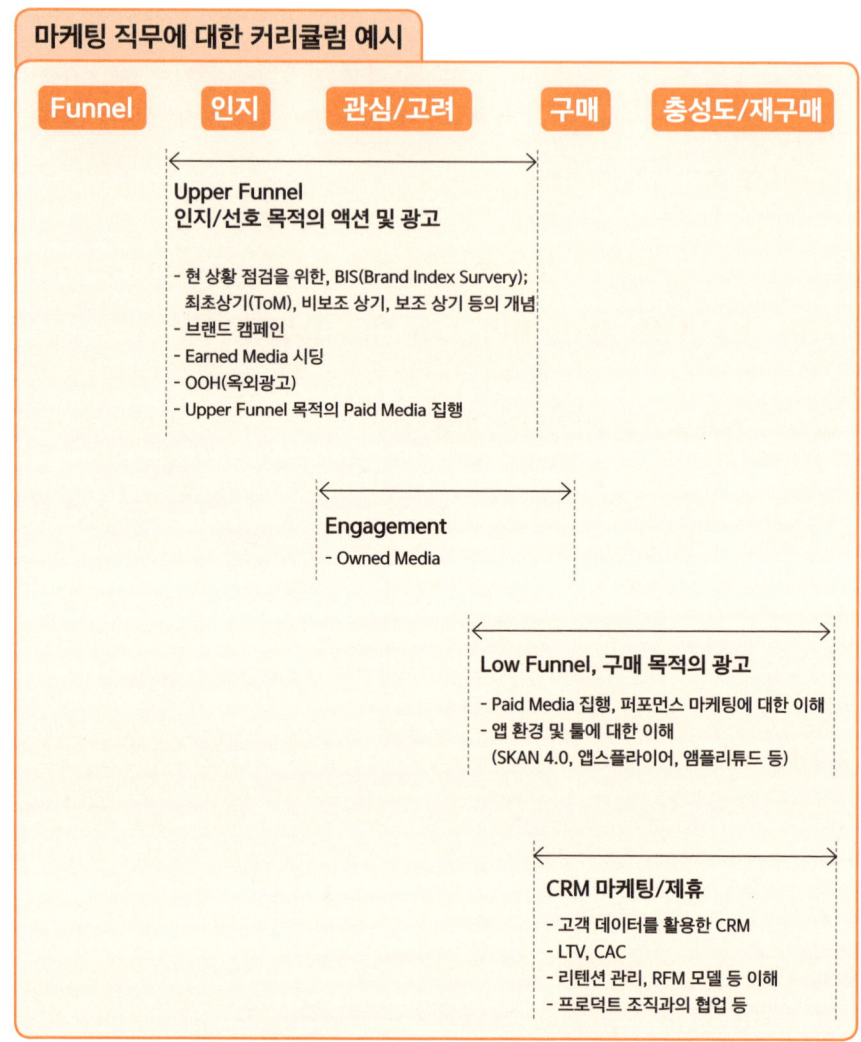

■ 업무에 의도적으로 적용하기

모두 공감하겠지만 직장인에게 필요한 공부는 단순히 교과서 속 지식이 아니다. 일에 써먹기 위한 지식이므로 훈련이 필수적이다. 그래서 책을 읽고서 무언가를 배웠다고 했을 때, 그냥 이해했다고 끝나는 것이 아니라 의도적으로 내 업무에 반영하려는 시도가 필요하다.

우리가 언제 가장 많이 배웠나를 생각해 보면 '직접 업무'를 할 때일 것이다. 내가 직접 진행해 본 업무, 직접 써본 보고서 등을 통해 제일 잘 배웠던 경험이 있을 것이다.

만약 내가 다니는 회사가 상황상 무언가를 배우기 어려운 환경이라 할지라도, 내 업무에서 궁금하거나 갈증이 나는 분야의 책을 읽으며 다양한 사례를 찾아볼 수 있다. 그렇게 책에서 내가 미처 생각하지 못했던 '요소'를 발견하고, 이를 의도적으로 내 업무에 적용하는 것이 필요했다.

예를 들어, 회사에서 멤버십 제도를 개편해야 했을 때 나는 다른 곳에서는 고객 등급을 어떻게 나누고 있는지 등의 케이스를 접하며 배웠다. 우리 회사는 최근 몇 개월간 고객이 지불한 금액만 보고, 얼마 이상일 경우 VIP 등급으로 나누고 있었는데, 다른 곳에서는 1) 돈을 얼마나 썼는지 Monetary에 더해 2) 최근에 돈을 썼는지 Recency 3) 자주 돈을 쓰고 있는지 Frequency라는 'RFM 모델'이라는 것을 적용해서 멤버십을 운영하고 있었다. 이를 통해 우리가 기존에 고려하지 못했던 요소에 대해 배우고 고민할 수 있었다.

가볍게, 꾸준히 누적하기

지금까지 내 일을 계속 키워 나가기 위한 공부에 대해 이야기했다. 공부라고 해서 너무 거창하고 무겁게 생각하지 않았으면 한다. 수험생 때처럼 형광펜을 긋고 각 잡고 하는 공부가 아니라 그냥 지나가면서 읽은 몇 줄의 글에서도 나중에 도움받을 날이 올 수 있다. 그렇게 몇 줄의 글을 읽듯 조금씩 누적했던 공부가 눈 굴리듯 점점 커져 큰 도움으로 돌아오기에 공부를 너무 어렵게 생각하지 않았으면 좋겠다.

I 나가며

이제 성장 가이드에 대한 긴 여정이 끝났다. 일하는 법에 대한 책이 결코 쉽거나 가볍게 읽히는 책이 아니었을 텐데, 끝까지 함께 해준 독자님께 진심으로 감사드린다.

왜 이 책을 쓰게 되었나?

'들어가며'에서 말했듯, 주니어 때 매니저에게서 많이 들었던 말 중 하나는 '내가 뭘 해주면 돼요?'였다. 내가 무얼 해야 할지도 모르는데, 매니저님이 무얼 해야 할지까지는 알 수 없었다. 도움을 얻고 싶어 용기 내어 미팅을 잡았는데, 그 미팅의 결과는 '내가 뭘 해 주면 돼요?'라는 질문으로 끝날 때가 많았고, 늘 '더 고민해 보고 다시 말씀드리겠다'는 답을 할 때가 많았다. 방법은 알려 주지 않은 채로 일에 던져진 경험이 많았는데, 내게는 그 느낌이 마치 아직 나는 법을 모르는데 절벽에 내던져진 느낌이었다. 나뭇가지를 잡고 버티든, 어떻게든 날아올라야만 회사는 비로소 무언가 할 줄 아는 사람이라고 평가했고, 그것이 내게는 좀 버거운 일이었다.

시간이 흘러 팀장이 된 후 나와 똑같은 고민을 겪는 팀원들을 보면서, 무엇을 알려 줘야 할지 어렴풋이 깨닫기 시작했다. 팀원들이 스스로 판단 내려도 되는 일에도 매니저에게 질문하는 것을 보면서, 내 머릿속에서도 "내가 뭘 해 주면 돼요?"라는 질문이 스쳤다. 그때 나는 "내가 뭘 해 주면 돼요?"라는 질문 대신, 팀원에게 '목적-목표-업무' 표를 그려 주었다. 업무 단위로는 질문하지 않아도 되고, 목적과 목표에만 맞다면 팀원이 의사결정 내려도 된다는 사실을 알려 줄 수 있게 되었다. 그 과정에서 팀원들이 뭘 몰라서 어려움을 겪는지 조금씩 깨닫게 되고, 그 내용을 브런치와 퍼블리에 쓰게 되었다. 그 글을 보고 많은 주니어분들 그리고 나아가 팀장님들까지도 일을 이해하고 팀원을 이해하는 데 큰 도움이 되었다는 이야기를 해주실 때 보람을 느꼈다. '목적-목표-업무' 표를 그리면 알게 되는 것처럼, 회사 일의 많은 부분이 누군가 이런 설명만 해 준다면 명확히 알 수 있고, 조금은 덜 괴로울 수 있다는 것을 믿게 되어 책으로 더 많은 이야기를 전하기로 마음먹었다.

성장은 괴롭지만, 그럼에도 덜 괴로울 수 있다

주니어 시절을 되돌아보면 성장하는 과정은 대체로 괴로웠다. 내가 잘하고 있는지도 모르겠고, 매니저에게는 매번 지적만 받으니 신이 나지 않았다. 그래서 '일하면 꼭 만나게 되는 성장 관련 질문들'에도 언급했지만, '성장은 늘 괴로운 것인가'라는 고민을 꽤 오래 가지고 있었다. 물론 성장을 위해서는 나를 불편하게 만드는 무언가가 필요한 것은 맞다. 기존에 생각해 본 적 없는 과제, 쉽게 풀 수 있는 문제보다 더 어려운 도전이 주어져야 한다. 또한 내가 생각해 낸 답이 정말 맞는지, 더 나은 방법은 없는지 되물어 볼 수 있는 매니저의 날카로운 피드백도 필요하다. 그리고 이 과정은 절대 편하지 않다. 더 좋은 답을 더 빠르게 찾도록 나를 밀어붙이는 상황이기 때문이다.

하지만 그 괴로웠던 시간을 되돌아보면, 늘 옆에 힘이 되어 주는 동료나 선배가 있었다. "나도 그런 시절이 있었어"라고 공감해 주거나, 답이 틀리더라도 "이렇게 해보는 건 어때?" 하고 조언을 건네준 사람들 덕분에 숨통이 트이곤 했다. 만약 그들이 없었다면, 아무리 성장할 수 있었다고 한들 그 시간을 버티지 못했을 것이다.

당신 옆의 든든한 동료가 되어

이 책을 통해 여러분 옆의 그런 든든한 동료가 되고 싶었다. 내가 괴롭게 배우며 깨달았던 것들을 여러분은 조금 더 수월하게 익힐 수 있길 바랐다. 물론 직접 몸으로 부딪히며 배운 것보다는 덜 와닿을지라도, 적어도 감을 잡는 데 도움이 되길 바란다.

처음으로 보고서를 작성하는 주니어가 이 책을 읽으며 "아, 이렇게 접근하면 되는구나" 하고 실마리를 찾을 수 있었으면, 처음으로 큰 프로젝트를 맡게 되었을 때 이 책을 보며 방향을 잡을 수 있다면 좋겠다. 높은 과제와 도전적인 환경이 주어지지 않아 스스로 기준점을 높이는 방법을 모른다면, 이 책을 통해 그 기준점을 높여 보기를 바란다. 이미 어려운 환경에서 괴롭게 성장 중이라면, 이 책에서 실마리를 찾고 현업에 적용하며 자신감을 키워 가길 바란다.

이 책을 쓰는데 많은 분의 도움을 받았다. 일하는 법에 대해서 브런치나 퍼블리에 글을 쓰고는 있었지만 책 한 권으로 엮어 낼 만큼은 부족하다고 생각했었다. 내게 먼저 할 수 있다고 응원해 주시고 적극 출간을 제안해 주셨던 정은진 편집자님 덕분에 책이 나올 수 있게 되었다. 그리고 주말마다 글을 쓸 수 있도록 육아를 전담한 남편에게도 감사의 인사를 전한다. 혼자였다면 결코 완성할 수 없었던 책이었다.

이 책을 지금 성장의 길목에서 고민하는 분들, 절벽 끝에서 나는 법을 찾고 있는 분들께 작은 힘이 되었길 바란다. 당신의 성장을 진심으로 응원한다.

MEMO

부록

부록1. 업무 적용 체크리스트
부록2. 업무를 대하는 시각이 달라지는 마케팅 용어

부록1. 업무 적용 체크리스트

PART 01. 개인의 성과를 만드는 법

✔ **일에 대한 마인드셋**
- 내 업무의 목적-목표-업무를 구분해 정의하기
- 목표 달성을 위해 계획-실행-리뷰 단계를 의식적으로 세우기
- 각 업무를 나만의 관점으로 풀어 내기

✔ **일을 처음 시작할 때 해야 하는 것**
- 숫자와 고객의 소리를 통해 내 일을 잘 알기
- 매니저와 내 업무의 범위와 성공 기준 합의하기
- 빠르게 작지만 강한 성공을 만들기

✔ **결국 회사는 숫자를 만드는 곳**
- 내 업무의 핵심 지표를 이해하고, 숫자를 기억하기
- 핵심 숫자를 시간/카테고리/구성요소 등으로 쪼개 분석하기
- 숫자 변동의 원인과 액션 계획을 데이터로 설명하기

✔ **우선순위 정하기**
- 목적과 목표에 부합하는지 점검, 목표 달성에 큰 영향을 주는 업무부터 우선순위 높이기
- 일의 사이즈를 빠르게 가늠하고 매니저와 점검하기
- 그룹핑으로 효율 높이기

✔ **회사에서 커뮤니케이션 하는 법**
- 먼저 일에 대한 내 생각을 점검하기
- 내 이야기를 들을 사람이 해야 하는 '의사결정 사항'을 미리 고민해 보기
- 결론부터, 긍정적으로, 숫자로 말하기

- ✔ **매니저와 건강하게 일하는 법**
  - 매니저는 나의 일을 돕는 사람이라고 생각하기
  - 매니저가 생각하는 일 잘하는 사람에 대한 기준 확인하기
  - 매니저가 해결해 줄 수 있는 질문인지 확인하기
  - 1:1 미팅 적극 활용하기

- ✔ **내 업무 역량을 강화하는 법**
  - 인풋을 더 잘게 쪼개서 깊게 보기
  - 회사의 다른 과제와 연결해 넓게 보기

PART 02. 회사의 성과를 만드는 법

- ✔ **프레임워크가 중요한 게 아니야**
  - 왜를 묻고 목적을 재정의하기
  - 큰 그림을 먼저 보고 세부로 들어가기
  - 액션 계획에 집중하기

- ✔ **계획-실행-리뷰 프로세스 점검하기**
  - 내 업무를 계획-실행-리뷰 프로세스로 설계하고 있는지 점검하기
  - 단순 실행이 아닌, 계획과 리뷰 단계가 업무 루틴에 포함되도록 하기
  - 리뷰를 기반으로 다음 계획에 반영하고 개선점을 찾아가기

- ✔ **프로젝트 기획서 작성하기**
  - 프로젝트의 목적 정의하기
  - 프로젝트 요구사항 정리하기 - 이를 위해 레퍼런스 찾기, A to Z를 그려 보기
  - 도움 요청 사항 정리하기
  - 이를 위해, 평소에 결정권자 니즈 파악하기, 게스티메이션, 다른 레퍼런스 찾기

- ✔ **조직에서 내 기획을 실행하는 법**
  - 먼저 정기 프로세스를 타기
  - 위에서부터 얼라인하기
  - 회사의 변화를 면밀히 이해하기

- ✔ **연간 계획 세우기**
  - 연간 계획으로, 탑다운 목표 및 연간 방향성 이해하기
  - 탑다운 목표와 바텀업 계획을 조율하여 연간 계획안을 완성하기

- ✔ **분기 계획 세우기**
  - 연간 목표를 달성하기 위한 분기 목표와 세부 지표를 설정하기
  - 분기 목표 달성을 위한 핵심 업무 빌딩 블록를 정하기
  - 협업 부서의 목표와 리소스를 점검하고 이해관계를 조율하기

- ✔ **주간 팀 미팅 운영하기**
  - 주간 단위로 월 목표 달성 현황과 추가 액션을 점검하기
  - 주간 미팅에서 원인 분석 → 추가 계획 결정 → 협업 요청까지 관리하기
  - 팀원이 각자 목표와 해야 할 일을 명확히 이해하고 있는지 점검하기
  - 주간 미팅을 월요일 리뷰과 주중 추가 액션/예측으로 나누어 운영하기

- ✔ **프로젝트 리뷰하기**
  - 프로젝트 단위로 실제 성과와 계획 대비 차이를 점검하기
  - 무엇이 효과적이었고, 무엇을 개선해야 하는지 명확히 정리하기
  - 리뷰 결과를 기반으로 유사 프로젝트나 다음 프로젝트 계획에 반영하기

- ✔ **월간 리뷰하기**
  - 월간 단위로 목표 달성 여부와 실행의 효과를 분석하기
  - 달성/미달 원인을 데이터 기반으로 명확히 정의하기
  - 월간 리뷰 결과를 기반으로 다음 월 계획을 조정하기

PART 03. 커리어를 점검하는 법

✔ **As is – 나의 현황 파악하기**
- 여러 직업 가치관 성장, 의미, 재미, 인간관계, 연봉, 워라밸 등 중 내 직업 가치관이 무엇인지 찾기
  - 무엇이 충족되지 않았을 때 괴로웠는지
  - 무엇이 충족되면 가장 만족하면서 회사에 다녔는지
  - 내가 과거 이직을 고민하거나, 이직 의사결정을 내릴 때 어떤 이유로 결정하게 되었는지
  - 그 과정에서 나의 직업 가치관은 무엇이라고 생각하는지
- 그리고 어떤 요소 때문이었는지, 이를 바탕으로 내게 맞는 요소 정리해 보기
  - 직무, 산업군, PLC, 조직 문화, 직책 등등

✔ **To be – 오늘의 나를 기준으로만 생각이 매몰되는 것을 막기 위해서, 내가 원하는 미래 모습 그려 보기**
- 요소별로 내가 원하는 모습 그려 보기
- 내가 부러운 사람을 그려 보기

✔ **What needs to be true – 이를 바탕으로 오늘의 내가 해야 할 일 정리하기**
- 내가 생각한 직무, 산업군, PLC, 조직문화, 직책 기반으로, 이직이 필요할지 고민, 필요하다면 다음 이직할 회사를 정리하기
- 오늘의 내가 해야 할 일 정리하기

부록2. 업무를 대하는 시각이 달라지는 마케팅 용어

- **A/B 테스트**: 두 가지 버전의 메시지나 디자인을 비교해 효과가 좋은 쪽을 찾는 실험 방법
- **CRM**^{Customer Relationship Management}: 고객과의 관계를 유지하고 활성화하는 활동
- **FGI**^{Focus Group Interview}: 소수의 고객을 모아 진행하는 심층 인터뷰 방식
- **FMCG**^{Fast Moving Consumer Goods}: 소비재
- **PLC**^{Product Life Cycle}: 기업이 거치는 생애주기로, '도입기-성장기-성숙기-쇠퇴기' 순서로 진행
- **OKR**^{Objectives and Key Results}: 조직이나 개인의 목표와 그 목표 달성 여부를 판단하는 핵심 결과를 정하는 목표 관리 방법
- **ROI**^{Return on Investment}: 투자액 대비 얼마만큼 이익이 발생했는지를 나타내는 투자 이익률 지표
- **VOC**^{Voice of Customer}: 고객의 목소리, 즉 고객이 제공하는 의견, 피드백, 요구사항 등을 통칭하는 말. VOC는 제품/서비스 개선, 고객 경험 향상, 전략 수립에 중요한 인사이트로 활용된다.
- **5C-STP-4P 프레임워크**:
    - **5C**: 시장 분석 시 회사^{Company}, 소비자^{Consumer}, 경쟁사^{Competitor}, 협력자^{Collaborator}, 환경^{Circumstance}을 분석
    - **STP**: Segmentation^{시장 세분화}, Targeting^{타겟 설정}, Positioning^{포지셔닝}순으로 마케팅 전략 수립
    - **4P**: Product^{제품}, Price^{가격}, Place^{유통}, Promotion^{판촉}으로 마케팅 믹스를 구성
- **커스터머**^{Customer}: 고객, 특히 B2B 상황에서는 주요 거래처나 유통 파트너를 지칭
- **리텐션**^{Retention}: 기존 고객을 유지시키는 능력, 고객 충성도를 나타내는 지표

- **브랜드 캠페인**^{Brand Campaign}: 인지, 구매 전환 등 브랜드의 특정 목표를 달성하기 위해, 일정 기간동안 일관된 메시지와 경험을 전달하는 전략적 활동
- **샘플링**^{Sampling}: 인지도 향상 및 구매 전환 유도를 위해 고객에게 제품의 일부나 전체를 무료로 제공하는 프로그램
- **Sales 프레임워크**: 매출액^{Sales} = 유입자 수^{Traffic} × 구매 전환율^{Conversion} × 객단가$^{Basket\ size}$
  - **유입자 수**^{Traffic}: 웹사이트나 앱 등의 유입자 수
  - **구매 전환율**^{Conversion}: 유입자 중 실제 구매로 이어지는 비율
  - **객단가**$^{Basket\ Size}$: 한 명의 고객이 한 번 구매할 때 지불하는 평균 금액
- **시즈널리티**^{Seasonality}: 계절성 혹은 주기적 패턴으로, 특정 시기나 주기에 따라 매출, 고객 반응, 고객 행동 등이 반복적으로 변하는 현상
- **앱 푸시**$^{App\ Push}$: 앱을 설치한 고객에게 발송하는 알림 메시지
- **어퍼 퍼널**$^{Upper\ Funnel}$: 마케팅 퍼널에서 초기 단계, 브랜드 인지도나 관심을 높이는 활동에 해당
- **프레임워크**^{Framework}: 업무나 전략을 구조화해 사고하고 실행할 수 있도록 돕는 틀
- **해적지표**^{AARRR}: 고객 증가를 최적화하기 위한 고객 행동의 다섯 가지 지표

```
┌─────────┐
│ 저자협의 │
│ 인지생략 │
└─────────┘
```

일감각을 키우는
주니어 성장 노트

1판 1쇄 인쇄 2025년 9월 25일
1판 1쇄 발행 2025년 9월 30일

지 은 이 고현숙
발 행 인 이미옥
발 행 처 디지털북스
정   가 20,000원
등 록 일 1999년 9월 3일
등록번호 220-90-18139
주   소 (04997) 서울 광진구 능동로 281-1 5층 (군자동 1-4, 고려빌딩)
전화번호 (02) 447-3157~8
팩스번호 (02) 447-3159

ISBN 978-89-6088-494-6 (13000)
D-25-14
Copyright ⓒ 2025 Digital Books Publishing Co,. Ltd